图书情报档案学术丛书

基于区域性远程服务实践的档案资源共享研究

Research on Archive Resource Sharing Based on Regional Remote Service Practice

张林华 等 著

WUHAN UNIVERSITY PRESS
武汉大学出版社

图书在版编目(CIP)数据

基于区域性远程服务实践的档案资源共享研究/张林华等著.—武汉：武汉大学出版社,2021.2
图书情报档案学术丛书
ISBN 978-7-307-22144-4

Ⅰ.基… Ⅱ.张… Ⅲ.档案管理—资源共享—研究 Ⅳ.G271

中国版本图书馆 CIP 数据核字(2021)第 034928 号

责任编辑:詹 蜜 责任校对:李孟潇 版式设计:马 佳

出版发行:**武汉大学出版社** (430072 武昌 珞珈山)
(电子邮箱:cbs22@whu.edu.cn 网址:www.wdp.com.cn)
印刷:武汉中远印务有限公司
开本:720×1000 1/16 印张:20.25 字数:301 千字 插页:2
版次:2021 年 2 月第 1 版 2021 年 2 月第 1 次印刷
ISBN 978-7-307-22144-4 定价:60.00 元

前　　言

当前新技术广泛运用、新媒体蓬勃兴起，数字化信息剧增，一方面公众对档案的共享与便捷化服务要求不断提高，另一方面随着我国档案资源建设与利用"三个体系""三大战略"的提出，区域间的协同、共享、融合建设已被提到国家战略的高度。

"十多年来，我国有关电子文件管理的舆论、研究、倡导都不可谓少，不可谓不前沿，但实践推进却一直方向不清、步伐缓慢、成效不佳。"我国有关档案共享研究的文献持续增长，但共享实践发展步履迟滞不前。因此，当远程服务这一档案共享的新兴模式刚刚萌芽时，即引起了我们的极大关注，多年来，我国档案共享的每一个变化始终锁定我们的视线。随着远程服务幼芽不断茁壮成长，目前，已在全国许多省市迅速生根、开花、结果，对传统利用模式形成巨大颠覆，显示出自己的鲜明特征和与时俱进的时代特色。尽管远程服务目前尚处在局限于省、市或区、县区域范围内开展服务的阶段，并面临着诸多阻碍，但这种共享服务模式的发展已经势不可挡，并呈现出"燎原"全国的活力与态势。

近年来以区域性档案远程服务为代表的档案共享模式已经率先在一些地区取得了突破性进展和很好的社会效益，开启了区域范围真正意义上的远程服务和联动共享，形成对档案资源共享理论与实践的突破，对向全国范围全面推进共享的目标具有重要价值。研究档案馆的馆际、馆社、馆室远程服务和资源共享，也是提升档案馆公共服务能力、解决档案服务与社会需求矛盾的有效途径，亟待引起各有关方面的重视并研究推进。

　　本书主要基于国家社科基金项目"基于区域性远程服务实践的档案资源共享研究"（15BTQ073）的研究成果之一——项目研究报告修改而成。本书从档案资源共享、区域性档案远程服务的发展现状入手，基于剖析远程服务实践诸要素构建档案共享模型与框架，分析远程服务诸模式在档案共享中的对应应用，针对档案共享建设中面临的问题，从法规标准、组织体系、平台建设、资源整合与创新途径诸方面构建档案共享的"层次框架"与"运作框架"。

　　本书在调查各地实践的基础上，提出实现全国范围档案共享的对策。全书结构分为三篇共 14 章：上篇为理论基础与实践现状，通过梳理国内外研究情况、以 SWOT 法分析我国档案资源共享特点、剖析我国东西部地区远程服务进展，探究档案资源共享的理论支撑及实践基础。中篇为模型设计与框架构建，分析区域性远程服务实践中档案馆、公民、档案资源以及共享模式、组织、平台、途径、流程、法规、标准与机制等档案共享要素的机理，基于此，设计构建全国范围档案共享的模型与框架。下篇为对策探索与路径思考，针对我国档案资源共享建设面临的问题，基于发达国家在档案共享方面的成熟经验，尤其美国国家档案与文件署（National Archives and Records Administration，以下简称 NARA）最新部署的国家战略，选用发达国家的相关策略与最佳实践案例，分析对我国档案共享的启示。聚焦档案共享建设中的难点问题探索解决对策，针对档案共享标准各地分头开发现状，提出我国亟待开启标准规范的顶层设计、建议在全国范围先行试点民生档案共享的法规建设；从宏观、中观、微观层面论证打造长三角区域合作共享示范区、发挥基层档案馆的共享优势等共享建设路径的可行性；提出宏观层面构建全国共享平台及国家档案目录，中观层面基于"一体化"和"一网通办"试点共享平台建设，微观层面整合各地档案系统纳入全国共享平台；借鉴发达国家经验，拓展我国新媒体技术应用等一系列档案共享途径的创新策略与建设方案。上述研究，基于区域性民生档案远程服务实践，构建档案资源共享框架，填补了目前我国相关方面理论研究的不足，不仅有助于远程共享模式的进一步发展，也将有利于我国档案资源共享进程的推进。

作为项目负责人，我负责本书全部框架结构的设计制订与主要内容的撰写，组织团队中的人员分工及全书的统稿、修改与定稿。桂美锐参与了第 7、9、10、11、12 章部分初稿的撰写，章杨参与了第 7、8、9、12 章部分内容初稿的撰写，张世琦参与了第 3、8 章部分初稿的撰写，郑柏参与了第 10、13 章部分初稿的撰写，徐维晨参与了第 12、13 章部分初稿的撰写，李赛、张文倩、王家慧、蔡莉霞、辛甜雪分别参与了第 4、7、10、11、13 章部分初稿的撰写。此外，桂美锐、原婧妍、李赛、蔡莉霞、章杨、张文倩分别参与了书中部分图表的制作，桂美锐、原婧妍还参与了部分外文资料的翻译工作。

本项目从申请起至结项，一路走来，得到了许多省市业界、学界诸多专家、同仁的支持与帮助。在调研中得到陕西省档案馆郑惠芝、甘肃省档案馆李永新、宁夏回族自治区档案馆李亚文、青岛市档案馆韩晓麟等档案馆领导的大力支持；国家档案局张华滨、王大众、高璞，青海省档案馆岳文莉、青岛市档案馆邹杰、汉中市档案馆张洪涛、汉中市南郑区档案馆张海霞，上海市档案馆、各区档案馆以及上海中信信息发展公司均提供了大力协助。金波、丁华东、傅荣校、王健、盛小平等学者分别提出了宝贵建议。要特别感谢上海市档案馆、浦东新区档案馆金克家、杨继东等档案共享实践一线岗位的专家不厌其烦一次次拨冗接受我们的深度访谈，为项目研究的推进提供极大帮助。此外，大量中外案例、科研成果的借鉴引用拓展了本研究的思路；本书的出版还得益于武汉大学出版社詹蜜女士的辛勤编辑，在此我们谨一并表示诚挚的敬意和感谢！

几年来，鉴于远程服务与档案共享研究工作量浩大，尤其我国各省市实践发展情况不一、各地均一直处于动态变化中，给课题的研究增加很大复杂性和不确定性。此外，由于受人力、时间等种种条件与自身水平因素限制，调研与研究成果必定存在许多缺陷，书中不足之处诚望专家、学者、读者不吝指正！

张林华

2020 年 9 月于上海大学

目　　录

上篇　理论基础与实践现状

中篇 模型设计与框架构建

下篇 共享对策探索与路径思考

上 篇
理论基础与实践现状

1 绪 论

1.1 研究背景

近年来，随着共享经济和共享社会的到来，区域间的协同、共享、融合建设已被提到国家战略的高度。尤其当前社会发展以及信息化趋势加剧，协同共享的公共服务已成为新的时代主题，公共性和共享性在社会发展中的作用日益受到重视，"共享"入选"2017 年度中国媒体十大流行语"。

在此形势下，作为公共性、共享性的文化事业机构，传统的档案服务模式已经不能满足社会需求，我国综合档案馆正逐渐从封闭、隔绝的传统思维中走出，档案信息资源、档案公共服务资源的共享化、远程化成为一种发展趋势。档案馆不仅具有档案保管职能，还应具备档案共享利用的社会服务功能，有与社会公众直接互动的服务内容以及协同共享的更先进的档案共享机制。当前，各地档案馆正在努力超越传统档案服务的视野和范围，转变与重塑自身形象：在档案资源建设方面和利用体系方面，努力推进利用方式、途径和平台的共享建设，主动研究新的共享服务体制、机制、规范，积极试点档案共享，主动展示档案馆公共服务与时俱进的亲民形象，档案馆正在向提升档案公共服务能力、实现档案资源共享的目标奋进。

在档案工作者的不懈努力、坚持探索下，近年来以区域性档案远程服务为代表的档案共享模式已经率先在一些地区取得了重大突破性进展，越来越多的省、市、区县档案馆积极开展档案远程服务，一些地区民生档案资源的远程服务已深入到乡镇、社区，打破时空束缚的共享化、便捷化利用模式将档案"送到百姓家门口"，从而极大地满足了公众的档案利用需求，获得很好的社会效益。目前，我国许多省市远程服务的创新实践开展得如火如荼，已形成了"馆际""馆社""馆室"联动等多个层次以及"市域""省域""城市圈""跨省"联动等多种形式的档案共享模式，成为我国最大规模的档案共享实践，有效解决了档案服务与社会需求的矛盾、提升了档案公共服务能力，远程服务实践为我国档案共享开创了一个良好开端，对档案共享的进一步发展具有重要意义。

从档案远程服务萌芽初期，我们便关注这一共享新模式，数位课题组成员亲身参与了相关实践探索。随着民生档案远程服务不断推进并在全国各地"星火燎原"，在深入考察远程服务实践的基础上，我们全面梳理分析这一实践成果，解剖、归纳其组织、平台、模式、成效与障碍，从而对远程共享机理形成较为系统的认识，并对我国档案远程服务与资源共享"向何处去"问题提供实证依据和对策参考，期望有利于相关理论建设与实践推进。

1.2　研究意义

区域性远程服务实践是档案部门拓展与深化档案利用模式的具体体现，也是我国创新档案资源共享的有效途径。目前，民生档案远程服务这一由我国档案馆首创、符合中国国情的档案资源共享模式在各省市方兴未艾，课题组认为，这是我国档案资源共享的良好开端和极有意义的尝试，对我国档案公共服务乃至档案事业的发展具有重要的创新性和开拓性作用。

本课题研究的实践价值与理论意义分别在于：

1.2.1 实践价值

1. 提升国家发展的软实力

国家档案馆拥有丰富的"社会记忆"，长期以来我国档案资源管理与服务条块分割、各自为政的局面与当前"城市边界"日渐消融、区域一体化发展趋势严重背离。档案馆与时俱进提高共享服务能力，关涉档案资源潜在的价值转化为可利用、可共享的公共服务能力，同时事关加强社会民主建设、完善政府管理水平。档案共享服务的建设与研究将有助于提升国家发展的软实力。

2. 完善服务型政府建设

现代政府管理奉行以公民为本位、以服务为宗旨、以实现公共利益最大化为主要任务。推进民生服务是政府职能全方位、深层次转型的重要举措，作为政府服务内容之一的档案服务需要跟上信息化时代发展步伐，档案远程服务是拓展和延伸民生服务的具体实施，进一步扩大共享化建设，突破传统模式，采取有效措施拓展档案共享服务空间。本研究旨在为政府行政机关和社会组织全面开展档案远程服务进行先期研讨。

3. 满足社会的档案利用需求

我国社会民主进程的发展使公民对包括自身信息权在内的个人权利意识日益提升。近年来民生档案在保障个人获取权益的过程中作用凸显，公众的档案利用需求不断增长。国家档案局提出档案信息化建设以来，尽管我国档案信息化程度已得到较大推进，但现实生活中公众利用档案依然不便，与公众档案便捷利用需求相距甚远。本研究基于区域性民生档案远程服务实践探讨档案资源共享，将有利于档案资源共享的推进。

4. 促进档案共享的顺利推进

我国档案资源共享理论与实践之路发展至今已有 10 余年①，相关研究文献持续增长，但真正有推广价值的实践成果迟迟未出现。长期以来，档案利用沿用传统的到馆模式，可查询利用的档案资源非常有限，与我国社会要求及国际档案事业的发展严重脱节。档案馆不与时俱进、不走远程共享之路，提高服务水平只能是一句空话。当前，民生档案远程服务的兴起，为我国档案共享之路提供了良好的路径，将为在全国范围实现档案共享提供可参考、可借鉴的经验。

1.2.2 理论意义

1. 推动理论研究以指导实践

作为政府公共服务的一部分，档案工作只有转变服务理念和服务模式才能跟上社会发展的节奏。近几年各地兴起的民生档案远程共享服务是我国新形势下档案事业产生的新事物，也是档案服务发展的主要方向。但相对于档案远程服务实践而言，针对性的理论研究明显滞后。理论应指导实践，对于这一档案共享服务新模式内在机理的研究探讨，将不仅有助于这一共享新模式的进一步发展，而且有利于推进我国档案资源共享的进程。

2. 研究远程服务以推进共享

我国理论界对档案资源共享问题已研究了多年，但鉴于远程服务是新生事物，理论研究才刚起步，研究的范围狭窄、成果有限。现有的研究大多或是从宏观制度、实践发展角度，或是对本地区微观实践的概括、总结，缺乏整体的观察、研究，更欠缺基于远程服务实践对档案资源共享发展的路径思考，已有的理论研究成果尚不

---

① 从 2002 年 11 月《全国档案信息化建设实施纲要》发布、首次提出"实现档案信息资源全社会的充分共享"目标算起。

足以指导我国区域性民生档案远程服务的实践探索，更难以支持全国范围档案资源共享的全面推进。本研究将基于区域性民生档案远程服务实践，研究其服务要素、组织体系、服务平台、服务模式等原则、特点及运作机理，在此基础上，构建档案资源共享框架，填补目前我国相关方面理论研究的不足。

3. 建构优化策略以深化服务

近年来，我国档案馆逐渐实现服务重点向民生档案的转移，一些省市档案馆远程服务探索取得区域性成果，揭示了我国档案资源共享服务的方向和路径。目前民生档案远程服务已呈现从个别省市向各区域"星火燎原"态势。尽管目前所共享的档案资源还局限于少量类型的民生档案，但在组织、管理、模式、机制以及应用系统、基础设施、共享平台等各个层面均进行了全面的优化整合，开启了区域范围真正意义上的远程服务和联动共享，形成对档案资源共享理论与实践的突破，对向全国范围全面推进共享目标具有重要价值。本课题在全面调查各地实践基础上，提出实现全国范围档案共享的对策。

1.3　核心概念界定

1.3.1　档案资源共享

概念是理论研究的起点。档案资源作为社会文化建设中的重要资源形式之一，其共享符合社会公众的信息需要和社会发展的客观要求。此外，社会文明不断进步，信息透明度加大，公众的民主、规范意识日益增强，档案资源共享成为必然趋势。共享具有"共有""分享"的意思，对信息资源而言，是指将信息的知情权与其他人共同拥有，对分散异构的信息资源实现无缝整合和利用。

一些专家学者分别对档案资源共享概念界定提出见解，在此不做赘述。我们认为，档案资源共享是指通过共享部门之间的统筹规划，基于网络技术和档案资源共享平台，向用户提供经过组织和整合的档案资源，以提升档案资源利用效益的一种档案服务策略。①

上述概念主要包括以下几层含义：

一是，档案资源共享存在于档案机构之间，包括档案馆、档案室、档案馆与档案室、档案馆与普通群众、档案室与普通大众等各种主体之间。

二是，档案资源共享应经过共享部门之间的统筹规划和充分协调。

三是，档案资源共享成员之间应具备统一的共享平台，通过网络传输档案信息的方式实现共享。

四是，档案资源共享的实施意味着档案资源利用范围的扩大和效益的提升。

共享打破了档案资源闭关自守的传统习惯，符合档案资源的共享性特性，是充分发挥档案资源价值的重要方式，也是开发和利用档案资源的有效措施。档案资源共享将会大大提高利用效率，并在一定程度上促进档案馆馆藏结构的合理和优化。

1.3.2 区域性档案远程服务

从区域性档案远程服务在我国一些地区出现起，其概念提法便有多种：安小米从民生档案资源共享的角度提出"区域内整合与共享"以及"跨区域共享"概念。② 吕元智认为"区域"不能理解为"地域"，而应以是否具有政治、经济等内在联系为划分依据，指出该服务的重点在于"共享服务"。③ 李广都提出并诠释"民生档案远程

---

① 张林华，张小娟. 政府信息公开环境下的档案信息资源共享——基于"开放存取"理念的思考[J]. 档案学研究，2009(4)：38-41.

② 安小米，加小双，宋懿. 信息惠民视角下的地方民生档案资源整合与服务现状调查[J]. 档案学通讯，2016(1)：48-54.

③ 吕元智. 档案信息资源区域共享服务研究[J]. 档案学研究，2012(5)：35-38.

利用服务"概念①，崔穗旭则定义为"民生档案信息社区查询服务"概念。② 我们认为，虽然概念的表述纷杂繁多，但其实质性内容基本一致。我们认为概念表述不一致现象的形成首先与档案远程服务在我国出现的时间相对较短、空间分布相对较散有关，其次也是国家尚未发布统一规范情况下研究者视角差异的结果。③ 因此，尽管目前理论研究中相关概念及内涵外延的侧重点的表述存在差异，但大多明确界定了主要要素且观点较为一致。

我们认为，区域性档案远程服务即利用主体为社会公众，利用客体为数字化的档案目录或全文，利用范围为具有内在联系的特定区域，主要依托网络系统和服务系统为服务平台的档案共享活动。鉴于近年来我国区域性档案远程共享主要在民生档案领域取得较大进展，因此本课题的区域性远程服务实践以民生档案远程服务为主要对象展开研究。

1.4　研究思路、框架与内容

1.4.1　研究思路

从发展现状(视角为二：第 3 章档案资源共享、第 4 章区域性档案远程服务)入手→基于远程服务实践构建档案共享模型与框架(视角合二为一)→分析远程服务诸模式在构建档案共享中的对应应用，构建档案共享的"层次框架→剖析远程服务诸要素，构建档案共享的"运作框架"→针对档案共享建设中面临的问题，从法规标准、组织

①　李广都. 浅析民生档案远程利用服务的协调机制[J]. 兰台世界，2014(6)：24-25.

②　崔穗旭. 民生档案信息如何实现社区查询——由"民生档案远程协同服务机制"说开去[J]. 中国档案，2012(10)：68-69.

③　张林华，潘玉琪，朱思霖. 我国民生档案远程服务理论研究述评[J]. 档案学研究，2017(2)：45-50.

体系、平台建设、资源整合与创新途径诸方面构建应对策略。

1.4.2　研究框架

本研究的研究框架如图 1-1 所示。

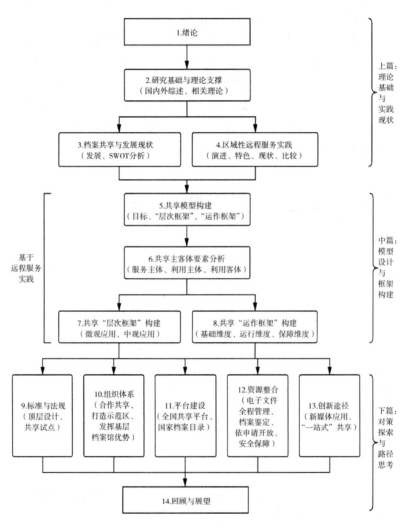

图 1-1　研究框架示意图

1.4.3　研究内容

本书共三篇：上篇为理论基础与实践现状、中篇为模型设计与框架构建、下篇为对策探索与路径思考，共分14章展开讨论。

上篇包含4章：第1、2章论述本研究的背景、意义、思路、内容与方法，并界定本研究的核心概念；对国内外研究进展与现状进行梳理、评析，探讨档案资源共享的理论支撑。第3章主要以SWOT法对我国档案资源共享的发展现状展开剖析。第4章概述区域性远程服务实践的动因、演进；对东、西部地区地级以上省市进行远程服务实践调研基础上，剖析东、西部地区远程服务进展与特点，比较两者异同并分析原因。故第1、2章是本研究的理论基础，第3、4章则是通过对我国档案共享与区域性远程服务实践的梳理，分别对两者的发展与现状形成概要认识，为下一步研究做准备。

中篇共4章：在上篇概述理论基础与实践现状基础上，中篇主要基于区域性远程服务实践，设计构建共享模型与框架。第5章在解构模型(分为共享目标、层次框架与运作框架)的基础上，构建档案共享模型，阐述设计共享模型与构建层次框架、运作框架的路径。第6章基于区域性远程服务实践，分析共享主体要素档案馆的定位、作用；利用主体要素公民的利用趋势；客体要素档案资源建设中的阻碍等。第7章从档案资源共享的微观、中观模式选用角度，分析远程服务模式与共享模式对应关系，剖析远程服务几种联动模式的特点、架构及在共享建设中的应用，从而构建共享的"层次框架"。第8章解析远程服务的组织、平台、途径、流程、法规、标准与机制，构建档案共享的"运作框架"。故中篇4章均基于区域性远程服务实践进行档案共享构建，第5章设计共享模型与框架，第6章分析共享要素，第7、8章分别进行档案共享模型"层次框架"与"运作框架"的构建。

下篇共6章：下篇针对我国档案资源共享建设面临的问题思考解决对策与路径。鉴于宏观层面顶层设计严重滞后于微观层面实践，着重聚焦于宏观层面的策略设计，并对上篇、中篇所归纳的存在于远程服务、档案共享建设中的难点问题探索针对性解决对策。鉴于标准与法规、组织、平台、档案资源及共享途径是构建共享最重要要素，故分 5 章展开论述，基于发达国家在档案共享方面的成熟经验，尤其 NARA 最新全面部署的国家战略，对我国具有较高参考价值，故下篇各章中选用了不少发达国家的相关策略与最佳实践案例，剖析其特点及对我国档案共享的启示。针对档案共享标准各地分头开发现状，第 9 章提出我国亟待开启标准规范的顶层设计、建议在全国范围先行试点民生档案共享的法规建设，并阐述相关策略。第 10 章探讨共享的组织建设。确立"合作"在共享组织建设宏观层面的重要地位；提出中观层面打造长三角区域合作共享示范区的建设策略、微观应重视并发挥基层档案馆的共享优势。第 11 章聚焦平台建设，提出宏观层面构建全国共享平台及国家档案目录的建议；中观层面基于长三角区域"一体化"和"一网通办"开展共享平台试点建设；微观层面整合各地档案系统纳入全国共享平台。第 12 章基于电子文件全程管理思想构建整合共享策略，提出档案鉴定、依申请开放及保障档案信息安全的机制改革。第 13 章鉴于新媒体技术的广泛应用，提出创新共享途径，借鉴发达国家应用新媒体技术的经验，设计创新我国档案共享途径的策略方案。第 14 章总结本报告主要结论与研究创新并展望未来研究。故下篇主要针对上、中篇分析基于远程服务构建档案共享存在的问题思考解决对策与路径。

1.5 研究方法

1.5.1 文献分析

课题组通过中国学术期刊网络出版总库、万方数据库、Springer、EBSCO 等中外文数据库以及美国、英国、加拿大、法国、澳大利亚等国的国家档案馆网站，翻译相关文献，研读著作，拓宽研究与理论视野；关注中国人民大学、复旦大学及各档案馆的知名公众号、APP，从中及时获取最新动态信息。文献研究贯穿于整个研究报告的各个章节。尤其在本研究下篇"对策路径"中，我们在美国最新国家战略《2018—2022 年战略规划》（Strategic Plan 2018-2022）、《2016—2018 年开放政府计划》（Open Government Plan 2016-2018）全文翻译的基础上，全面深入研究 NARA 国家战略的最新部署与各项具体策略，为我国相关建设提供借鉴。

1.5.2　调查研究

本课题在研究过程中进行了一系列调查工作，上篇"实践现状"、中篇"主、客体要素分析""框架构建"及下篇"对策路径探索"均离不开实证调查材料的支撑。其中"东、西部区域性远程服务发展调研"的撰写基于东、西部地区各省、市情况的调查（见4.1.2"调研工作概况"）。本报告的主要调查途径有：

（1）访问网站。国内，先从省（市）档案信息网中整体性了解，掌握线索，在此基础上就不明确问题电话调查。国外，访问美、英、澳、加、法、日、韩等发达国家档案馆网站，了解其档案共享的内容、方式，及其与社会公众互动的途径。

（2）微信调查。通过微信调查各地档案资源建设、利用与共享的具体状况并交换意见。

（3）问卷调查。对一些省、市及区级档案馆进行问卷调查，了解各地档案馆的具体情况与相关建议（见附录一）。

（4）访谈调查。访谈上海、陕西、福州、青岛、成都等省、市、区档案馆，考察档案共享发展的现状与问题。并实地观察、调研街道社区事务服务中心的远程共享服务。

1.5.3　专家咨询

（1）当面咨询。利用各种专业会议、实习基地合作交流等机会，对包括国家、省市、基层档案馆、高校等学界、业界专家咨询，展开深入访谈式调研，了解各地具体情况有利于开拓视野、言之有据，尤其为下篇"对策路径"的研究提供了分析思路。

（2）远程咨询。主要以电话、微信等方式调研，与国家档案局、一些省市与基层档案馆、信息系统供应企业的相关人员保持联系，了解如国家档案共享平台的建设进展、省市档案馆共享建设中成就与问题等。实践表明，这种调查互动直接、效果显著，大量采用电话、微信方式调查有利于掌握一手材料，便于把握报告对策方案设计的合理性、可行性。

1.5.4　比较分析

（1）国内层面。在调查研究基础上展开比较分析，如对我国东部和西部区域档案远程服务的现状展开比较，归纳比较发展特点、组织、模式及平台等差异，剖析原因并提出解决措施。

（2）国外层面。在对国外跨界合作项目、利用新媒体创建共享途径进行剖析的基础上展开比较，归纳特点，以其之长为我所鉴。

1.5.5　案例分析

为研究更深入，本报告面向国内、国际前沿，大量采用了案例分析法。如国内方面，为分析我国区域性远程服务演进脉络，顺序剖析了上海、长春、浙江等处于前列省市的实践与特点；通过对上海市档案馆、上海市浦东档案馆 2006—2018 年档案利用服务情况的持续跟踪调查统计，分析利用主体的共享利用特点及发展趋势；为构建档案共享框架，结合典型城市实践，对区域性远程服务的各个模式分别展开案例剖析，了解模式架构、应用意义及存在阻碍。国外方面，通过对澳大利亚 PANDORA 项目、苏格兰 National Records of Scotland 项目、英国 UK Web Archive 项目等典型案例的调查，分析国外网页归档利用实践；分析美、法、英、澳、加、日等发达国家利用档案馆网站创新共享途径、开展"一站式"共享查询的成功案例，展现发达国家有关档案资源共享的创新路径，以拓展我国相关建设的视野。

2　研究基础与理论支撑

≣ 2.1　研究基础

2.1.1　国外研究综述

自 1996 年第十三届国际档案大会起，历届国际档案大会从"虚拟档案""新千年与信息社会中的档案""集成管理""数字仓储、信息获取、开放数据工程及云存储""档案行业内外的合作"①等不同视角对数字档案展开研讨，国际档案界持续关注数字档案资源整合、共享利用研究，表明数字档案资源在国际档案研究中的重要地位。

1. 国外研究现状

我们利用 Springer、EBSCO 等外文数据库进行模糊检索，并对所检索文献进行归纳整理，发现发达国家着力在以下方面进行档案共享建设研究。

（1）国家战略研究

法律标准：英国、美国、澳大利亚及加拿大等发达国家高度重

---

① 资料来源：https://baike.baidu.com/item/国际档案大会.

视法律规范的制定，各国普遍制定了《信息自由法》《文件（档案）法》《电子政府法》等法律。Stephen H. 评论这些法律的颁布为电子文件的合法、有效和可执行提供了框架。它鼓励联邦机构促进电子文件的保存、归档、维护、提交和存档。为电子文件交互提供了多种可能类型。① 芝加哥大学教授 Robert A. Seal 认为国际的资源共享已成为发展趋势，指出国际信息资源共享的努力方向，即馆际互借、珍贵文献的保护、统一标准的建立。② 发达国家还致力于数字文件管理标准的深入研究与系统开发，为档案共享奠定基础。如欧盟《电子文件管理通用标准》，美国《数字档案馆需求标准》《电子文件管理软件应用系统设计评价标准》等，体现了前端控制思想。③

战略规划：发达国家还注重计划等战略规划的制订，如英国国家档案馆每年发布《数字战略》部署下一年度各项任务。2017 年英国《数字战略》要求政府全面实施数字治理。④ 美国连续颁布 NARA《2007—2017 数字化档案公众获取计划》《2016—2018 开放政府计划》《2018—2022 战略规划》等战略规划，旨在通过创新提升馆藏资源的共享水平，通过促进公众访问 NARA 掌管和控制的联邦政府档案，扩大公众参与档案共享，使人们主张自己的权利、了解自己的历史，并更有效地参与政务。⑤ 新西兰、澳大利亚启动数字连续

①　Stephen H. Holden, Lynette I. Millett. Authentication, Privacy, and the Federal E-Government[J]. The Information Society, 2005, 21(5): 367-377.

②　Robert A Seal. The Information Commons: New Pathways to Digital Resources and Knowledge Management[C/OL]. [2018-10-15]. Preprint for the 3rd China/U. S. Conference on Libraries, Shanghai, March 2005. 2016-06-13. http://www.doc88.com/p-4922347346413.html

③　Us DoD 5015. 2-STD electronic records management software applications design criteria standard [EB/OL]. [2014-04-15]. http://www.dtic.mil/whs/directives/corres/pdf/501502std.pdf.

④　A new Vision for The National Archives: 2006-2011[EB/OL]. [2010-05-12]. http://www.nationalarchives.gov.uk/documents/vision.pdf.

⑤　National Archives and Records Administration [EB/OL]. Open Government Plan 2016-2018. https://usnationalarchives.github.io/opengovplan/researchservices/

性计划，强调各政府部门应形成数字信息，在保障信息质量的基础上相互之间实现信息、系统和流程的互操作。①

（2）跨界合作共享研究

国外档案界高度重视合作，研究成果比较丰富。世界范围内对档案馆跨界合作推动档案创新服务已形成较为统一的认知，2002年 Carlson 就提出文化机构间通过开展合作能够显著改善自身服务水平、提升文化市场地位，并更好地契合用户需求。② Edwards 认为，现代技术和社会组织形态的发展变化，对于档案馆、图书馆提出了更多任务需求，为了更好地履行自身职责，满足社会大众文化需求，两者应当保持密切合作，特别是在文化遗产保存以及信息资源储存领域。③ Jennifer Novia 研究了档案馆和博物馆、图书馆在近年来的合作案例和合作模式，提出了在合作中的障碍如版权、资金等，但认为合作很好地实现了不同文化资源的整合，提高了各机构在数字领域的共享能力，为社会大众带来了更好的文化体验，促进了各个文化机构自身的发展。④ 国际图联（IFLA）发布报告详细介绍加拿大、美国、英国、俄罗斯等国家不同机构之间开展的社区及遗产合作项目、博物馆/艺术馆通行证项目、电子资源合作项目和联合利用设施等合作形式，提出良好的实践、创造合作性电子资源、风险管理等合作的具体策略。⑤

① National Archives of Australia. Digital Continuity 2020 Policy[EB/OL]. https://www.naa.gov.au/information-management/information-management-policies/about-digital-continuity-2020-policy.

② Carlson. Charting the Landscape, Mapping New Paths：Museums, Libraries，and K-12 Learning[EB/OL].［2020-01-10］. http://www.imls.gov/pdf/Charting the and scape. pdf.

③ Edwards P M. Collection development and maintenance across libraries, archives and museums：A novel collaborative approach[J]. Library Resources & Technical Services，48(1)，26-34.

④ Jennifer Novia. Library，Archival and Museum（LAM）Collaboration：Driving Forces and Recent Trends[J]. The Journal of the New Members Round Table，2012(1)：1-10.

⑤ Yarrow A, Clubb B, Lynn J. Public libraries, archives and museums：Trends in collaboration and cooperation[R]. IFLA Professional Reports, 2008：108.

（3）共享服务平台建设研究

国外有关档案共享平台建设的研究起步较早。1995 年，Brian Collinge 首次提出关于共享服务平台的概念，认为平台的作用会随着社会经济的不断发展而愈加明显。① Lynn Davis 研究档案共享平台中的网站建设，认为网站信息的收集和共享能够帮助政府更好地执行管理职责。② 意大利 Maristella Agosti、Nicola Ferro 教授认为通过整合档案资源既保留档案的独特身份和自主权、灵活性和可扩展性，又解决跨区域档案数据共享，指出所设计的档案信息系统必须纳入国家远程信息公共管理基础设施，以便于不同行政部门之间互操作。③ Ricardo 提出通过使用 SRU 信息检索协议，EAC-CPF 记录与 EAD 的整合，帮助档案管理员远程访问具有上下文和权限记录的分布式存储库方案。④

（4）共享与隐私保护研究

国外注重档案开放共享中个人隐私的保护。Susan Corbett 基于《隐私法案》探讨档案共享及个人隐私安全的处理问题。⑤ Paul J. Sillitoe 从"访问期限"（access period）与"危机测试"（harm test）两个方面讨论档案馆个人隐私信息的安全保护问题。⑥ Livia Iacovino 以澳大

①　Collinge B. New consumer online services［J］. Electronic Library，1995，13（2）：116-126.

②　Whitson T L，Davis Lynn. Best practices in electronic government：Comprehensive electronic information dissemination for science and technology［J］. Government Information Quarterly，2001，18（2）：79-91.

③　Maristella Agosti，Nicola Ferro，Gianmaria Silvello. An Architecture for Sharing Metadata Among Geographically Distributed Archives［C］. Digital Libraries：Research and Development，2007：56-65.

④　Ricardo Eito-Brun. Remote access to EAC-CPF context and authority records for metadata indexing：a solution based on open information retrieval standards［J］. Archival Science，2016（16）：149-165.

⑤　Corbett S. The retention of personal information online：A call for international regulation of privacy law ［J］. Computer LAW & Security Review，2013（29）：246-254.

⑥　Sillitoe P. Privacy in a Public Place：managing public access to personal information controlled by archives services ［J］. Journal of the Society of Archivists，1998，19（1）：5-15.

利亚为例，从法律视角讨论档案共享利用权与个人隐私权的平衡。①

（5）创新共享途径研究

随着新媒体的普及利用，国外档案馆积极探索应用 Twitter、YouTube、Facebook、Flickr 等新媒体平台开展档案共享服务。如由英国谢菲尔德大学牵头负责，协同其他多家科研机构共同开展 ARCOMEM（Archive Community Memories）项目，旨在利用合作力量开展面向主流社交媒体信息的评估、采集、保存与共享利用，进而建立一个共享的社交媒体数字档案馆。② 在开放政府背景下，NARA 系统研究应用新媒体创新档案共享途径，并已形成相对完整体系，如研究开展相关社交媒体活动，收集有关战争中人们个人物品、文件和故事；参与国际性 Twitter 活动以及 @ This Is Archives Twitter 账户活动；通过 Citizen Archivist 界面的众包项目吸引公众等完整策略等。③ Acker 与 Kreisberg 撰文总结美国通过 API（Application Programming Interface）应用程序编程接口访问新兴的社交媒体数据库的经验，这些专门平台数据的共享利用，为专业人员提供研究与教学所需的档案数据资料。④

2. 国外研究评析

（1）理论研究与实践项目紧密结合

国外档案共享理论研究大多与项目紧密关联，在项目实践过程

① Iacovino L. Rethinking archival, ethical and legal frameworks for records of Indigenous Australian communities: a participant relationship model of rights and responsibilities [J]. Arch Sci, 2010(10): 353-372.

② Risse T, Dietze S, Peters W, Doka K, Stavrakas Y, Senellart P. Exploiting the Social and Semantic Web for Guided Web Archiving [J/OL]. Int J Digit Libr, 2012: 426-432. https://doi.org/10.1007/978-3-642-33290-6_47.

③ National Archives and Records Administration [EB/OL]. Open Government Plan 2016-2018. https://usnationalarchives. github. io/opengovplan/researchservices/

④ Acker A, Kreisberg A. Social media data archives in an API driven world[J/OL]. [2019-09-24]. ArchSci(2019): 1-19. https://doi. org/10.1007/s10502-019-09325-9.

中推进理论研究，或以项目为案例进行理论归纳，与实践的紧密结合使研究成果具有前沿性和现实指导性。

（2）强调公众参与

国外档案共享研究强调公众参与理念，将公众参与作为国家战略，面向公众寻求档案资源最大范围的共享，力争将档案共享服务覆盖到社会各个群体。

（3）注重多元合作

国外档案馆具有很强的合作意识，合作对象、合作范围非常广泛，合作思维贯穿于档案共享研究的各个环节。多元合作已成为扩大共享成果、最大化共享资源的重要途径。

（4）积极利用新技术平台

国外档案馆适应社会发展趋势，积极迎合公众需求，强调应用新媒体开发档案资源与拓展档案共享，致力于面向公众、形式多元的在线共享服务。

2.1.2　国内研究综述

本研究分"档案资源共享"与"区域性远程服务"两大部分，选择中国学术期刊网络出版总库（CNKI）等数据库为检索资源库，对与本课题相关的文献进行检索，具体如下：

1. 档案资源共享

（1）检索情况与研究概况

截至 2019 年 10 月 10 日，以 CNKI 全文期刊数据库为依托，将检索式设定为：主题＝"档案"并且篇名＝"共享"进行检索，并考虑到档案资源整合是实现共享的重要前提，档案共享是促进档案资源整合的必要条件，为进一步提高查准率、把握学术研究热点，我们以"档案资源"＋"整合"为条件进行二次检索，最终形成的文献趋势情况分别如图 2-1、图 2-2 所示。

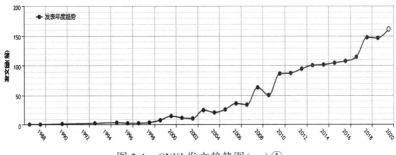

图 2-1　CNKI 发文趋势图(一)①

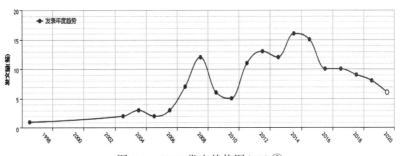

图 2-2　CNKI 发文趋势图(二)②

　　我国数字档案整合共享研究实质也是电子文件管理的研究过程。档案资源共享研究最早可溯源至 20 世纪 80 年代末,在全国档案馆工作会议号召下,全国各级档案馆纷纷建立档案目录中心、检索中心并进行相关研究。③④ 1996 年国家档案局成立电子文件归档与电子档案管理研究领导小组,许多学者关注档案共享的现实基础

　　①　https://kns.cnki.net/kns/Visualization/VisualCenter.aspx[EB/OL].

　　②　https://kns.cnki.net/kns/Visualization/VisualCenter.aspx[EB/OL].

　　③　钟毅. 建立档案史料目标中心实现信息资源共享[J]. 湖南档案,1993(1):31-33.

　　④　罗备针. 试论档案信息资源共享与目录中心的建设[J]. 浙江档案,1998(10):30-31.

以及实现共享的必要性、可行性等问题。①② 20 世纪 80 年代末至 2002 年档案目录中心的研究可认为是档案资源共享研究的起点。

2002 年 11 月我国颁布《全国档案信息化建设实施纲要》明确提出档案资源共享目标，2004 年左右各地展开档案整合共享实践，试点模式纷纷涌现，借此档案界又掀起一轮研讨热潮。随着档案信息化在全国的推进，数字档案整合共享研究成果不断涌现，一批国家自科、社科基金项目立项，各省市教育、档案等机构支持共享项目立项。数字档案资源建设与共享是档案论坛、年会等学术活动研讨的重要议题。档案信息化、数字档案馆、数字档案室、新媒体、云计算等专题成为关注热点，研究成果迭出。

鉴于档案资源共享研究涉及面极其广泛、涵盖内容极为丰富，下面选择与本研究相关度较紧密的主题进行综述。

（2）档案资源整合

2002 年戴志强发文阐述国家档案资源整合的含义、目标与对策③，成为最早研究成果之一。此后，形成一波对信息化与档案资源共享关系的研讨，形成共享须在社会信息化基础上才有可能真正实现的共识。④⑤⑥

互联网在我国迅速普及、档案信息化持续推进后，数字档案建设成为档案学理论研究的前沿专题。冯惠玲等探寻电子文件管理的出路。⑦ 何振、蒋冠发表系列论文和调研报告对档案资源共享深入

① 金向军. 论档案信息共享的可行性[J]. 浙江档案，1996(1)：35-36

② 薛匡勇. 论档案资源的社会共享 中国档案学会第六次全国档案学术讨论会论文集[C]. 北京，2002：56

③ 戴志强. 关于国家档案资源整合的若干思考[J]. 中国档案，2002(8)：7-11

④ 倪红. 信息化在档案资源整合中的作用[J]. 北京档案，2004(5)：31-32 .

⑤ 郑清华. 档案信息资源开发与共享[J]. 科技资讯，2006(5)：22-24.

⑥ 闫杰. 档案信息化建设应以信息共享为核心[J]. 兰台世界，2008(3)：12-14.

⑦ 冯惠玲. 拥有新记忆——电子文件管理研究[J]. 档案学通讯，2003(1)：57-59.

研究，总结了四大瓶颈及其原因。①②③④ 傅华从国家层面研究档案馆网规划、乡镇档案和企业档案的归宿等档案资源建设问题并提出解决方案。⑤ 国家自科基金项目"我国电子文件管理国家战略的基础理论与框架研究"团队通过国内外比较提出对策，即制定和实施电子文件管理的全局性法规、政策、发展规划、示范项目等国家级战略安排，全面推动我国电子文件管理。⑥ 从研究状况看，自20世纪末以来，我国档案界已就构建数字档案资源管理与共享体系逐渐达成共识，其研究处于稳步发展态势。见图 2-3 中国知网统计 1997—2018 年"档案资源共享"专题学术关注度走势图。

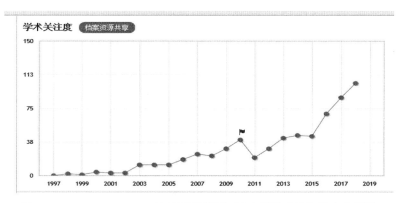

图 2-3　CNKI 1997—2018 年"档案资源共享"专题学术关注度走势图⑦

①　何振，蒋冠. 试论电子政务环境下档案资源整合与共享的实现形式[J]. 档案学研究，2004(4)：40-43.
②　何振，蒋冠. 电子政务环境下档案资源整合与共享的调研报告——以湖南省档案信息化建设为例[J]. 中国档案，2005(5)：26-29
③　蒋冠. 何振. 电子政务环境下档案资源整合与共享之瓶颈分析[J]. 北京档案，2005(3)：33-35.
④　何振，蒋冠. 试论电子政务环境下档案资源整合与共享的实现形式[J]. 档案学研究，2004(4)：40-43.
⑤　傅华. 国家档案资源建设研究[J]. 档案学通讯，2005(5)：41-43.
⑥　冯惠玲. 刘越男等著. 电子文件管理国家战略[M]. 北京：中国人民大学出版社，2011：2.
⑦　中国知网[EB/OL]. [2019-10-15]. http://trend.cnki.net/TrendSearch/trendshow.htm？searchword＝%u6863%u6848%u8D44%u6E90%u5171%u4EAB.

2007 年以来随着我国对民生问题的重视，民生档案整合共享成为关注热点。黄东霞、张卫东等认为由于民生档案资源还处于比较分散、零乱、孤立甚至封闭的状态，需有重点地收集并提供利用①②，安小米总结共享方面存在的瓶颈问题。③ 业界如北京李立军、上海仓大放、长春梁伟长等总结本地档案馆民生档案共享实践，学界石俊峰、赵爱国、李广都、张林华等则基于各自的研究对民生档案远程共享展开讨论。从统计图中可见 20 世纪末以来民生档案资源整合共享是近十年才开始受关注，2017 年起更趋活跃。见图 2-4 中国知网 1997—2018 年"民生档案资源整合共享"专题学术关注度走势。

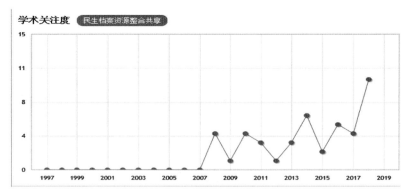

图 2-4 CNKI 1997—2018 年"民生档案资源整合共享"专题
学术关注度走势图④

① 黄东霞. 民生档案信息资源的整合[J]. 档案与建设，2008(11)：23-24.

② 张卫东. 档案服务民生：理念与模式[J]. 档案学通讯，2009(5)：78-80.

③ 宋懿，安小米. 信息惠民视角下的民生档案整合与服务研究[J]. 档案学研究，2016(1)：44-50.

④ 中国知网［EB/OL］.［2019-05］. http://trend.cnki.net/TrendSearch/trendshow.htm? searchword =％u6C11％ u751F％ u6863％ u6848％ u8D44％ u6E90％ u6574％u5408％u5171％u4EAB.

（3）档案共享机制

2003 年吕秋培有关建立数字档案馆资源共享保障机制的观点，是我们发现的较早成果。① 近年来，对共享机制的研究进一步深入，可归纳为以下三部分：

一是共享机制构建研究。裘彦雯认为应该建立组织与制度建设、软硬件与网络保障以及服务子机制。② 邢华洁构建共享机制的横向体系框架，构建包括标准化、法律政策、组织与人才保障、资源整合等一系列机制。③

二是与共享相关的机制构建研究。学者们从控制、协同、创新、动力等各个角度探讨机制的构建。戴志强认为档案资源整合需要建立依法调控、互动多赢、科技保障与舆论导向机制。④ 谭必勇、王新才提出"书目控制"的思想。⑤ 吴加琪主张从管理、资源、技术、利益和主体方面进行协同，推进区域档案共建共享。⑥ 刘娜分析源动力、内部动力和外部动力要素及机制。⑦ 马仁杰等讨论大数据环境下共享机制的"三重境界"。⑧ 程结晶、管先海、孙大东、吴加琪、张连星、王良城等分别从云技术等技术方面研讨共享机制

① 吕秋培. 数字档案馆信息资源的共享［J］. 兵船机电档案，2003（4）：9-10.

② 裘彦雯. 档案信息资源共享机制的三维构建［J］. 档案，2011（2）：19-21.

③ 邢华洁，档案信息资源共享机制研究［D］. 昆明：云南大学，2011（4）：6-14.

④ 戴志强. 国家档案资源整合的含义及其运作机制探讨［J］. 档案学通讯，2003（2）：4-7.

⑤ 谭必勇，王新才. 国家档案资源整合与共享的控制机制探讨［J］. 档案学研究，2006（4）：17-22.

⑥ 吴加琪. 多主体参与的区域档案信息资源共建共享机制研究［J］. 浙江档案，2016（7）：7-9.

⑦ 刘娜. 省级档案馆档案网络信息资源共享动力机制研究［J］. 黑龙江档案，2013（4）：31-33.

⑧ 马仁杰. 沙洲. 合作·协同·融合——大数据环境下档案信息资源共建机制的三重境界［J］. 山西档案，2018（2）：9-13.

的构建，在此不一一赘述。①

三是图书档案资源共享合作机制研究。各国通行的图书馆、档案馆和博物馆合作共享在我国引起反响。有学者研究资源优化配置路径②及图书档案数字化融合服务的保障机制等问题。③

（4）档案共享模式

研究者们分析、设想共享组织模式，提出发展路径。张卫东、刘瑞华、姜海、吴加琪解析共享组织模式，分析模式选择，提出统筹规划、资金保障、信息陈旧及保密等建议。④⑤⑥⑦⑧ 周耀林提出联动共享模式构建的原则、路径与特征，并阐释通过联动平台实现联动模式的路径。⑨ 安小米研究信息惠民工程的联动模式。⑩⑪ 曲晶瑶则基于档案馆联盟研究档案资源共享模式。⑫

---

① 程结晶. 云技术中数字档案资源共享与管理体系的构建[J]. 档案学研究，2013(1)：38-41.

② 陆俊，邓瑞芬，胥伟岚. 我国 LAM 资源共享推进机制研究[J]. 图书馆工作与研究，2016(11)：22-26.

③ 赵红颖. 图书档案资源数字化融合服务实现研究[D]. 长春：吉林大学，2015：123-129.

④ 刘瑞华，档案信息资源共享组织模式研究[J].湖北档案，2007(9):14-16.

⑤ 姜海. "互联网+"时代档案信息资源共享组织结构及其模式研究[J]. 山西档案，2016(5)：62-64.

⑥ 李萍，王桂芝. 关于档案信息资源共享模式的思考[J]. 黑龙江档案，2008(2)：9

⑦ 张卫东. 档案服务民生：理念与模式[J]. 档案学通讯，2009(5)：78-80.

⑧ 吴加琪，陈晓玲. 智慧城市背景下区域档案信息资源共建共享模式研究[J]. 档案管理，2015(1)：33-35.

⑨ 周耀林，赵跃. 档案资源建设与服务联动模式探析[J]. 档案学通讯，2015(5)：51-57.

⑩ 宋懿，安小米. 信息惠民视角下的民生档案整合与服务研究[J]. 档案学研究，2016(1)：44-50.

⑪ 安小米，加小双，宋懿. 信息惠民视角下的地方民生档案资源整合与服务现状调查[J]. 档案学通讯，2016(1)：48-54.

⑫ 曲晶瑶. 基于档案馆联盟的档案信息资源共享模式研究[J]. 兰台世界，2011(6)：62-63.

信息时代新技术引领档案资源共享研究与发展的新趋向。一些学者以云技术思维开展论文与项目研究，薛四新、牛力、程结晶等提出"云"平台模式与建设方案。①②③ 上述论文在近年知网档案学论文中下载量名列前茅，从另一侧面反映了网络时代档案界学术研究关注的新视角、新方向。

（5）档案共享策略

学界关于档案资源共享策略的研究视角极其广泛，共享措施多样：

基于共享途径视角，21 世纪初戴志强便基于上海地区档案共享提出建设区域性目录中心的建议。④ 李立军指出在档案整合共享中，要充分发挥档案资料目录中心的职能。⑤

基于共享技术视角，张照余提出利用 VPN 构建全国档案共享网络及整合共享机制、内容划控与分级管理等意见。⑥ 陈霄、詹锐、岳喜勇等以数字档案馆系统为基础，从平台开发设计、业务模块、网络框架等方面探讨前瞻性的共享技术路径。⑦⑧

基于共享平台视角，王良城提出选择若干专题作为突破口，循

① 薛四新. 云计算环境下电子文件管理的实现机理［J］. 档案学通讯，2013（3）：65-66.

② 牛力，韩小汀. 云计算环境下的档案信息资源整合与服务模式研究［J］. 档案学研究，2013（5）：26-29.

③ 程结晶. 云技术中数字档案资源共享与管理体系的构建［J］. 档案学研究，2013（5）：38-41.

④ 戴志强. 关于国家档案资源整合的若干思考［J］. 中国档案，2002（8）：7-11

⑤ 李立军. 北京市档案信息资源整合共享的实践与展望［J］. 北京档案，2011（2）：10-12.

⑥ 张照余. 利用 VPN 技术构建全国档案信息共享网络的研究［J］. 档案学通讯，2006（4）：18-24.

⑦ 陈霄，詹锐. 民生档案区域共享技术路径实践分析［J］. 浙江档案，2015（1）：61-62.

⑧ 岳喜勇. 利用网络技术实现档案管理的智能化和资源共享［J］. 信息化建设，2007（7）：48-52.

序渐进地加快基于云平台的全国范围档案资源共享建设和利用的思路。① 互联网时代移动服务是档案共享平台发展的新趋势，引起了研究者们的关注。谭必勇引入移动服务领域的 STOF 框架分析手机档案馆的实现策略。② 王珂等研究以无线接入的方式实现档案信息交流、咨询、利用等功能的新型档案馆服务模式。"③周耀林提出移动数字档案馆服务体系建设策略及将 SOLOMO 理念应用于档案馆移动服务模式。④⑤ 吕元智等研究基于场景的个性化档案移动服务模式。⑥⑦

　　基于资源管理视角，冯惠玲团队的自科基金项目成果借鉴发达国家先进经验，从国家层面体制、机制、标准、法规及示范项目等方面，全面研究电子文件管理国家战略，"呈现了一幅关于如何认识、制定与实施我国电子文件管理国家战略的全景图和线路图。"⑧中国人民大学信息资源管理学院"建立数字信任"课题组基于上海自贸区开展的电子档案"单轨制"管理试点工作，探索可复制可借鉴的经验，在全国范围把"单轨制"管理的理论与实践推向深入，以从源头为共享奠定基础。

　　此外，还有不少学者从社会化合作开发档案资源、基于新媒体

　　①　王良城. 档案信息资源共享服务机制的战略构建[J]. 中国档案，2013(1)64-65.

　　②　谭必勇. 基于 STOF 框架的手机档案馆服务模式研究[J]. 档案学通讯，2012(6)：72-75.

　　③　王珂，童路. 论移动档案服务的可行性和必要性[J]. 湖北档案，2013(2)：16-18.

　　④　刘婧，周耀林. 移动数字档案馆服务体系建设研究[J]. 档案学通讯，2015(1)：55-60.

　　⑤　刘婧，周耀林. SoLoMo 理念在档案馆移动服务中的应用[J]. 档案学研究，2016(5)：53-57.

　　⑥　吕元智. 基于场景的个性化档案移动服务模式探究[J]. 档案学通讯，2019(5)：43-49.

　　⑦　贺军. 移动社交背景下的档案信息服务推进策略研究[J]. 档案学研究，2018(2)：72-78.

　　⑧　冯惠玲. 刘越男等著. 电子文件管理国家战略[M]. 北京：中国人民大学出版社，2011：3.

档案资源共享等视角展开研讨，在此不一一赘述。

总体而言，目前关于档案资源共享的研究成果数量增长迅速、研究视角涉及广泛、研究内容结合社会需求实践并适应时代发展、项目支持与研究队伍形成一定规模，所有这些都有力地促进了研究的健康发展。

2. 区域性档案远程服务研究

（1）区域性档案远程服务研究概况

截至 2019 年 11 月 10 日，以主题为"档案"或含"联动共享"并且主题为"远程服务"为检索条件进行高级检索，得到 77 条检索结果，剔除无关文献后剩余 72 篇。从图 2-5 可见，除少量高校档案馆

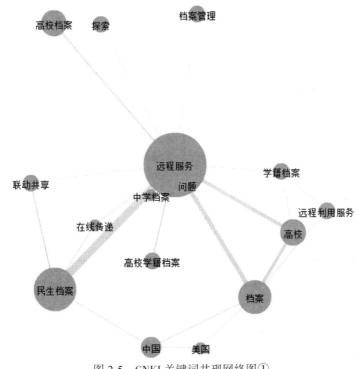

图 2-5   CNKI 关键词共现网络图①

---

① https://kns.cnki.net/kns/Visualization/VisualCenter.aspx［EB/OL］.

远程服务外，其余的基本均为民生档案远程服务相关文献，未见档案共享在其他行业、领域的研究成果。鉴于长期以来我国档案远程共享实践蹒跚不前、乏善可陈，基于"民生档案远程服务"实践近年来的迅速推进，一些档案馆专业人员、高校研究人员总结、剖析这一实践成果，相应理论研究成果大量涌现，以致出现当搜索文献主题为"区域性档案远程服务"时，检索结果主要表现为"民生档案远程服务"；同时，大量以"档案资源共享""档案信息远程服务"等为题的文献成果，虽标题未显现，但内容实则均指向"民生档案"。这从另一侧面反映了我国"区域性档案远程服务"实践成果主要存在于"民生档案远程服务"领域这一客观事实。

从发文年度看，我国区域性档案远程服务研究起步于2010年左右，此后文献数量开始逐渐上升。

从立项课题看，从省市档案局、国家档案局项目到教育部人文社科项目、国家社科一般项目乃至重大项目，立项的层次逐渐提高，表明区域性档案远程服务理论研究逐步深化的同时所受重视程度也在相应提高。

从发文作者看，初期往往是档案馆人员在民生档案远程服务的实践探索基础上总结提炼发表文章。近年来，来自高等院校科研机构的作者群体逐渐上升，表明民生档案远程服务研究已渐渐引起学界的关注与重视。

从文献内容看，初期多数文章是对上海、浙江、江苏等地区域性远程服务工作具体现状的报道，介绍了各地民生档案远程服务工作的开展情况、取得成效及改善措施等，文中所涉及的资源、机制、平台等建设工作也多是着眼于本地区的实践情况。近年来，文献所反映的地区明显扩展、内容的理论性明显增强，这与民生档案远程服务在各地的广泛推进且作者群体中出现越来越多专家、学者密切相关。

从文献发表的期刊来源看，检索发现，几乎涉及了所有的档案学核心期刊。其中以《中国档案》和《浙江档案》所刊本专题文献为最多。此外，《中国档案报》等也是民生档案远程服务研究成果的重要来源。我们主要以上述期刊、报纸所刊的文献为对象，对当前我国民生档案远程服务及资源建设的研究现状简要分析与综述。

通过研读归类，梳理总结出国内相关研究可归纳为机制、平台、模式、问题与对策等方面。

（2）区域性远程服务机制

服务模式的运行都需要有一个具有相适性、稳定性、系统性的机制体系。区域性远程服务作为一项新的档案服务方式，有属于自身的独特的机制体系。邹富联等提出构建以政府部门为主导，以省档案行政管理部门为统筹，以各市档案行政管理部门为服务中心的领导机制，建立统一规划、标准、模式的运行机制。① 各地建立专用数据库跨馆利用相互授权等权属机制，为解决民生档案远程服务中管辖、隐私的保护、知识产权、数据所有权扫清阻碍。②③ 张林华认为各地实践中摸索出的服务机制有类同之处也有结合本地实际的独到之处，在目前国家层面尚无统一规范的情况下，对拓展我国民生档案服务途径、提高服务水平具有重要开创作用。④

（3）区域性远程服务平台

石峻峰、胡清让认为民生档案远程服务平台是馆际合作的关键，并提出建设思路。⑤⑥ 吴加琪设计"1+4"系统平台总体架构，提出共享平台建设由具有隶属关系——向横向跨行业系统——再向跨地区的国家范围内共建共享发展。⑦ 此外，张晶晶、李学广、温

① 邹富联. 杜永红民生档案信息资源共享管理机制的构建——以广东珠江三角洲地区为例［J］. 北京档案，2009(11)：31-33.

② 赵欣行政区域内馆藏信息远程共享的实践 2014 年海峡两岸档案暨缩微学术交流会论文集［C］. 台北，2014：12-15.

③ 朱纪华. 上海市民生档案远程服务机制［EB/OL］.［2012-10-15］. http://www.xtda.gov.cn.

④ 张林华，潘玉琪，朱思霖. 我国民生档案远程服务理论研究述评［J］. 档案学研究，2017(2)：45-50.

⑤ 石峻峰. 基于民生档案远程服务的馆际合作机制研究［J］. 中国档案，2013(3)：36-37.

⑥ 胡清让. 档案信息网络远程服务的基本要求［J］. 档案管理，2010(5)：88.

⑦ 吴加琪. 构建区域档案信息资源共建共享平台的思考［J］. 北京档案，2014(8)：24-27.

娟莉、胡连英、李持真等分别对上海、长春、济南、嘉兴等地区性民生档案远程服务的平台建设进行探讨。张林华、崔伟等根据民生档案远程服务实践指出平台建设应是全方位的多层面、立体化的系统平台，包括远程服务的应用平台、设施技术平台以及资源平台。①②

(4)区域性远程服务模式

李广都认为："馆室联动"是向涉民部门办事中心的延伸，"馆际联动"是区域内各综合档案馆之间为民众提供远程查询和出证的服务，"馆社联动"是档案馆主动走进民众生活使档案服务更加贴近百姓生活。③ 张林华等剖析我国民生档案远程服务协作模式，认为当前较典型的有市域、省域、城市圈和跨省馆际协作模式，并分析这四种模式形成与特点、架构与机理、优势与不足。④ 傅荣校等以浙江省海盐县为例研究基于县域的档案资源共享模式。⑤

(5)区域性远程服务保障

完善的环境条件是保障民生档案远程服务顺利构建的必备基础。研究者们贡献了包括政策、制度、模式、体制、机制、平台、资金与人才保障等一系列有关保障条件的研究成果。一些研究者呼吁通过"顶层设计"制定统一的战略框架，促进部门协同。⑥ 傅荣

---

① 张林华，潘玉琪，朱思霖. 我国民生档案远程服务理论研究述评[J]. 档案学研究，2017(2)：45-50.

② 崔伟. 北京数字档案馆电子文件中心建设综述[J]. 北京档案，2018(2)：6-8.

③ 李广都. 浅析民生档案远程利用服务的协调机制[J]. 兰台世界，2014，(17)：24-25.

④ 张林华，张文倩. 当前我国民生档案远程服务馆际协作模式研究[J]. 档案学研究，2018(5)：85-90.

⑤ 傅荣校. 夏红平. 王茂法. 基于县域的档案信息资源共享工程推进机制研究——以浙江省海盐县为例[J]. 中国档案，2015(11)：62-63.

⑥ 罗夏钻. 我国民生档案协同服务机制构建探讨[J]. 云南档案，2014(2)：57-59.

校等总结浙江海盐经验建议依托"四大平台"完善网络利用环境。①
隐私保护、利用权限归属、数据防伪以及所出证明的法律效力等问
题也是探讨的热点，对此学者们提出了利用者身份验证、受理点接
收跨馆(区)出证的解决途径。

(6)区域性远程服务问题与对策

基于广泛调研，安小米等得出结论：民生档案资源体系建设缺
少顶层设计。② 张林华分析上海、长春、天津、广东等典型地区实
践及其特点，指出应尽快改变各地各自为政、分头建设的状态。③
纵观当前的研究成果，学者们对上述问题的解决对策集中可归纳为
以下方面：建立统一的领导机构与制度建设、建设国家档案资源共
享平台、推进档案数字化、构建档案资源体系、加大政策支持和资
金投入、完善体制和机制建设等。

3. 国内研究现状评述

(1)民生档案远程服务研究成果较为集中。综观国内区域性档
案远程服务和档案资源共享研究成果，可见主要体现在民生档案远
程服务方面。一方面，这与社会公众对民生档案利用需求量远高于
其他档案有关，另一方面，也同近年来我国区域性档案远程共享实
践在民生档案领域取得重大进展密切相关。

(2)区域性档案远程服务理论研究滞后于实践。区域性远程服
务及资源共享建设在缺乏相关顶层设计与统一规范等多种因素制约
下，现有研究大多集中于对基本工作现状、经验的描述，研究视角
类同，缺乏整体性、前瞻性研究，更深层次、更广范围共享的创新
研究不足，难以对实践起到引领指导作用。

---

① 傅荣校. 夏红平. 王茂法. 基于县域的档案信息资源共享工程推进机
制研究——以浙江省海盐县为例[J]. 中国档案, 2015(11)：62-63.

② 安小米，加小双，宋懿. 信息惠民视角下的地方民生档案资源整合
与服务现状调查[J]. 档案学通讯, 2016(1)：48-54.

③ 张林华，潘玉琪. 我国民生档案远程服务的实践发展研究[J]. 档案
学通讯, 2016, (6)：80-84.

(3)档案资源共享的理论研究与现实实践出现脱节。与区域性远程服务的理论研究特点相反，我国档案资源共享的理论研究起步相对较早，鉴于档案共享实践长期停滞不前，现有成果大多侧重于理论研究，从宏观层面探讨共享的模式、机制等较为普遍，具有理论构想多，经验分享少；对策思路多，现实实践少的状况，理论研究与现实实践之间出现脱节，理论对实践的指导意义不足。

(4)档案资源共享的理论研究应更紧密地结合实践现状。国内区域性档案远程服务研究和档案资源共享研究除少量较优秀的研究成果外，许多成果特别是对策研究存在研究体系碎片化、理论实践分离化、研究内容共性化、论文结构程式化、内容阐述抽象化、研究理论移植化的现象。我们认为，档案资源共享的理论研究中，应改变过多地聚焦必要性研究，而可行性对策方案不足的倾向，注重更紧密地结合档案部门实践现状，发挥理论研究的引领功效。

2.2 理论支撑

2.2.1 信息资源共享理论

1. 信息资源共享理论概述

美国图书馆学家肯特（Allen Kent）认为："资源共享"最确切的意义是指互惠（Reciprocity），意即一种每个成员都拥有一些可以贡献给其他成员的有用事物，并且每个成员都愿意和能够在其他成员需要时提供这些事物的伙伴关系。开展资源共享的唯一途径是拥有可供共享的资源、具有共享资源的意愿和实施资源共享的计划，否则资源共享就是一个空洞无物的概念，因为非此则不能按需提供帮助。①

20世纪80年代，肯特有关图书馆资源共享的概念开始在我国流行。"共享"是文献资源系统的各个子系统间开展广泛合作，共同开发和利用文献资料的活动，目标是充分发挥文献资料的社会效益和经济效益。②

2. 信息资源共享理论对档案资源共享的支持

（1）档案资源是信息资源的特殊子集。我们认为尽管档案资源作为信息资源的一种，都具有共享性与选择性、稀缺性与时效性、积累性与保存性、分散性与交叉性、不稳定性与价值差异性，档案还具有其独特性质，如并不是所有档案都能像所有信息资源那样"任意"开放利用。

（2）档案资源共享与信息资源共享目标有类似之处。与信息资源共享相同，档案资源共享也是致力于在获得更多资料和服务方面，对用户产生积极效果，并用更少的花费提供更好的服务。我们认为，除"拥有任何信息资源"这点不同外，信息资源共享的"5A理论"③，也是档案资源共享建设的目标。

（3）档案资源共享建设应借鉴信息资源共享的理论与经验。档案资源共享与信息资源共享在规划、组织、管理和利用的相关活动趋同。我们认为，信息资源共享理论与档案资源同源同宗，相较于信息资源共享，档案资源共享发展较晚，理论相对薄弱，亟须汲取信息资源共享理论的精华，在档案资源共享构建中应借鉴信息资源

① Allen Kent. The Goals of Resource Sharing in Libraries. See: Allen Kent, Thomas J. Galvin. Library Resource Sharing: Proceedings of the 1976 Conference on Resource Sharing in Libraries [C]. Prttburgh, Pennsylvania. Pennsylvania. New York: Marcel Dekker, Inc. 1977: 17-18.

② 肖希明. 文献资源共享理论与实践研究[M]. 南宁：广西教育出版社，1997：61-62.

③ "5A理论"即任何用户（any user）在任何时候（anytime）、任何地点（anywhere），均可以获得任何图书馆（any library）拥有的任何信息资源（any information resource）。

共享的理论、原则、方法，丰富档案资源共享的理论与实践。

2.2.2　系统论

1. 系统论的内涵

随着世界发展的复杂化，贝塔朗菲指出，现代技术和社会变得十分复杂，传统方法已经不适用，我们被迫在一切知识领域中运用整体和系统的概念去处理复杂性的问题。① 1968 年贝塔朗菲发表的专著《一般系统理论基础、发展和应用》被公认为是这门学科的代表作。② 20 世纪 50 年代后期，赫恩开始引用系统理论去建构社会工作。③ 随后，系统理论被广泛应用于社会领域，并对社会工作产生巨大影响。系统理论成为社会工作最普遍的理论架构。④

系统论的基本思想是把研究和处理的对象看作一个整体系统来对待，把握系统整体，达到最优的目标。⑤ 档案资源共享的建构，应运用系统论的基本思想方法，分析共享系统的结构和功能，研究系统、要素、环境三者的相互关系和变动的规律性并优化系统。⑥

2. 系统论对构建档案共享的支持

系统理论对我国档案学的建设与发展具有指导性意义。早在

①　简春安. 赵善如. 社会工作理论[M]. 台北：巨流图书股份有限公司，2010：9.

②　系统思想源远流长，但作为一门科学的系统论，人们公认是美籍奥地利人、理论生物学家 L. V. 贝塔朗菲（L. Von. Bertalanffy）创立。1937 年提出了一般系统论原理，奠定了这门科学的理论基础。https://baike.baidu.com/item/系统论/1133820#ref_[1]_12510609.

③　Hearn. G. Theory Building in Social Work[M]. Toronto：University of Toronto press，1958：55.

④　何雪松. 社会工作理论[M]. 上海：上海人民出版社，2007：28.

⑤　萧浩辉. 决策科学辞典[M]. 北京：人民出版社，1995：105.

⑥　顾新华，顾朝林，陈岩. 简述"新三论"与"老三论"的关系[J]. 经济理论与经济管理，1987(2)：33.

1986 年吴宝康教授就曾指出："系统论、信息论及控制论在马列主义哲学的指导下，必将引入档案学的研究，从而使档案学研究有所突破，以至于面貌一新。"①

　　档案共享的建设离不开系统理论的支持，系统论视角下，档案共享具有系统的一般特性：集合性、层次性、相关性，可以将共享的要素和运作管理过程进行系统分析。

　　根据上述系统论特点，共享模型层次框架分为宏观、中观和微观层次，运作框架由基础维度、运行维度、保障维度构成。其中，基础维度包括组织体系和平台建设，实施共享的目标、组织领导、机构职能及平台是共享持续推进的基础；运行维度包括共享途径、流程；共享还必须有保障维度，包括政策法规、标准与机制。可见，各个共享子系统之间相互关联，相互依存，相互制约。

　　共享主体、客体、设施、机制等构成档案共享的各个要素，体现了系统的集合性和相关性。各个要素犹如组成木桶的各个木板，出现一个短板就会影响档案共享的进程，由于各要素的动态变化性，保持相对的稳定和协调才是和谐的发展进程。

　　档案资源共享运作过程，从计划、组织到运作、控制、创新，是一个连续而整体性的过程，任何一个阶段出现问题，将影响整个共享进程。不仅强调档案资源共享整体，还对各个部分与整体目标的关系进行概括，即当局部目标与整体目标冲突时，应该以共享的整体目标为纲进行协调，服从整体目标。

2.2.3　协同论

1. 协同论的解读

　　协同论是研究不同事物共同特征及其协同机理的新兴学科，着重研究由许多子系统构成的系统如何通过协作从无序到有序

---

　　①　吴宝康. 中国人民大学档案学院吴宝康教授谈档案学未来发展的十大趋势[J]. 山西档案，1987(1)：44.

演化的规律。① 协同论由德国科学家赫尔曼·哈肯于 20 世纪 70 年代提出并系统论述，他于 1976 年发表了《协同学导论》一书，该书充分体现了作者的思路，是作者多年研究成果的总结，一经出版便受到国外学者的普遍重视，引进至我国后，亦引起学术界的强烈反响。哈肯将协同论概括为研究由全然不同性质的大量子系统所构成的各种系统，研究这些子系统是通过怎样的协同合作才在宏观维度产生空间、时间或功能结构的，并实现从无序到有序的演变过程。② 所以，协同论的研究目的是探求自然界与人类社会中不同事物的共同特征及规律，并使系统朝有序化、稳定化方向发展。协同论引入我国后，我国学者也对其进行了重新定义，但核心要素没有改变，即用来解释在复杂系统中多主体是如何相互影响和相互作用的，并将其引入包括教育学、社会学等多个学科领域，为探索未知领域提供有效的方式与方法。而且，系统始终处于变化之中，运用协同论可以找出影响系统变化的控制因素，从而发挥系统内各个子系统之间的协同作用。③ 合作、竞争关系是普遍存在现象，需以协同论进行平衡、协调。

2. 档案资源共享建构中的协同论

档案共享系统可解构为一系列不同性质、不同层次的子系统，各子系统间存在着相互影响而又相互合作的关系。共享主体涉及从中央到地方各级党和政府领导监管机构、档案局馆及各档案形成机关档案室，还包括社区服务中心等；管理过程中还涉及法规、标准、原则与机制等要素。因此，涉及不同单位间的相互配合、协作与协调。运用协同论原理，上述子系统组成的档案资源共享系统，在一定条件下，由于子系统相互作用和协作，按照一定的原则相互

---

① ［德］赫尔曼·哈肯. 协同学——大自然构成的奥秘［M］. 上海：上海译文出版社，2005.

② 张瑞瑞. 档案管理多元主体的协同治理研究［D］. 郑州：郑州大学，2018：6.

③ 陆雪梅. 高校图书馆数字资源立体多元协同服务机制研究［J］. 图书馆工作与研究，2016（12）：46.

影响和相互作用，才能在一定区域空间、时间范围形成有序共享并不断发展。我们需要运用协同论的观点找寻影响档案共享系统变化的控制因素及规律，以协同理论指导共享系统的建构并协调系统内各要素的运作。

3 档案资源共享发展与现状

3.1 档案资源共享的发展契机

从我国档案资源共享实践起始到目前网络环境下在线档案资源共享建设，档案信息资源共享的发展已经历了从馆内建设到馆际乃至于社会机构合作、从目录编制到数据库建设、从重文书档案到向民生档案倾斜、从系统内到跨系统的转变历程。我们认为，档案信息资源共享建设经历了三次发展契机：

第一次契机，我国档案资源共享实践始于20世纪80年代中后期。1985年8月召开全国档案馆工作会议提出："准备建立全国与省级档案资料目录咨询服务中心，不断扩大服务领域"。① 根据这一指示，各地综合档案馆纷纷尝试建立档案目录中心、检索中心和咨询中心，自此揭开了我国档案资源共享建设的序幕。

同时，国家档案局成立全国历史档案资料目录中心领导小组，分别在一史馆、二史馆和中央档案馆设置全国明清、民国和革命历史档案资料目录中心，建立全宗级目录数据库。云南、辽宁省等一些省级档案馆也建立了档案目录中心。这一共享实践仅限于一定范

---

① 裴桐主编. 当代中国的档案事业[M]. 北京：中国社会科学出版社，1988：268.

围内对历史档案资料目录的共享建设。

第二次契机，2002 年 11 月，国家发布《全国档案信息化建设实施纲要》(简称《纲要》)，明确要求各级档案部门建立档案目录信息中心、现行文件中心和全国档案文献数据库，建立档案网站和档案工作信息网。《纲要》首次为档案信息资源共享提供了明确的法规依据。

与此同时，档案学界出现"大档案"的概念，其主旨是改革和调整国家档案资源的归属和流向，逐步将属于国家所有的重要专业档案集中到各级综合档案馆。一些省市在创新区域档案资源整合模式和机制方面积极探索，尝试对不同来源、不同类型档案资源进行横向整合，形成顺德、和县、浦东、深圳等地经验。这次共享实践不仅局限于一定地区范围内，而且主要限于对一定类型档案资源的整合与管理。

第三次契机，2008 年国家档案局明确要求我国档案资源体系和利用体系建设面向普通百姓实现"两个转变"、建立"两个体系"提出后，各省市档案馆服务逐渐向普通公民倾斜，特别是各地区域性民生档案远程共享逐渐兴起，为我国档案资源共享的进一步发展创造了条件。

此外，各地档案信息化建设的不断推进、数字档案馆和数字档案室的大规模启动、"农村档案资源共享工程"等项目的开启、各地档案资源共享平台相继建成、近年我国政务信息资源共享法规策略的颁布与快速推进①，尤其近年来国家档案局"全国档案共享平台"建设进展已至尾声、进入招标采购阶段②，这些工作的推进都在一定程度上为我国档案共享建设提供了战略思想及物质设施等方面的基础积累。

---

① 2016 年 9 月国务院颁布《政务信息资源共享管理暂行办法》，2017 年 5 月国务院办公厅印发《政务信息系统整合共享实施方案》，进一步提出了加快推进政务信息系统整合共享，促进国务院部门和地方政府信息系统互联互通的重点任务和实施路径。

② 信息来源：2020 年 2 月 9 日对国家档案局技术部信息化处有关国家档案查询平台建设情况的电话调查.

3.2　档案资源共享概况

档案资源共享以电子文件管理为基础，共享实质上也是电子文件管理、传输与利用的过程。"总体而言，我国电子政务背景下数字档案整合共享正从理论研究走向实践探索，中央和部分地方政府对数字档案资源整合开展了顶层设计和总体规划，呈现出一定的统筹规划性。"①

3.2.1　国家层面档案共享概述

现阶段，国家层面档案资源共享"主要体现在数字档案资源建设的规划、馆藏档案数字化建设、电子文件接收与管理"等方面②，"主要的管理手段为出台政策法规和标准"③。近年来发布的"十三五"《国家信息化规划》和《全国档案事业发展规划》均对共享目标进行了部署，同时，一系列相关标准规范正在加紧建设中。

目前，国家层面档案资源共享具体实践为数有限。除了上述国家历史档案资料目录的共享建设外，如第二历史档案馆自 2014 年年底起，对馆藏档案选择性数字化建设后通过数据挂接，在该馆网站上将档案文件级目录和数字化档案图像对外共享利用。截至 2016 年共公布北洋政府档案文件级目录 4500 余条，电子图像 2.4 万余幅，为利用者远程查阅打下基础。④

---

① 陈永生等. 基于互联网政务服务平台的文件归档与管理整体观［J］. 档案学研究，2018(6)：4-11.

② 金波等著. 数字档案馆生态系统研究［M］. 北京：学习出版社，2014：219.

③ 冯惠玲. 刘越男等著. 电子文件管理国家战略［M］. 北京：中国人民大学出版社，2011：20.

④ 马振犊. 中国第二历史档案馆馆藏档案数字化及其开放利用［J］. 档案学研究，2016(5)：86-89.

3.2.2 地方层面档案共享一览

地方层面，在缺乏国家层面权威统一、完整系统的标准与规范体系的情况下，地方各省、市纷纷展开本行政区域范围内共享建设，建设标准规范，"经过多年的分头探索……地方和基层单位远远走在国家的前面。"①

近年来，地方层面主要以各地档案馆向民生档案倾斜的资源建设和共享实践较为突出。各省市广泛开展区域性远程服务的探索，地方档案馆"以民为本"克服种种困难，积极主动创新民生档案资源共享的模式、机制，努力满足公众对民生档案求快、求近、求准、求便的利用诉求。目前，尽管各地发展程度、特色不尽相同，但启动"民生档案基础数据库建设"项目、搭建民生档案信息资源共享平台、进行民生档案资源建设、探索联动共享服务模式和途径的路径基本类似。各地不仅在模式、组织、平台、流程等方面形成创新成果，并建设了数据格式、访问权限、档案传输、操作流程、证明出具等一系列标准规范。虽然目前区域内远程服务模式主要集中于公众所需的民生档案查档出证服务，但已对我国档案共享之路形成有效突破。这一共享服务模式不仅得到社会公众的广泛响应与欢迎，同时也受到国家档案行政管理部门的肯定与支持。当前，各地档案馆正在积极推进这一模式，共享的区域、层次范围正在持续拓展中。有关区域性远程服务实践具体情况将在第4章阐述。

高校毕业生档案的远程共享服务一直具有较高需求。有研究者实证调研后发现有效样本39家高校档案馆网站中，有21所高校档案馆提供检索服务功能，占有效样本总数的54%。真正要实现检索馆藏档案条目和档案信息需要登录档案馆管理信息系统，这项权限仅赋予档案馆部分工作人员以及立档单位兼职档案员。高校档案馆提供远程服务利用的方式各有不同，样本中少有高校档案馆提供

① 冯惠玲. 刘越男等著. 电子文件管理国家战略[M]. 北京：中国人民大学出版社，2011(267)：35.

通过网站直接检索到所需要的档案条目和档案信息的功能。仅有同济大学、中南大学等少数高校档案馆通过档案服务利用系统提供学历学位证明等服务，大部分高校档案馆依然通过电子邮箱、快递等方式传输档案证明。样本中有 9 家高校档案馆提供远程服务利用，占比 23%。①

　　档案目录信息共享实质上是档案资源共享的前期准备阶段。目前，全国范围内档案目录共享基本上以实现区域内档案共享为目标，尚处于自发性和分散性探索过程中。以广东地区深圳、东莞、惠州三市为代表的一些省市建立跨行政区域的档案目录中心；北京市档案局统一目录编制标准，编制指南，开展市域共享查档。②

　　此外，还有一些省市司法系统内部司法档案共享，通常刑事档案需要在公安、检察院和法院三个单位流转：首先公安会针对刑事案件产生侦查卷，然后移交给检察院审查决定是否起诉，审查过程中将形成检察卷，最后检察院到法院立案，法院会形成诉讼档案。

　　大型国企集团公司内部跨区域档案共享等，均属于非面向社会的部门内档案共享。

3.3　我国档案资源共享现状的 SWOT 分析

3.3.1　SWOT 分析法及其应用

　　SWOT 分析是优势（Strengths）、劣势（Weakness）、机会（Opportunities）、威胁（Threats）分析法的简称。近年来 SWOT 分析法作为一种战略决策的分析方法已在很多方面得到应用。SWOT 分

---

　　①　雷贺羽. 供给视阈下的高校档案馆服务能力研究［D］. 济南：山东大学，2014：32-34.

　　②　崔伟等. 北京数字档案馆（电子文件中心）建设综述等系列论文［J］. 北京档案，2005(5)-(8).

析法将错综复杂的内、外部环境关系用一个二维平面矩阵反映出来，其分析的结果具有一定的直观性和全面性。

　　档案资源共享作为一项庞大的系统工程涉及从顶层到基层、从主体到客体多个层面，包涵从组织、平台、资源、途径、保障等一系列的子集，因此必须从全局着眼，分析当前档案资源共享面临的优势、劣势、机会与威胁，发挥优势领域之长克服劣势领域之短，以优势领域带动劣势领域找寻攻克难关的突破口，因此对档案资源共享而言，SWOT 分析法既是一个认清现状问题的工具性理论，同时也是建构对策路径的指引。我们利用 SWOT 分析实际上是将档案资源共享现状各方面条件进行综合和概括，以便在共享框架建构过程中厘清其优势、劣势、面临的机会和威胁，为基于区域性远程服务实践研究档案共享提供路径。档案资源共享的 SWOT 分析①见表 3-1 所示：

表 3-1 档案资源共享现状 SWOT 分析表

优势（Strengths）	劣势（Weaknesses）
档案机构合作具备广泛基础 档案资源共享机制全面创新民生档案远程服务经验示范 档案服务发展必经之路 （利用这些！）	资源共享意愿不足 统一规范体系缺位 管理机制有待健全 人才、资金普遍短缺 （改进这些！）
机遇（Opportunities）	挑战（Threats）
国家政策支持力度加大 区域一体化之国家战略 档案资源社会价值实现需求信息化基础快速提升 （监视这些！）	协调性困难制约 地区性差异阻碍 历史性遗留棘手 安全性隐忧困扰 （消除这些！）

45

---

① 见 MBA 智库. SWOT 分析模型简介 https://wiki.mbalib.com/wiki/SWOT 分析模型.

3.3.2　档案资源共享的 SWOT 分析

1. 优势

（1）档案机构合作具备广泛基础

"合作""协同"已成为当今世界发展的主旋律，也是我国发展的基本国策，更是构建档案共享的精髓。档案共享需要社会相关方面精诚合作，从而优化档案事业的发展，提升档案服务的效能。随着各地民生档案远程服务共享模式的推进，各地档案馆颠覆了以往只限于在本馆馆藏"一亩三分地耕作"的传统观念和常规做法，投身于同更广泛范围的档案部门、社会机构的合作。如通过档案馆与高校、科研院所的科研项目合作，拓展档案馆的专业视野、提高科研攻关能力，探索档案共享的路径与策略；展开与数字信息等企业的档案信息化项目合作，通过实施专业公司的设计方案与信息化项目，确保档案共享中具备最优化技术支持；尤其各地区域性民生档案远程服务实践，创新了横向联动的"省域""市域""跨省""城市圈"共享模式，纵向协同的"馆际""馆室""馆社"实践，有利于消除"数据鸿沟"、拓展档案资源合作共享范围，档案馆的"合作""协同"，为档案共享的进一步拓展创造了无限的空间。

（2）档案资源共享机制全面创新

近年来，档案界在档案共享机制创建方面进行了大量努力。理论研究方面，有学者将国家数字档案资源整合与服务机制归纳为 7 种类型，即：基于计划经济体制转型的依法调控机制、适应市场经济体制客观需要利益相关方互动多赢的利益驱动机制、适应信息化建设的标准规范机制、适应社会信息化转型的信息资源管理机制、基于书目控制思想的现代信息技术控制机制、基于社会转型的档案馆工作要素整合创新机制、基于产权分享的国有档案资源整合机制。① 实践探索方面，尤其表现在各地档案馆实施民生档案远程服

---

① 安小米等. 我国国家数字档案资源整合与服务研究现状及未来研究建议［J］. 档案学研究，2014（2）：4-8.

务中针对薄弱环节全面创新了一系列运行机制，如绍兴市（县）两级档案馆突破时间、全宗以及法院数据不进馆"三突破"的婚姻专题档案接收机制。① 上海、江苏、浙江等多个省市实行档案远程服务"一门式服务"机制。据我们 2019 年 10 月 16 日对浦东档案馆的调研访谈，该馆实行民生档案"自主查档"机制，只要利用人提供的查档信息通过系统自动审核、匹配成功，即可自动完成查档出证，每天 24 小时全年无休的利用机制。实践表明，上述档案共享机制行之有效，相关共享机制建设的理论研究与实践探索为档案共享的推进奠定了基础。

（3）民生档案远程服务经验示范

当前档案远程服务可看作为下一步更大范围、更深层次的档案资源共享和远程服务的开展进行的有益尝试。通过一些地区区域性的档案远程服务的探索和实践，近年来已在管理、体制、规范和技术研发方面逐步形成了一系列便民、利民的新机制，并且在档案信息资源、网络设施、人才培养等方面形成一定的实践和理论积累，为进一步扩大远程服务的区域范围、档案种类、受众人数，乃至最终实现全国性远程共享奠定了基础，起到了"试验田"的作用，具有开创性的重要意义。在此基础上，继续扩大探索成果，目前长三角、粤穗深等区域档案一体化共享发展已作部署，如长三角共享平台已紧锣密鼓开始筹建，民生档案远程服务为在全国更广范围推进档案资源共享的制度、标准、规范、组织、平台、途径以及技术和机制建设积累宝贵的经验并提供有益的经验示范。

（4）档案服务发展必然趋势

我国各级综合档案馆大多已经建立大半个世纪，在馆藏资源、管理设施、服务水平等方面发展巨大。但是，长期以来档案资源建设、利用服务等环节中的"积弊"不可忽视，如体制隔绝、信息孤岛、地区差异、技术瓶颈等直接阻碍了档案资源远程共享的进程，并已在相当程度上制约了我国档案服务功能的发挥和档案事业整体

47

---

① 李旭光. 整合婚姻档案资源拓宽服务民生领域——绍兴市召开全市"婚姻档案利用工作"研讨会[J]. 浙江档案，2008（6）：51.

的发展。档案馆要突破发展局限就应寻求创新服务途径，档案资源共享提升档案馆的公共服务能力及社会影响力的有效途径，也是信息社会档案事业发展的必由之路。

2. 劣势

（1）统一规范体系缺位

首先，档案资源整合标准不统一。档案资源共享的标准系统应包括四类：总体标准、业务标准、管理标准和技术标准。① 据我们访谈、问卷等调研结果显示，当前实际状况是，虽然国家、地方均建立了一系列标准规范，但国家层面缺乏权威统一、完整系统的标准体系，很多标准的建设尚处于空白地带。地方层面各自分头建设标准规范，共享"区隔"状况严重，各地档案馆对标准体系的顶层设计呼声强烈。其次，各地数据库软件及支撑平台各不相同。信息化建设各自为政，数据异构导致难以统一、兼容，严重影响了档案数据的交流和共享平台的对接，为档案资源的互换互通埋下隐患。再次，现有档案法律、法规、标准之间互不衔接，甚至出现矛盾冲突。档案资源共享牵涉极广，统一规范体系缺位导致不同领域、不同地区的协同部门在档案资源、数据库、开发语言及系统平台等建设中各行其是、自成体系、无法共享，碎片化、不兼容成为当前共享建设中面临的重要问题。

（2）资源共享意愿不足

共享即共同分享之意，应建立在双方或多方平等、互利、互惠、互愿的基础上，其中互愿是必要条件之一。当前一些地区档案馆不想、不愿甚至不敢积极参与档案资源共享，表现出踟蹰不前、顾忌彷徨的状态。有些档案馆担心多一事不如少一事，怕共享将增加许多工作量且面临信息安全之虞；有些发展脚步快的档案馆不愿与进度慢的档案馆进行资源共享，恐由于各地馆藏与基础建设水平不一，做出大量贡献反而拖慢自身工作进度。尤其行政分割体制

---

① 向立文. 档案资源整合与共享的实现条件研究[J]. 情报杂志，2006（12）：135-136.

下，鉴于非档案系统单位与档案馆之间的协同无直接领导关系、无直接利益驱使，难免出现人心不齐、责任推诿的现象。档案共享面临的一大阻碍是协同部门共享意愿不足，这将严重消耗共享的热情，阻碍共享的推进。目前全国档案信息资源数据库不计其数，但真正实现跨省市共享却极少，其中共享意愿不足的影响不可低估。在利益分配不均、安全保障不全、制度管理不善的情况下，尽管共享趋势已现，但共享的实质性成效有限。

（3）管理机制有待健全

我国档案工作"集中管理、条块分割"管理体制造成不同区域、不同类型档案资源之间的分割与隔离，这一不足要求通过共享机制建设予以弥补。资源共享机制是一个系统工程，包括档案资源共享的组织、运行及安全保障等一系列机制的构建。档案共享并不是简单的资源整合和现代信息技术的引入与应用，而是一个有序化、制度化发展的过程，需要将政策、技术、管理与利益等共享障碍因素有机结合、相互作用，转化为档案资源共享有序运行的内部驱动与外部保障，并通过上下沟通协调、通力合作才可能实现。然而就目前而言，虽然民生档案远程服务的开展创新了一些共享机制，但其覆盖范围有限，全方位的共享机制还有待逐步建立健全。①

（4）人才、资金普遍短缺

档案资源共享是信息化技术支持下的创新探索，在专业人才层面，无论对从事后台研发、维护、检索还是前台接待、服务者的专业能力都提出了较以往更高的要求。现有的档案部门及机关档案室人员结构中掌握档案及计算机知识且具备档案数字化处理专业技能的人员较为欠缺，对于共享过程中涉及如数字化档案质量的把控及档案数据的备份、迁移、安全管理等问题的排解等具体问题无法及时有效解决，在一定程度上制约了共享的有效开展。此外，在共享利用中经常遇到各种信息素养不高的查档群众，从而对优质服务工作提出了更高的专业要求。在资金基础层面，鉴于共享从档案信息

49

---

① 张林华. 冯厚娟. 对档案信息资源共享现状的思考［J］. 秘书，2014（9）：16-18.

化到规划、平台的构建无一不倚靠巨量资金的支持，资金来源在许多地区成为瓶颈问题。

3. 机遇

（1）国家政策支持力度的加强

近年来，我国政府加大政策支持力度，加快档案资源共享相关政策法规的颁布及国家标准的制定。国家档案事业发展"十一五"至"十三五"规划连续将共享作为我国档案事业的发展目标和重要任务，提出到 2020 年"档案信息整合共享程度明显提升"发展目标。① 启动全国档案查询利用服务平台建设，提出"尽可能多地容纳各级档案馆的近期目标"与"最终实现全国范围一网查档远期目标"②，将档案共享的基础建设落到实处。此外，我国政务信息共享实现快速推进，颁布了一系列政策法规，如继 2016 年推出政务信息共享《暂行办法》后，2017 年又发布《实施方案》，改变了我国政务信息共享"无据可依"的历史；《目录编制指南》则实质性推进了国家基础信息资源的目录编制。③ 2018 年李克强总理主持召开国务院常务会议，部署推进政务服务"一网通办"。④ 这些政策法规为我国档案共享的发展提供了有利的政策环境，将有力推动档案资源信息化与社会共享的进程。

（2）区域一体化国家战略发布

近年来，国家高层高度重视区域一体化建设，长三角、粤港

---

① 国家档案局. 国家档案局关于印发《全国档案事业发展"十三五"规划纲要》的通知［EB/OL］.［2016-04-11］. http://www.saac.gov.cn/news/2016-04/07/content_136280.htm.

② 李明华. 在全国档案局长馆长会议上的工作报告［J］. 中国档案，2019（4）：26.

③ 国脉电子政务网. 周德铭：政务信息资源目录编制与共享开放［EB/OL］.［2017-07-26］. https://www.govmade.com/outpoint/5150.htm.

④ 中国政府网. 李克强主持召开国务院常务会议部署推进政务服务一网通办等（2018-05-16）［EB/OL］.［2018-12-24］. https://mp.weixin.qq.com/s/0kbYoS2gFHyc8PRzesYAcQ.

澳、京津冀等地经济带区域一体化建设已上升为国家战略，基于资源共建共享的区域一体化发展已经拉开了大幕。在此背景下，作为社会公共服务体系的重要组成部分，档案共享建设顺应区域一体化发展趋势，打造长三角三省一市档案共享平台试点，推进区域查档"一网通办"，进而推动其他区域档案共享。在有条件地区开展区域性共享试点，是时代赋予的重任和机遇，既是体现现代政府满足公众需求的举措，也是在省市范围内远程共享服务基础上的进一步拓展，有利于为全国范围档案共享奠定基础。

（3）面向社会的档案价值实现

一方面，近年来公众档案共享利用需求不断增长，扩大档案共享范围并便捷利用要求迫切。另一方面，档案共享最根本的目的是实现档案资源的社会价值，最大范围满足社会用户对档案资源的利用。而档案资源的社会价值并非某一档案馆能"物尽所能"，任何一个档案馆仅靠本馆的馆藏资源根本无法满足用户的全部档案需求，必须通过大范围共享才能充分实现档案社会利用价值。因此，公众需求成为档案部门努力以及共享的动力，为档案社会价值的实现提供了机遇和条件。

（4）信息化基础设施快速提升

改革开放以来我国社会环境、经济环境的快速发展直接支持与促进了我国信息技术和基础设施水平的突飞猛进。近年来，各地积极推进信息技术在档案管理和共享服务中的应用，互联网全覆盖、基础设施能级不断提升，"智慧城市""一网通办"等汇集公共服务资源的政府共享服务平台不断向基层延伸，为跨地区、跨层级、跨部门的档案共享提供了公共设施基础的保障。此外，PC、手机等智能设备的普及，使公众随时、随地共享信息成为可能。这些信息化基础的快速提升，都为档案资源共享提供了良好的条件。

4. 挑战

（1）协调性困难制约

据我们对一些省市档案馆的调研，目前，我国档案资源共享实践并非顶层设计的统一要求，而是各地基于为民服务的初衷，在本省市范围内创新共享服务模式的自发探索。因此，基于协同而联动的各种共享模式均没有强大的行政约束力，具有分散性和不稳定性的特点。从全国看，宏观层面缺乏健全权威的政策法规、统筹规划的顶层设计，缺乏自上而下的全国范围统一的标准体系，各地根据本地区实际情况各自分头开发。从地方看，由于档案馆、立档单位及社区服务中心等共享联动部门不属于同一个"条线"，档案馆不具备行政领导和指挥权限，工作制度和管理办法源出多门，各自为政、责任不清、执行不力。尤其各地均基于本省市标准进行档案资源建设，导致共享时难以兼容与协调现象比较突出。

（2）地区性差异阻碍

共享须建立在互愿基础之上，平等、互利是必不可少的条件。由于不同省市之间档案部门原有资源、设施、技术、人才等基础不均衡，各地投入各异，导致档案信息化发展水平、共享条件差距。上述差异不仅给区域内档案资源协同共享造成困难，也给跨区域的档案共享"对接"形成阻碍。如据我们调研，西安市档案馆 2019 年 6 月 11 日召开了"西安市数字档案馆建设"项目竣工验收会，但该市下辖的 13 个区县中有 2 个区县因条件不具备未能参与，须有待进一步完善后方能实现全市通享。目前上海浦东档案馆已与 15 个外省市档案馆协同联动远程查档，但可供共享档案大多局限在婚姻档案等个别种类，主要原因在于婚姻档案社会利用需求量大，各地通常作为重点进行整合建设，其他档案种类的信息化和整合程度往往相对滞后，导致档案共享种类难以扩展。目前我国地区性差异非常普遍，区域发展差异加大、协同困难的局面严重影响了档案数据的交流和共享平台的对接，制约了档案资源共享的建设。

（3）历史性遗留棘手

档案信息资源是"集体记忆"，资源建设是长期积累的过程。由于历史的原因，很多档案著录信息不统一、不完整，直接影响查询速度及查准率，如"文革"十年内乱中不留档、不归档现象普遍，

直接造成了档案资源的缺失。① 再如，身份证号对确定个人身份至
关重要，以身份证号信息作为主要检索项能实现档案的精确检索。
但由于数十年前婚姻登记表上不填身份证号等历史原因，令婚姻档
案著录信息不统一、不完整，造成目前婚姻档案目录仅能以双方的
姓名为主要检索项，以致档案远程共享时经常会检索出大量同名同
姓者，需工作人员通过其他信息辅助判断，使检索速度及查准率受
到较大影响。②

(4)安全性隐忧困扰

保证档案信息的安全是档案资源共享的前提。据了解，档案共
享面临信息安全的困扰：首先，数据信息密级必须在甄别、遴选后
才能进入数据库，而档案共享中涉及数据信息何其庞大，海量数据
信息的甄别并需做到保密滴水不漏，此工作量非常人、普通工作方
法所能达成。目前这一难题成为许多档案馆档案共享的隐忧。其
次，共享中必须直接面对并有效解决非纸质档案载体的不稳定性、
内容的易更改性等问题。再次，一些档案种类如民生档案大多属于
个人隐私，为了全面保障公民个人信息的安全，必须处处缜密，采
取必要的机制与对应措施。网络的开放性使得涉及个人隐私的档案
信息更加难以控制，通过互联网"人肉搜索"可以将碎片化的个人
身份信息还原出较为完整清晰的个人资料。如何平衡为公众提供充
分共享服务与保护公民隐私权？加高黑客攻击、信息被盗等网络信
息的失密、泄密"防火墙"？对档案共享提出了更高的要求。既不
能重共享放松信息安全要求，也不能因安全而裹足不前，准确把握
共享与安全保密的界限，解决上述海量数据在共享中的安全困扰，
是构建档案资源共享必须解决的问题。本书将在下篇"对策探索与
路径思考"中具体探讨应对策略。

———————

① 胡远杰. 档案工作服务民生的思考与实践[J]. 上海档案，2009(8)：
25-28.

② 资料来源：课题组 2016 年 10 月 16 日对上海市虹口区档案馆的调研
访谈。

4　区域性远程服务实践

☰ 4.1　区域性远程服务的动因

　　档案远程服务是档案公共服务外部、内部环境转变共同作用下的结果。社会转型、民生政策、科技进步以及经济、文化等外部因素从宏观方面深刻地影响着我国档案事业及档案公共服务的发展走向，构成区域性档案远程服务实践的外部环境。

4.1.1　外部动力：档案服务社会环境转变

1. 政府管理模式转型

　　市场经济体制下政府的行政控制逐渐减弱，政府对社会的控制之"手"由"有形"走向"无形"。服务型政府是现代政府的发展方向，近年来在上自中央下至基层的努力下，政府正由权力行使者向公众服务者转化。① 服务型政府的建设一方面向亲民化目标转变，尽可能为公众提供良好条件、满足公众需求；一方面向社区化、网

　　① 张林华. 桂美锐. 民生档案远程服务"馆社联动"模式探析［J］. 档案学通讯，2019(1)79-84.

络化转变，建立健全覆盖全社会的共享型服务体系是现代政府服务的重要内容。

2. 互联网的大众化普及

互联网技术使信息获取和交流模式发生极大改变，从根本上改变了传统意义上时间和空间的限制，从而对人们的信息交流、信息获得、信息分配的方式产生了深远的影响。中国互联网应用普及率扩展迅猛①，信息化为档案服务的远程化提供了物质基础。互联网的大众化普及不仅改变了传统环境下由少数人控制着信息源、信息自上而下的单向传播模式，而且培养了具有网络信息素养的公众群体，为档案资源共享奠定了社会基础。

3. 公众便捷利用需求升级

政治、经济、法制等各个方面的转变，社会从封闭型向开放型方向发展，长期以来以政府公权力为主导的格局逐渐向重视公民私权利的转化。首先，限制公民争取档案信息权、知情权的不利因素日渐减少，社会对公民的个体权利给予了应有的重视。其次，公民对包括信息权在内的个人权利意识逐渐觉醒，记录人生"足迹"的民生档案在保障个人获取权益的过程中显示重要作用，导致利用需求增长。② 再次，公众对档案便捷利用的要求不断升级，关于提高查准率、扩大档案共享途径并缩短等候利用时间的呼声较高。

4.1.2 内部动力：档案系统内环境转变

1. 档案服务理念的突破

政府管理模式转型背景下，从档案管理者角度出发的档案服务

55

① 截至2018年底，我国网民规模达8.29亿，互联网普及率达59.6%。资料来源：中国互联网协会．中国互联网发展报告（2019）http：//www.cbdio.com/BigData/2019-07/12/content_6149434.htm［EB/OL］．

② 张林华．桂美锐．民生档案远程服务"馆社联动"模式探析［J］．档案学通讯．2019（1）79-84．

体系已无法适应形势，融合、共享、便民与满足民生需求已成为档案界的共识。以公众为中心的档案馆服务理念正在逐步形成，并逐渐成为共识和主流。档案服务指导思想的突破，促使档案馆超越传统档案服务的视野和境界，从社会的利用需求出发，重塑档案服务的新形象。档案服务指导思想的突破决定了民生档案远程服务的内在必然性。

2. 政府信息公开的推动

作为政府信息主要集中查阅服务场所，各级综合档案馆的档案服务面临极大挑战，对档案公共服务提出了更高的要求。实践表明，政府信息公开不仅使档案服务理念、规范、机制、方式还是人员素质等方面经受考验、积累了必要的经验，同时为进一步深化档案远程共享服务创造了条件。

3. 档案馆与公民关系的重塑

政府转型及互联网环境下档案公共服务具有新的特征：是开放，而不是封闭的；是服务者，而不是"看门人"；其服务过程是交互性的，而不是单向索取或给予……其服务方式具有创新和灵活的特质。[1] 我国档案公共服务的发展必须重新认识档案馆与公民之间的关系，应将"以公众为中心"作为新时期档案服务建设的立足之本和价值取向。从公民的需求出发，据此构建档案共享建设规范、内容与范围，改善档案服务的质量。

4.2 先行地区远程服务实践及其特点

近年来，在我国档案数字化建设加速推进的基础上，各省市档案远程服务探索方兴未艾。本课题组多年来以田野调查等方式关注

---

[1] Kate Theimer. What is the meaning of Archives [EB/OL]. https://americanarchivist.org/doi/10.17723/aarc.74.1.h7tn4m4027407666

实践进展，并以访谈各省市的档案馆领导与工作人员、访问档案信息网站以及微信、电话或邮件咨询等形式，调查统计了全国 4 个直辖市、18 个省及其地级市的档案远程服务情况，在此以先行地区上海、长春、浙江为对象，对我国档案远程服务实践的发展与特点展开分析。

4.2.1 上海

21 世纪初，上海各区积极探索基层社区档案管理的方法、途径，2005 年建成 19 个区县档案馆加市档案馆在内的"19+1"档案专题目录中心。2007 年根据国家档案局有关精神，市档案局提出"创新机制，把工作重心向服务民生转移"。上海各级档案局馆在社区多年不懈的"深耕细作"与锐意创新，为此后档案远程服务在全市范围的"开花结果"奠定了扎实的基础。2008 年，"协同跨馆出证"大协作设想一经普陀区档案局提出，便受到全市各级档案局馆的高度重视，当年正式启动联动模式，首批 14 个区县开始跨区合作。2014 年，上海实现市和部分区、街道的档案远程共享三级联动。2015 年起，档案远程服务纳入社区服务中心实现"馆社联动"。2016 年在"档案进社区"基础上，浦东新区开通服务终端自助查档，两三分钟就可以完成调阅档案以及签章打印，拿到的档案证明材料与在档案馆窗口查阅具有同样的效力。① 上海档案远程服务实践的特点：

（1）在上海市区域范围内形成市、区、街镇社区三级档案部门纵横贯通的联动共享全覆盖格局，并打破条块割据，建立与民政局等一系列涉民单位档案室的内外协调、合作共享机制。

（2）上海市档案远程查询利用系统完成与社区中心服务平台的接轨，接入全市 200 多个社区中心，纳入标准化建设服务体系，成

57

---

① 费庆波. 回看 2016 年浦东新区"民生档案进社区"，浦东档案微信公众号，2017-01-18.

为市政府 220 余项便民实事项目之一。

（3）突破行政区域地域局限，浦东新区档案馆与长三角所有主要城市（包括地级市）签约①，确立跨省服务的业务标准和工作机制，实现了浦东档案馆在长三角跨区域协同共享的全覆盖。

（4）浦东档案馆搭建移动平台，档案利用向手机等移动终端拓展，通过档案公众号与 APP 实行"远程收件"，在线申请、受理、获取数字化档案后，可即时下载，实现了线上一体化共享服务模式。

4.2.2　长春②③④

长春于 2009 年启动远程共享模式，经历了通过脱机共享档案数据、利用电话传真设施传输档案进行异地出具证明以及通过网络共享档案数据、利用系统传输档案进行异地出具证明，实现在线两级馆双向共享三个阶段。主要特点：

（1）"数字档案远程利用系统"基于该市电子政务平台"公务员驾驶舱系统"网络通道，以该系统中市直单位和县（市、区）及档案馆为直接用户，以馆藏不涉密档案数据为资源，运用电子公章认证系统和电子签名功能，为该市档案共享和民生远程服务开辟了广阔的平台。

（2）长春市档案远程服务延伸进社区，以实现公众可在社区查档获取证明。

① 浦东档案.好消息！浦东新区民生档案查阅实现长三角城市群主要城市全覆盖，浦东档案微信公众号，2018.10.24.

② 李学广等.长春市档案馆远程服务探索与分析［J］.中国档案，2011，（12）：42-43.

③ 王桂芝.王彤.李学广.远程利用档案需求与效益分析［J］.中国档案，2013（4）：58-59.

④ 赵欣.行政区域内馆藏信息远程共享的实践 2014 年海峡两岸档案暨缩微学术交流会论文集［C］.台北 2014：12-15.

（3）长春市开展了"三互"（互通有无、互通数据、互出证明）的利用服务方式，查档内容主要集中在工人劳动调配、知青下乡、职务任免、聘用干部等档案。

4.2.3　浙江①②③④⑤⑥

浙江档案远程服务探索相当活跃，全省市、县级 100 多家国家综合档案馆积极开展"异地查档、跨馆服务"。宁波市档案部门开发市域档案共享平台，利用云计算技术建设档案共享平台，同时建立各类档案专题数据库和条目并建立了宁波市区域档案电子目录中心；海盐探索县域档案共享机制，构建县、镇、村三级共享服务体系，利用集中式虚拟数字档案室系统和政务外网提供查询利用服务；嘉兴将跨馆服务横向延伸到机关档案室，纵向延伸到镇、村（社区），实现"查档不出村（社）、当场能出证"；绍兴市档案局建立了市域数字档案馆信息共享平台，在全市各个档案馆以及市便民服务中心之间实现了馆际查档服务。2017 年，浙江省档案局馆开发建设了浙江档案服务网（www.zjdafw.gov.cn）并在全省范围内投入使用。浙江省实践的特点：

（1）在全省范围内实现了省、市、县三级档案馆"一网查档，

①　胡连英. 陈天传. 打造百姓满意的服务品牌——嘉兴市南湖区民生档案远程利用服务工作侧记[J]. 浙江档案，2015（1）：32-33.

②　慈波. 小平台大舞台—嘉兴市档案局"掌上档案"建设纪实[J]. 浙江档案，2014（11）：33。

③　傅荣校，夏红平，王茂法. 基于县域的档案信息资源共享工程推进机制研究——以浙江省海盐县为例[J]. 中国档案，2015（11）：62-63.

④　毛凌翔. "异地查档、跨馆服务"的宁波实践与思考[J]. 浙江档案，2014（12）：58-59.

⑤　费悦. 家门口的"一站式"查档服务——嘉善县民生档案远程利用服务工作综述[J]. 浙江档案，2014（4）.

⑥　林伟宏. 一网查档百馆联动——浙江省"互联网+档案服务"的省域实践[J]. 中国档案，2018，（1）：29-31.

百馆联动"。

（2）浙江档案信息网覆盖全省，该网不是资源集聚型平台，而是功能服务型平台，浙江省各市、县档案局馆本来也建有并运营管理各自的服务平台，因此该网不需要各档案馆直接上传海量的档案资源内容，但可通过互联网实现共享。①

从全国范围看，越来越多的省市纷纷展开档案远程服务的探索并取得显著成效：江西在全省范围开通档案专网与查阅平台；武汉、咸宁、孝感、黄石等市构建"武汉城市圈"区域范围档案共享，共享目录分批上传，涉及政治、经济、民生等多方面，城市圈内4城市的群众均可享受异地查询带来的便利；此外，北京、南京、青岛、济南、宜都、张家港、太仓等市以及辽宁、福建等省均已启动区域内档案远程服务，见表4-1、表4-2。

4.3 东、西部地区远程服务实践调查及分析

为了解区域性远程服务实践情况，我们选取东部、西部②地区已开展远程服务的省市为调查对象，在实证调查基础上，分析东部、西部远程服务的现状与特点，以利于掌握我国档案远程服务实践状况。

调查方法与途径主要有：

①访问省市档案信息网。由网站→栏目→在线咨询、电话直接联系以详细了解。

---

① 林伟宏. 一网查档百馆联动——浙江省"互联网+档案服务"的省域实践[J]. 中国档案，2018，（1）：29-31.

② 根据2011年国家统计局公布《东西中部和东北地区划分方法》，规定东部地区包括：北京、天津、河北、上海、江苏、浙江、福建、山东、广东、海南。西部包括：内蒙古、广西、重庆、四川、贵州、云南、西藏、陕西、甘肃、青海、宁夏和新疆。据此，本研究报告的东部区域由3个直辖市、7个省组成；西部区域由1个直辖市、11个省（自治区）组成。

②实地调查。我们在2016年11月14日、2017年4月和2019年10三次专门走访上海市浦东档案馆，并于2016年10月赴上海市虹口区档案馆实地调研，为课题研究提供实证材料。

③座谈会专题调研。参加全国性、地区性专业会议，如参加国家档案局馆室业务指导司召开的"专业档案工作座谈会"，东、西部多个省市档案馆及涉民部门负责人一起研讨，相关人员对本研究提供了大力支持。

④问卷调查。选取东、西部地区一些省市档案馆进行问卷调查（见附件一），包括甘肃、陕西、青海、上海、青岛、汉中等省、市档案馆及上海市各区级档案馆，共发放问卷25份，收回有效问卷16份。

⑤深度访谈。通过大量采用电话、微信及面谈等方式进行深入探究式调研，访谈单位有国家档案局、各级档案馆（陕西、甘肃、宁夏、青海省和上海、北京、青岛及上海浦东、虹口等省、市、区县档案馆）等业界、学界人员，相关人员对东、西部地区远程服务情况提供了宝贵的一手材料及见解。

4.3.1 东部地区远程服务现状与特点

1. 东部现状

调查发现，截至2017年年底，在东部地区3个直辖市及7个省中，除海南省外，其他各省和直辖市均已开展档案远程服务。其中，浙江省、上海市的远程服务相对更成熟、深入。根据调查资料，我们将已开展远程服务的各省市情况整理制表如下（见表4-1）。①

61

---

① 由于各地区对于"利用效果"的表述不同，有的为利用人次，有的为利用率，有的则是调阅档案的卷（件）数，无法统一标准录入本表，且收集资料不够全面，故未将"利用效果"数据列入本表。

表 4-1 东部地区远程服务情况调查表

省份	开始时间	地区内联动情况	跨地区协同情况	共享档案种类
北京市	2017 年 11 月	"馆际、馆室"联动	北京市朝阳区同上海市浦东新区	婚姻档案
上海市	2010 年 9 月	"馆际、馆室、馆社"三级联动	上海市浦东新区与宁波市、杭州市、成都市、南京市、青岛市、北京市朝阳区、广州市、哈尔滨市、合肥市、武汉、重庆市、深圳市等	婚姻登记档案、独生子女证档案、知青上山下乡档案、知青返城档案、知青子女入户档案、再生育子女审批档案、工伤认定档案、学籍档案、兵役档案、复员退伍军人档案、三峡移民档案、人才引进审批档案等 12 种
天津市	2011 年	"馆际"联动	杭州市	婚姻档案、知青档案、招工就业档案和公证档案等 11 种
江苏省	南京市 2012 年 9 月；扬州市 2014 年 3 月；苏州市 2016 年	"馆际"联动；南京市与苏州市实现了"馆社"联动	南京市与上海市浦东新区、杭州市	南京市有婚姻登记、独生子女、收养、再生育登记及招工、调动审批等 6 种以上；扬州市有婚姻档案和知青档案

续表

省份	开始时间	地区内联动情况	跨地区协同情况	共享档案种类
浙江省	全省范围内推行于2013年9月;台州市2011年9月;嘉兴市海盐县2012年	全省各级国家综合档案馆实现了"馆际""馆室""馆社"联动;且嘉兴市以及镇村的联动;绍兴市与宁波市均实现"馆际""馆室""馆社"联动;金华市还实现"馆际、馆室、馆社"三级联动	浙江省与贵州省;杭州市与宁波市,上海市与广州市,济南市、天津市、成都市、南京市、南昌市、长春市等15个城市;宁波市与上海市浦东新区,贵州黔西南州,黑龙江黑河市;温州市与福州市	全省范围内可共享企业职工档案、婚姻登记档案、移民档案,知青档案,土地承包登记档案,山林承包登记档案等6种;湖州市有知识青年上山下乡档案,精简回乡档案,婚姻登记档案,房产档案,山林定权档案,土地承包档案等10种;嘉兴市有婚姻、知青、精简、职工、学籍、劳模、移民,二轮土地、农民建房用地,公证等20种
福建省	福州市2015年	"馆际"联动;福州市还拓展到了市民服务中心档案服务窗口	福州市与杭州市、成都市,温州市,龙岩市	福州市有婚姻登记档案、知青档案,招工介绍信档案,土地改时期土地房产所有证存根,国有改制企业目录等5种
山东省	济南市2012年,青岛市2010年	"馆际"联动;济南市还实现了"馆社"联动	济南市与杭州市、广州市、济南、上海浦东;青岛市与大连	济南市有招工档案,职称档案等15种以上;青岛市有婚姻档案,知青档案和学籍信息等3种以上
广东省	2012年3月广州市参与"广东(粤穗深)跨馆档案查阅利用系统";2013年该系统增加中山、佛山等8个地级市	"馆际"联动	广州市与上海市、杭州市,济南市,深圳市与成都市、上海市;浦东新区,珠海市与成都市	婚姻档案

2. 东部地区特点

调查结果显示，东部地区远程服务特点如下：

（1）共享起步较早，遍地开花。2008 年上海市提出民生档案远程服务设想并展开实践探索。此后长三角地区及东部其他各省迅速行动。经调研，截至 2017 年底，东部地区开展远程服务的地级市已逾三成，更多省市正在打造档案共享数据库、构建远程服务共享平台。东部长三角、珠三角沿海地区成为远程服务花开繁盛之地。

（2）三级层次联动，覆盖基层。截至 2017 年，上海、浙江与江苏等地均已形成较为成熟的规范、组织、平台、流程与机制，创建了"全市通办""百馆联动"模式，个别地区开始实现基于手机移动端的全程线上档案共享。东部一些省市远程服务已建成或正致力于建构"三级联动"共享，并与"一网通办"政务平台接轨，努力拓展区域内共享覆盖范围。

（3）各地参差不齐，逐步拓展。截至 2017 年底，浙江、上海、山东已实现本省市范围档案远程服务基于网络的线上传输，走在全国前列；但东部其余地区仍以电话、传真方式为主提供跨馆共享服务。总体而言，东部地区远程服务形势较好，虽然海南省及一些地区尚未正式启动，但许多地级市正在加紧资源整合、积极为远程服务做前期准备。

4.3.2　西部地区远程服务现状与特点

1. 西部地区现状

西部地区计有 1 个直辖市、11 个省。调查显示，截至 2017 年年底，西部地区川、贵、渝 3 个省（市）开展了本区域范围内的远程服务；陕西、甘肃、青海、宁夏、新疆、内蒙古、广西、云南等省份，则在有跨馆利用请求时以电话、传真等手段开展"跨馆代查"业务。为使调查结果更直观，课题组以表格形式展现西部地区开展远程服务省市情况（见表 4-2）。

表 4-2　西部地区远程服务情况调查表

省份	开始时间	区域内联动情况	跨区域协同情况	共享档案种类
四川省	2016 年 2 月	省域"馆际"联动	成都市与上海市浦东新区、西安市、珠海市、福州市、杭州市、广州市、厦门市、深圳市、重庆市	婚姻登记、计划生育、学籍、学历、工龄、职称、荣誉、离退休、房产、土地、林权、公证、就业安置等 13 种
重庆市	2016 年 9 月	市域"馆际"联动	成都市	婚姻登记
贵州省	2017 年 8 月	省域"馆际"联动	浙江省	婚姻档案、知青、工龄、职称职务、个人荣誉、学籍学历等 6 种

2. 西部地区特点

根据调查，西部地区远程服务特点为：

（1）共享起步较晚，盲点较多。调查发现，西南地区的分布较为集中，四川省与重庆市均于 2016 年开始正式推行"异地查档、跨馆服务"。其余地区采用传统的"点对点"请求代查。截至 2019 年 11 月，西北地区大部分档案馆尚未开展区域远程服务，仍实行"跨馆代查"业务。

（2）联动层次较少，覆盖有限。从西部地区的参与单位看，远程服务受理单位只有档案馆，未深入到社区及涉民单位档案室；即远程共享仅存在于"馆际"联动层面，且限于上下两级或各区县同级档案馆之间协同联动，尚未实现"馆社""馆室"联动模式，联动层次较少，共享覆盖深度有限。

（3）域内差距较大，共享受限。西部地区一些省市内部共享基础差距较大，尤其在一些整体实力较弱县的基层档案馆，存在信息化基础薄弱，暂时难以实现共享的问题。总体而言，西部地区档案远程共享服务较东部地区有一定差距。

4.4 东、西部地区远程服务比较

4.4.1 东、西部地区远程服务之同

1. 目标理念一致

区域性远程服务的本质是档案部门为方便民众查档而推出的新型档案服务模式，因此，远程服务是东、西部地区档案工作者秉持"以人为本"理念，奉献更完善的服务。各档案馆全方位确保公民利用权和隐私权，根据公众利用需求，尽可能快速地提供共享档案。无论是东部还是西部地区，把"跨馆代查"分外事，"揽"成"远程服务""异地共享"分内事，就意味着在公众少跑路的同时，档案馆人员须默默无闻地把更多的工作量和难题留给后台的自己。

2. 制度规范类似

东、西部地区档案馆均在标准化的制度规范下推行远程共享，由档案局馆依法制发业务手册、服务指南等一系列文件以规范、指导远程共享实践；在建立跨地区远程共享协作关系时签署合作协议、服务公约，授权利用馆藏目录信息，履行共享公约和责任，确保查档证明的法律效力；制定统一数据库、数据存储和交换技术标准，确保远程共享的顺利实施。

3. 协作原则趋同

区域性档案远程共享是一个系统工程，"协作"是共享的核心原则。东、西部地区在远程共享中都必须面对档案数量庞大、种类繁多、保管分散等客观现状，在远程服务过程中，无论联动模式如何、协同层次多少，只有遵循"协作"原则，依靠各部门之间分工

合作才能实现共享。

4.4.2 东、西部地区远程服务之异

1. 组织体系架构差异

从档案远程服务的主导机构看，东部地区基本是省(直辖市)级档案局馆牵头，对市区级档案馆和基层部门(社区服务中心、涉民机关档案室)形成指导、管理的组织体系，即形成由上层到基层的协同联动网状体系，责任明确、分工协作、规模较大。西部地区如四川省则是在各档案馆间通过"联络人"机制组织共享，即要求各共享馆上报主管跨馆远程共享"联络人"名单，"联络人"之间建立 QQ 工作群，当有档案共享利用需求时，通过 QQ 群单线联系。显然，西部地区这种组织机制相对松散，组织机构的领导力、指挥力较之东部地区明显不足。

2. 协同联动层次差异

远程服务的联动层次直接事关公众档案利用是否便捷，在一定程度反映了该地区远程服务建设的成熟完善情况。东部地区一些省市已实现档案共享省(直辖市)、市、区县"三级联动"架构，受理窗口纵向纳入社区中心服务平台，公众不出社区就可利用。形成相对完整的网格化、多层次联动下"全市通办""一网联动"共享格局。西部地区受理单位主要局限于平级或上下级档案馆的"馆际"联动，公众必须"到馆"才能利用，参与共享的层次少、便捷程度不高。

3. 资源共享范围差异

远程服务的资源共享范围直接关系到可供公众共享的档案资源是否丰富。东部地区远程服务除"馆际""馆社"联动外，还针对公众需求实现了与民政、房产等涉民机构档案室的"馆室"联动模式，共享资源横向延伸至涉民单位室藏档案，因此共享资源之"网"体量大增。如天津市截至 2012 年可共享档案数据库多达 11 个门类，

2014 又增加 10 个门类。① 上海市至 2019 年共享档案达 17 种。西部地区中除四川省外，其余省共享种类相对有限。总体上，东部区域多部门协作体系下资源共享种类、目录数据总量均领先于西部区域。

4. 档案传输途径差异

基于网络平台的线上传输档案不仅安全、快捷，可做到当场查阅、立等可取，更重要的是共享全流程在网上完成，打破了手工操作模式，实现了真正意义上的共享，使进一步开发自主查档机、网上下载、移动终端等更高效便捷查档途径成为可能。东部一些地区如浙江、上海、山东等省市分别依托本区域内统一的网络平台，如浙江省档案信息网、上海市档案远程服务平台、山东省数字档案馆系统，实现档案网上远程传输。目前走在西部地区前列的某省，受理申请时通过内网将请求发送给原件所属档案馆，该馆在数据库检索后通过邮寄或传真等方式传送给受理档案馆。② 这表明该馆查档传输平台还处于雏形阶段，虽相较于一些省市档案馆在电话接收跨馆请求后，采用传真或机要挂号传输档案的纯手工操作已前进了一步，但离真正线上共享还有距离。

4.4.3　远程服务差异的原因探析

我们认为造成差异的原因应关涉以下方面：

1. 服务意识的主动创新

档案服务特别是实施远程服务等新模式很大程度取决于服务主体的服务理念和创新意识。21 世纪初，上海市普陀区档案馆主动走出传统服务模式的束缚，为便于公众利用，寻求变革，拓展深化

---

① 赵锋. 线上互动 协同办公[J]. 中国档案，2014(3)：29-30.
② 周书生. 打造民生档案工作新格局——四川省民生档案工作实践及探索[J]. 中国档案，2016(6)：21-23.

档案服务领域和内容，创新性地提出"就地受理，全市跨馆出证"设想，最终发展为覆盖全市甚至对全国形成重要影响的远程服务模式。目前，东部部分、西部大部分档案馆仍沿用"跨馆代查"业务模式，将远程利用视为分外事。课题组调查发现，一些档案馆的工作人员不了解远程服务，或未引起足够重视。这一现象，固然有受到环境限制的客观原因，但存在安于固守陈规、拓展服务意识与创新精神相对缺乏的主观原因亦需引起重视。

2. 信息化发展的程度

将传统载体档案及其目录转化为数字化信息是档案共享的前提条件，其转化程度直接影响档案远程服务的实现。全国档案事业发展规划对档案数字化进行明确要求。东部地区数字档案馆（室）建设起步相对较早，许多地方档案馆提前或超额完成国家档案数字化有关指标。如江苏太仓于 2013 年已达到馆藏档案"存量数字化"和进馆档案"增量数字化"两个 100%，受到国家档案局的表扬。近年来，西部区域一些省（市）档案信息化建设初见成效，例如，截至 2017 年 10 月，巴中市档案局已完成 46 万余条归档文件目录著录和 138 万余页档案的数字化扫描工作。西部虽大部分省市还未开展档案远程服务，但在各省出台的"档案事业发展十三五规划"中，均明确提出加快档案信息化建设①②③④，调查发现，目前各地档

① 天水市档案局. 天水市加快档案信息化建设步伐提升档案工作服务社会的水平（2017-02-15）［EB/OL］.［2018-03-05］. http://www.cngsda.net/art/2017/2/15/art_56_36633.html.

② 宁夏回族自治区人民政府网. 自治区人民政府办公厅关于印发 2017 年全区信息化重点工作实施方案的通知（2017-04-05）［EB/OL］.［2018-03-05］. http://www.nxdofcom.gov.cn/zcfgqnzc/3421.jhtml.

③ 金昌市档案局. 金昌市档案局完成 2017 年度馆藏档案信息化扫描任务（2017-10-17）［EB/OL］.［2018-03-05］. http://www.cngsda.net/art/2017/10/17/art_56_38920.html.

④ 中国档案报. 宁夏数字档案馆建设列入全区信息化重点工作（2017-05-19）［EB/OL］.［2018-03-05］. http://www.zgdazxw.com.cn/news/2017/05/19/content_186613.htm.

案馆领导层对数字化、共享化问题已较为重视并积极寻求对策。

3. 资金支持投入的力度

档案远程服务建设中，档案资源的信息化、远程共享服务平台建设以及远程服务系统的开发、运作、维护和更新等，无不需要大量资金的投入，资金是建设档案远程服务的必要条件之一。然而，东、西部区域经济发展水平不平衡，2016 年、2017 年，山东省、上海市 GDP 总量分别达到 6.8 万亿元、7.27 万亿元和 2.82 万亿元、3.01 万亿元，同期陕西省为 1.94 万亿元、2.19 万亿元，甘肃则为 7200.37 万亿元、7677 亿元。① 在此情况下，各地对档案事业投入资金力度难免有差距。资金短缺的问题客观上与本地政府财力状况及其对档案信息化支持力度密切相关，调研中我们感受到经济欠发达地区基层档案馆普遍面临的资金匮乏，经费短缺已成为遏制档案资源共享的瓶颈，应从广开思路、广泛宣传、争取支持等角度着力开拓。

4. 人才与技术支撑的效度

必须依靠人才和技术才能为档案服务插上远程共享的翅膀。各省市采用各种方式集聚专业人才和技术力量，如引进计算机、大数据专业人才，对相关工作人员进行专业培训，提高档案共享服务人员的专业素质和服务水平。如浦东档案馆每年针对社区中心远程服务中出现的共性、难点问题组织业务培训。平时还通过电话、网络等方式，及时解决疑难杂症，使社区远程服务质量和成功率稳步上升。② 2016 年甘肃、青海两省分别举办"档案数字化加工业务培训班"，并邀请专业技术人员，对参加培训的档案工作人员进行档案

---

① 人民网. 31 省区市 2017 年 GDP 出炉 高质量发展将成未来主线（2018-01-28）[EB/OL].［2018-03-16］. http://www.xinhuanet.com/2018/01/28/c_1122327136.htm.

② 费庆波. 回看 2016 年浦东新区"民生档案进社区"[EB/OL]. 浦东档案公众号，2017-01-18.

数字化加工的流程、操作方法及标准等方面的培训。

据了解，鉴于档案馆信息技术能力、人力资源相对不足，各地档案馆普遍采用外包方式，由专业信息公司根据档案馆要求度身定制信息化建设方案、规划并完成项目建设。如西安市档案局 2016 年启动数字档案馆项目，2016 年公开招标聘请专业技术公司设计方案，2019 年 6 月"西安市数字档案馆建设"项目竣工验收。① 为信息化建设的进一步完善，浦东档案馆还实行 IT 工程师常年在档案馆办公的驻场机制，以随时解决远程共享服务中出现的各种技术问题。

为提高档案远程共享的整体水平，不仅需要西部各省市各级档案馆自身的努力，还需要政府的支持和东部区域档案部门尤其在人才、技术等方面的支援和交流。东部区域应与西部区域加强联系，分享档案远程服务的工作经验，共同推动远程服务的协调发展。

4.5 区域性远程服务实践的特色与意义

除上述诸先行地区结合本地实际的创新性特点外，从各地实践看，可以发现区域性档案远程服务具有鲜明的特色。

4.5.1 特色

1. 聚焦内容：民生档案查证

从区域性远程服务萌发起到全国东、西部各地区广泛推进，区域性远程服务实践始终聚焦民生档案查阅、出证服务，紧密结合社会热点，努力整合、丰富民生档案资源，将公众档案利用需求量最大、与民生息息相关的婚姻、房产等民生档案纳入共享数据库中，

71

① 科研技术处. 西安市档案局启动数字档案馆建设工作（2017-06-22）[EB/OL]. [2018-01-25]. http://www.xadaj.gov.cn/dazw/dadt/1935.htm.

围绕公众的利用需求不断拓展共享档案种类，致力于为公众提供更便捷的共享途径。相较于我国其他档案共享探索的止步不前，民生档案远程服务实践在组织、模式、平台、机制以及社会推广度、接受度方面均取得较好成效。

2. 追求模式："一站式"便民服务

档案远程服务纳入社区中心"一网通办"开展"一站式"便民服务，群众可以在任一就近首访的档案馆或社区中心查询利用档案，各项管理与技术环节实现无缝衔接，由首查接待部门负责联系后台，各项检索程序由后台在线解决。各省市创建各种共享服务模式，实现跨区域、跨层级、跨系统的"区域化""网格式"合作共享。

3. 共同措施：签订共享协议

在国家尚未出台统一共享规范情况下，各地目前均由档案部门根据实际制发规范性文件以指导远程服务，措施方面最显著的特色是各地参与共享档案馆均采用签订共享协议、服务公约、业务手册的方式，相互授权利用本馆馆藏，明确服务形式和内容，履行服务公约和责任，规范共享行为，为远程共享服务的顺利开展铺平道路。

4. 实施途径：统一信息平台

各省市依托本地政务网等共享平台建设区域性"档案远程服务系统"的基础设施和技术平台。以本区域为共享范围，制定档案资源建设与软硬件系统运行、管理和维护标准，以"档案目录信息集中，全文信息分散"的分布式数据库形式构建远程共享信息系统。尽管目前一些省市尚未全部进入完全线上传输档案阶段，但随着各地信息化基础设施的逐步发展及国家档案共享平台的建成，不久后必将实现基于统一共享系统平台的互通互联、数据共享。

5. 核心机制：协同联动服务

档案远程服务涉及的单位和资源不仅面广、量多，而且各单位之间并非上下级隶属关系，组织结构相对松散。基于共享平台共同推进远程服务，并形成内外协调、纵横联动的档案共享局面，有赖于相关单位的顾全大局和通力合作，因此协同联动是远程服务各相关单位必须共同坚守的核心机制。综观各省市档案远程服务实践为扫除联动障碍，创建了如审批权限归属机制、证明效用保障机制及规范标准统一机制等一系列联动机制、建立馆际、馆社、馆室等多种联动模式，这些创新无一不指向协同联动这一核心机制。

4.5.2　意义

（1）扩大档案资源共享总量。区域性远程服务优化资源配置，整合碎片化信息，有效打破传统档案服务模式下馆藏资源间的"围墙"，解决长期以来馆藏资源覆盖面小、"信息割据"问题，实现区域范围的共建共享，使可利用的档案资源总量成倍增长。

（2）提升档案公共服务能力。区域性远程服务实现档案馆与民政、房产、公安、计生等涉民机关的"联动"，有效解决了档案资源分散化问题；与覆盖全市的社区中心并轨，纳入社会公共服务体系，实行就地受理、区域内通办，满足了公众远程利用问题，远程共享对提高档案馆公共服务能力意义重大。

（3）显著改善公众利用体验。长期以来，档案利用者与档案资源之间的"距离"始终无法消除，不仅降低了档案资源价值的有效利用，也违背了以人为本的档案服务宗旨。区域性远程服务将档案服务延伸至社区、村镇，甚至逐渐进入个人智能终端，居民不出社区甚至足不出户就可共享利用档案。这种及时、便捷、高效、优质的档案共享服务，极大地改善了公众的利用体验。

中 篇

模型设计与框架构建

5 基于区域性远程服务实践的 档案共享模型构建

📚 5.1 系统论视角下档案共享框架研究路径

系统论理论的运用使我们认识到，档案共享运行过程可以视为一个系统性的过程，具有系统的一般性特性：集合性、层次性、相关性及整体性，其中主体、客体无疑为核心要素，但作为档案资源共享系统建构中的重要子系统，模式、组织、平台、流程、途径及机制等其他共享运行要素也应予以重视。这一系统的观点能使我们更全面地分析、研究档案资源共享，在研究中不再局限于档案资源本体，而将视野扩大到支持档案资源共享的各相关要素中。

为拓展实现档案共享目标的研究思路，我们认为应转变思路，通过对区域性远程服务实践模式、组织、平台、流程及保障等要素的剖析，汲取其合理内核和可复制、可推广经验，从过程管理的角度，为档案共享框架构建所用，促进共享目标的实现，这也是本篇要研究的主要内容。

5.2　框架模型构建

　　电子文件管理框架模型"由战略目标、范畴框架和内容框架构成。"①鉴于信息化环境下我国档案资源共享实质是电子文件管理国家战略的具体实施，故两者框架模型的构建具有共通性。为此，借鉴电子文件管理框架模型，我们认为，档案资源共享框架模型的构建可分为共享目标、层次框架和运作框架三大部分，见图5-1。

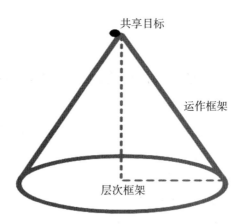

图 5-1　档案资源共享框架模型

　　共享目标：目标是基本定位。档案资源共享的最终目标就是通过优化配置，实现最大范围内档案充分共享和社会整体效益的最大化。

　　层次框架：与电子文件管理相对应，档案资源共享的层次框架将共享的空间范围划分为横向三个层面、纵向四个层级，覆盖共享的整个范围。

----

　　① 冯惠玲，刘越男等著. 电子文件管理国家战略[M]. 北京：中国人民大学出版社，2011：67.

运作框架：档案资源共享目标的实现必须借于一定运作手段、路径，才能不断接近并逐渐达到。我们基于过程管理视角，从基础、运行与保障三个维度构建共享的运作框架。

5.2.1　共享目标

档案资源共享最终目标"在最大范围内的充分共享""社会整体效益的最大化"，所指的理想状态无疑是全国范围、各个层级的全面共享。

我们认为，档案资源共享目标的实现可从共享过程实施的角度来认识，档案资源共享即档案服务机构、利用者、档案资源等共享主体、客体以及相关要素各个部分之间遵循档案资源共享一般规律，发生相互联系与作用的过程。这个过程强调档案共享各主体之间广泛合作，侧重共享要素间的优化配置以及共享资源的协同建设、互通有无。

构建档案资源共享要正确认识与把握共享目标与共享过程的关系，目前区域性档案远程服务仅是走向全国共享最终目标的一个探索过程与先期试行，档案共享不能以区域性档案远程服务为目标。追求全国范围档案共享目标，应注重共享框架的构建，致力于实现共享各相关要素从无序向有序、分散向融合、外力向内力的转化。

1. 无序转为有序

由于共享要素的广泛性、分散性、差异性，且鉴于当前我国缺乏统一的标准规范、组织指导以协调共享行动，档案资源等各共享要素在各地的建设基础也非常不平衡。因此目前档案的共享利用显现各省市，甚至基层档案馆分头开发、各自为政、互不兼容的无序化状态。我们认为，档案资源共享是一个复杂的大系统，在此大系统中，档案资源、组织、平台、程序、标准规范等要素各成子系统，所有子系统协同配合、有序运行构成共享的共享体系。因此档案资源共享是将各无序要素转化为有序的共享体系的过程。

2. 分散转为融合

档案资源共享具有广泛的参与者，且分别有不同的背景、利益诉求，共享最终目标的实现过程实质也是将分散的共享要素转化为融合，从而达到利益最大化的过程。然而档案资源共享不是简单的组织合作、资源整合，不是各方面差异的互补，也不是多个主体行为的加和，共享是各相关要素基于整体利益最大化的有机"融合"。故构建档案资源共享需将分散、差异与非标转化为协作、融合与统一，实现各个子系统的协调运行。

3. 外力转为内力

档案资源有别于图书、情报等一般信息资源，作为"社会记忆"的档案不仅拥有内向性、原始记录性等特点，使其具有共享利用价值，档案还具备机密性、隐私性特点，同时也具有"产权"属性，这些阻碍使档案的共享远比图书、情报复杂得多。必须在"产权"归属部门同意共享并解决机密性等阻碍的前提下，才可能实现档案共享。因此档案资源共享须建立在合理的内在动力之上，需要将外力转化为内力。

5.2.2　层次框架

从目前区域性档案远程服务实践现状看，省市范围"馆际""馆社""馆室"联动与"区域一体化"省际联动及"跨省"联动等一系列远程服务模式，已形成横向跨省、跨地区、跨系统、跨馆共享，纵向涵盖档案室、社区、区县级档案馆、省市（直辖市）级档案馆的自下而上协同联动。因此我们将档案共享模型的层次框架分为"三个层面""四个层级"，具体是：

（1）横向"三个层面"。即微观、中观及宏观层面，分别指向省（市）域内共享、"区域一体化"省际共享及全国范围共享，见图5-2。鉴于我国目前已形成的组织层次和职能体系基础，档案共享模型的层次框架划分在此基础上才符合实践需求和国情现状。共享目标的实现不可能一蹴而就，须由点及面、逐步推进，由市域、省域内共享过渡到省际共享，最终达成共享面覆盖全国范围，即横向层面的理想状态为微观→中观→宏观层面。

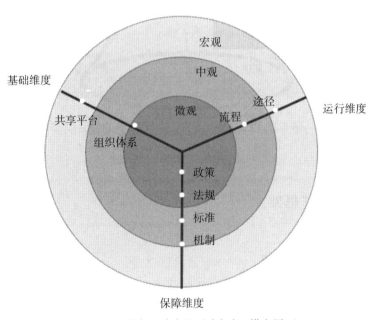

图 5-2　档案资源共享的层次框架（横向层面）

（2）纵向"四个层级"。即基层、中层、上层和顶层，分别指向机关档案室（信息中心）与社区、区县级档案馆、省市（直辖市）级档案馆、中央机构及国家档案局，见图5-3。纵向层面的理想状态是基于现有远程共享实践基础，在中央领导机构及国家档案局统一领导下，建设全国性档案共享平台，"自顶向下"统一部署；同时由基层区县级档案共享（含档案室与社区）→市级档案共享→省市级（直辖市）档案共享→省市（直辖市）之间共享→全国共享。即经由"自顶向下"与"自下而上"相结合，形成逐步接近共享目标态势，"上下结合"最终达成全国范围全面协同、联动共享目标。

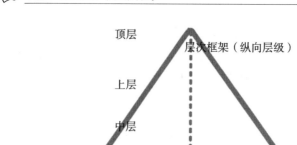

顶层

层次框架（纵向层级）

上层

中层

基层

图 5-3　档案资源共享的层次框架（纵向层级）

5.2.3　运作框架

1. 运作框架解析

运作框架是趋向于目标的路径，对实现目标至关重要。基于目前区域性档案远程服务实践，我们可将档案资源共享的运作框架划分为基础、运行与保障三个维度，见图 5-2。

基础维度：包括组织体系、平台以及档案资源建设等要素，提供档案资源共享实施如人员安排等组织体系、承载共享平台等要素子系统。

运行维度：包含档案资源共享的运行流程及途径等要素子系统。

保障维度：主要包括政策、法规、标准、机制等，以形成安全控制、完善管理的环境，在档案管理系统的权限管理和风险控制、建立资源跨区域共享体系过程中控制和监督各项要素的指标，落实监督责任，保证档案资源共享体系的顺利运转。

2. 共享要素及其运行关系

档案资源共享的有效运行是指共享主体在共享平台上对共享客体进行优化配置的运作过程，因此建构共享的运作框架必须了解共享主体、客体、平台、模式、流程、途径等要素的关系，把握共享主要要素间的关系：

(1)服务与利用主体对共享要素的组织和利用

档案资源共享主体在共享中占有主动地位，是共享活动中具有主观能动性的组织者与参与者。各级综合档案馆是共享的服务主体，也是档案资源的管理者。档案馆拥有各类档案信息等共享资源，肩负着向社会提供利用和服务公众的义务，在共享中以贡献为主，属于贡献主体，一般属非营利性质。共享服务主体通过共享平台，在共享动力的作用下，进行共享组织与协作联动，变简单合作为有机融合，共同推动档案的协同利用达到共享目的。

档案利用者是共享参与者和利用主体，是档案资源的使用者，众多共享利用主体在利用需求的作用下，发起档案共享活动，通过共享平台获取所需档案资源，因此是从另一角度共同推动档案资源的共享。

(2)共享客体对共享运行要素的串联

共享客体即档案资源，是整个共享过程中的核心内容与资源基础。档案资源的所属权、安全性等特征对共享的实施有着重要甚至决定性的影响。共享主体根据国家关于档案资源公布开放的法律规定，将国有档案信息资源向社会开放，提供公众共享；与此相对，属于个人的档案则由个人决定是否共享以及共享范围大小。档案资源的安全性则需通过政策、法规、标准以及流程、技术及机制等各要素共同予以保障，一旦无法保障，则意味着共享客体不具备被共享的条件。

共享客体在共享中贯穿始终，将共享主体、模式、流程、途径等其他要素联系起来，在共享平台上通过共享主体的组织与协调，将共享内部动力与外部动力结合起来，在内部动力推动与外部动力保障下，将分散、无序的共享客体转化为统一、有序、可供共享的客体资源，以达到档案资源的共享。

(3)平台对共享运行要素的承载

档案资源共享平台具有共享空间与载体的作用，共享平台建构合理与否影响共享的范围、共享模式及共享成效。传统共享平台是若干共享主体间将档案资源实体放置在某一实体空间内进行信息的整合与共享，此时共享模式属于集中式，对共享的技术、安全要求不高，共享主体的行为模式多为集约化，节省一些共享的经费与物质消耗。而网络环境下的共享平台，则因其基于虚拟信息的运作和传输，对共享的技术性、安全性要求相对较高，且共享范围随着网络平台的拓展而扩大。共享方式由传统的单一空间范围内交换，转变为在线分布式共享。

共享平台是共享主体组织、建构共享的产物，网络环境下共享平台的科学建设与管理是档案资源共享建设的基础，也是开展共享的关键所在。

（4）内、外力要素对共享的驱动与保障

共享的根本目的是满足用户对档案的利用需求、实现其本身所具有的社会价值，因此这是共享最主要的内部动力，也是客体共享的现实基础；共享法规、制度、模式、流程、途径、机制等运行要素是共享的外在作用力，形成对档案资源共享的外部推动与保障。运行要素与共享内部动力一起形成一股共享驱动力，驱使共享服务主体与利用主体在共享平台上进行共享活动，通过运行要素对共享的推动与保障，达到共享的连续性与有序性。因此，共享内部动力是共享的引发点，外部作用力通过内部动力而发生作用，使档案资源共享朝着共享目标可持续地健康发展，见图5-4。

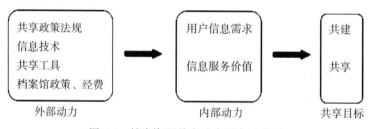

图 5-4　档案资源共享动力要素示意图

总之，档案资源共享是共享各要素之间的协同行动：共享主体是共享的主导者、组织者，共享客体是共享的对象，主客体要素确定了共享的有组织性与可行性；共享平台和各运行要素为共享运行提供载体与条件，确保了共享运行的可持续性与有效性。共享各要素相互依存、相互作用，发挥着各自的作用与功能，共同构成一个档案资源共享体系。因此研究档案资源共享须从系统性原则出发，通过共享主体、客体以及共享模式、平台、流程、途径、法规、制度、机制等一系列共享要素间的相互关系、相互作用，推动共享系统的运行。

5.3　区域性远程服务的转变与影响

5.3.1　区域性远程服务要素的转变

1. 服务主体角色的转变

传统档案服务中，档案馆大多是担任档案的保管者、控制者的角色。在档案远程服务中，档案馆的角色定位不再是被动的控制与保管档案，而变成了促进社会有关方面协同联动、主动推动档案远程利用工作的服务者。档案远程服务是典型的社会协同、合作联动模式，通过跨地域、跨层级、跨系统、跨部门的协同服务，实现档案共享。档案馆不再仅围绕本馆馆藏资源"一亩三分地"，其角色定位转变为本区域建设远程服务体系的主导者，以及档案资源协同共享的协调者、推动者。

2. 利用主体体验的转变

档案远程服务中利用主体不再是局限于该行政区域内的利用者。一些省市纵向省、市、县三级共享体系和横向跨越区域馆际联动、资源共享，使档案远程服务的利用主体扩展为跨越省、市、县范围的利用者，突破了区域的限制。此外"档案进村镇""档案进社区"等服务模式极大地弱化了利用主体利用行为的区域性，凸显了档案利用的共享性、远程性。远程服务大大简化了原先烦琐的档案利用手续，优化公众利用体验，增强了公众对档案利用的认同感。

3. 服务客体总量的转变

为了实施档案远程服务，各档案馆深入调查区域公众利用需求和档案资源状况，以此为基础，调整档案归档范围，扩大公众需求量较大的民生档案资源建设，在档案资源优化与整合方面做了大量拓展性工作。如截至 2019 年 10 月，上海在全市所有社区中心可供共享查询利用的档案种类达到 17 种，"十三五"期间共享的档案种类有望进一步增加。通过共享，可供利用的档案资源总量剧增、种类范围更广，服务客体与利用主体的契合度提升。

4. 利用方式途径的转变

上海、浙江、山东、江苏等地档案局馆把档案服务的工作重心下沉至社区，通过远程共享将社区中心作为"窗口"，形成扁平化、网状化的档案服务基层组织结构。这种比到馆查阅大大节省时间、精力、出行成本的利用途径受到广大民众的极大青睐。此外，通过门户网站、微信公众号、"市民云"APP 和网络终端自助查档机等多种新利用途径查档受到公众欢迎①，包括通过手机移动端在内的远程在线查档途径已超过常规的到馆利用。

5. 协作对象范围的转变

远程服务协作对象不仅包括纵向跨层级、横向跨区域的"馆际"共享，跨系统的"馆室""馆社"协同共享服务体系也在不断完善，协同对象呈现动态扩展趋势。据我们调查，截至 2019 年 10 月，上海浦东档案馆已经与全国 57 个城市确立了民生档案跨省共享利用服务机制，实现了长三角地区城市群民生档案远程服务全覆盖。全国许多省市正在积极拓展协作共享的对象范围，参见

---

① 丁红勇. 浦东档案馆接待查档利用 78168 人次，远程在线查档占比 52.3%！[EB/OL]. 浦东档案微信公众号.

表 4-1、表 4-2。

6. 整体服务效能的转变

远程服务将原来的档案馆单独服务转变为协同服务。一些省市将民生档案共享服务深入社区、乡镇，纳入"一网通办"的标准化建设，消除了档案利用传递的空间距离，公众在社区、乡镇通过"一门式服务"当场获得档案证明，所有手续均由首查接待部门负责与其他档案馆及相关机构完成，档案社会服务效能得到极大提高。

5.3.2　区域性远程服务实践之于档案共享的影响

作为档案共享的一种创新形式，区域性远程服务实践对于档案资源共享探索的影响主要体现在以下方面：

1. 深化共享共识

在当前我国档案共享长期踯躅不前、面临诸多阻碍的局面下，近年来各地民生档案远程服务实践已经取得了跨区域、跨行业、跨部门、跨层级的共享成果，并赢得显著社会效益，呈现出"以上层推动为起点，以基层落实为归宿，以高科技的信息技术为基础，鼎新革故，是对传统利用模式的大突破"态势。不仅有效打破档案馆的"围墙"，也击破了共享主体心中的禁锢，协同共享档案资源的共识得到深化，并进一步提振了社会各方面对档案共享的信心。

2. 完善共享基础

远程服务实现跨层级、跨馆、跨地区共享，以及馆际、馆室、馆社之间联动，促使相关区域各部门补缺短板、全方位提高档案资源建设水平。全文数字化率、档案目录条目、档案全文数据库建设大幅度增长，同时拉动了其他类型档案资源的建设；促进了服务平台、网络设施、技术标准等档案服务基础建设水平的完善与提高。总之，远程服务促使客体要素和运行基础要素水平提升，为进一步更大范围的协作和共享准备了一定基础。

3. 积累共享经验

远程服务建设也为档案资源协同共享积累了宝贵的经验。十年来，通过一些地区区域性远程服务的探索和实践，已在制度、标准、规范、机制和人才方面逐步形成了一系列较为成熟的做法和可持续发展、推广的经验积累，为进一步扩大档案资源共享区域范围、共享档案种类、受众人数提供经验，起到了"试验田"的作用，为下一步更大范围、更深层次的档案资源共享进行了有益尝试。

4. 提供档案资源共享路径

全国许多省市远程服务的广泛推进、迅速燎原，表明这一模式复制、推广的可行性。一些省市实现了区域内多层次的"网上通办"，表明档案资源共享在一定区域、档案种类范围内已经取得了阶段性成果。在省市范围网上"通办"基础上，目前已开始继续进一步探索长三角三省一市之间区域一体化民生档案远程共享建设，由市→省→省际这种由点及面、由先进向后进地区逐步推进的思路，为在全国更广范围实现共享提供了路径。

6 基于区域性远程服务实践的档案共享主、客体要素分析

　　档案共享简而言之就是通过对档案资源这一客体特殊的加工处理和传递，使更多的利用主体得以共享。档案共享是相关主体共同参与协作的一种共享关系，追求通过"合作"得到整体利益最大化的效果。

　　服务主体(服务者)、客体(档案资源)以及利用主体(利用者)是构成共享最主要要素。共享过程实质上就是上述主客体以及其他各共享要素相互依存、相互作用的过程。为达到使利用主体充分利用档案资源的目的，服务主体在共享中扮演着桥梁、媒介的角色。共享的发生源于主体对客体的作用，利用主体基于一定事务办理需求发起利用申请，服务主体为满足这一需求而组织、运作共享活动，因此，共享最主要的内部动力在于档案资源社会价值的实现，这也是共享的原动力。此外，行政机关是室藏档案共享权利主体，其在室藏档案共享中具有不可或缺的重要地位。

6.1 共享主体要素

　　共享主体要素可分为：服务主体(服务者)、利用主体(利用者)与权利主体(室藏档案共享审批者)。其中，服务主体具体包括各级国家档案局馆，公众与社会组织是主要利用主体，权利主体则

是形成室藏档案的行政机关。

共享主体在档案资源共享中是主导要素，决定共享的客体要素以及组织、平台、模式、流程、途径等运行管理要素的质量与水平，其中服务主体又是共享政策、规范、标准、技术、机制等运行保障要素的主要制定者。

6.1.1　档案馆：档案共享的服务主体

各级档案局在党委办公厅(室)的领导下，从政策、规范等诸多方面引领、指导档案共享建设。通过主导各项方针政策的顶层设计，如制定"智慧城市""一网通办"服务策略，完善城市公共服务的信息化构建，将档案共享纳入其中，有效地提升了共享的格局；协调档案部门与政府大数据中心、信息化部门间的合作，进行共享的部署。

各级综合档案馆是档案共享的服务主体与组织者，是共享最核心、最基本的服务力量。作为档案与政府信息公共服务的特定场所，档案馆拥有源源不断的信息资源，因此是对档案资源进行科学管理并为公众和社会组织提供共享服务的主要职能部门。各级档案馆根据国家政策和规范，具体实施档案共享策略，是档案共享系统中最为关键的要素。

1. 档案馆与相关主体的关系

(1)公民与档案馆：需求与服务

公民与档案馆的关系是以档案为对象的需求与服务关系。档案馆是社会文化事业机构，拥有对公众和社会组织提供档案共享利用的服务资源与职能。但是，任何一个档案馆都难以以一馆之藏满足公众对档案便捷化利用的需求。作为"服务主体"，档案馆整合档案资源，组织、构建共享系统，为公众档案利用提供"平台"，服务公众的能力通过共享得到极大提高。

(2)档案馆与机关档案室：联动与共享

共享强调多元主体的协同联动，需要引入社会力量开展协作，档案馆以开放和务实的心态协调与其他部门的关系，在共享中发挥关键作用。尽管档案馆与机关档案室不属于同一系统，但室藏档案是档案馆馆藏的不尽源头。尤其目前档案馆档案收集范围远未做到合理、充分，如大量民生档案、专业档案散存于各形成机关档案室，以致室藏档案数量巨大，档案馆与机关档案室协同共享，无疑是满足利用主体需求的良策。档案共享使档案馆与档案室之间突破了以往"你移交我接收"的单项传递关系，发展为"你拥有我掌握"、双方"协同联动"的合作共享关系。并且，档案馆对机关档案工作指导、监督力度较以往大大加强。

（3）档案馆与社区服务中心：委托与代理

接受档案馆委托，社区服务中心"一网通办"服务窗口代表档案馆承担在社区的远程服务接待利用工作，面向公众提供查档与出证服务。公民查档目的大多为凭借档案馆出具的档案证明以维护自身利益，要求档案证明有权威性及合法性，但该权限应该属于档案所属机构即保存档案的档案馆或涉民机关档案室，社区服务中心并不具备相关档案资源、权力。鉴于此，我们认为，档案馆与社区服务中心属于"委托与代理"关系。

2. 建设共享档案馆应改进的主要问题探析

（1）对共享认识不足

不可否认，一些服务主体对共享认识不足、服务意识欠缺。调查结果显示，目前一些省市（尤其西部地区）尚有不少门类档案未列入归档范围；即使归档范围内，也未做到严格按规定向档案馆移交档案，少交、拖延现象严重，造成档案资源种类和数量不足，可供共享利用的档案资源质量不高；一些档案馆人员担心档案资源共享会使档案部门陷入"泄密门"；甚至有工作人员认为共享建设是给他们的日常工作增添额外负担，对共享服务缺乏积极参与的热情。其原因，主要是档案人员对档案工作目标定位过低，对档案共享的意义认识不足，担心利用一旦涉及泄密，自己将要承担责任，明哲保身。

（2）注重形式忽视实效

在档案共享的资源与基础建设中，有的档案馆追求形式而忽略其实效。一些省市通过建设"数字档案馆工程""智慧档案馆建设"等建成本地范围的"档案共享平台",但现实工作中,还是普遍通过传真、邮寄等传统的"线下"方式传输档案,系统"搁置"现象,实际已造成各种资源的严重浪费。

6.1.2 行政机关:室藏档案共享的权力与服务主体

行政机关是行使国家权力的机构,依法对国家政治、经济和社会事务进行管理。为保障安全、稳定、公平的社会秩序,制定相关制度与规则供给,及时提供充分、准确的信息服务。行政机关的职权范围直接关涉社会生活的方方面面,行政机关是档案资源最大的形成者。行政机关同时又是档案资源最大的拥有者,在档案利用服务方面具有其他机关无可替代的重要地位与作用,但从调查结果看,目前一些档案馆档案收集范围有限。

1. 行政机关在共享中的定位及依据

法律规定权利主体必须作出一定行为或不作一定行为的责任,是保证法律权得以实现的条件,也是国家对一定的直接社会责任的确认。[1] 行政机关在共享中的定位,是决定室藏档案开放利用的权力主体,同时又是室藏档案提供利用的服务主体。

(1)权力主体定位与依据

关于室藏档案对外开放利用的审批权限,根据我国《档案法实施办法》等法规[2],对公民(或社会组织)申请室藏档案利用的请求,行政机关有责任做出同意(或不同意)的决定。国家档案局在最新制定的《机关档案管理规定》中进一步强调了行政机关对室藏档案开放利用的权力,并且表述较以往更为清晰,即明确规定将室藏档案对外利用审批权限定在档案形成单位,并且明确了责任人为

---

① 邹瑜. 法学大辞典[M]. 北京:中国政法大学出版社,1991:61.

② 见《中华人民共和国档案法实施办法》(2017年修订版)第21条,《机关档案工作条例》第21条。

"本单位负责人"。①

（2）服务主体定位与依据

有学者将民政局定位于"档案服务主体"并陈述理由。② 我们认为，基于行政机关所拥有的室藏档案开放利用审批权，在档案共享尤其"馆室联动"中，如民政局、房地产局档案中心等部门直接处于面向利用主体的位置，承担着为公众提供档案服务的职能，是服务公众的窗口之一，因此，行政机关档案中心实质上也是共享服务主体。

2. 行政机关具备档案共享社会责任

互联网政务服务环境下，行政机关"产生了两类重要的信息资源，一是行政审批档案，是互联网政务服务活动过程的直接记录。二是电子证照，它是行政审批的结果性材料，对其进行标准化、统一化管理，并实现证照互联互通，是开展'一站式'政务服务的必要前提"③。我国政府部门掌握着社会资源中80%有价值的信息以及数千个信息库。④ 行政机关的职能范围直接关涉国家治理和公众生活的方方面面，对其形成的档案资源最有发言权、解释权，行政机关在共享中具有其他机关无可替代的重要地位与作用。

长期以来，行政机关在行使管理职能过程中源源不断形成海量信息资源，鉴于室藏档案收集、归档缺乏规范，大量档案留存在原机关档案室内，"室藏"实为共享"宝藏"所在。根据法律法规规定，行政机关在档案共享中应具有的基本权利与义务主要表现在档案提供利用权、档案解释权以及档案保密义务等方面。上述原有《档案

① 丁德胜. 李孟秋. 机关档案的利用与开发——《机关档案管理规定》解读之十一[J]. 中国档案，2019（10）：70-71.

② 刘宇鹏. 安小米. 档案信息资源跨部门共享模式研究——以北京市朝阳区档案馆婚姻登记档案共享为例[J]. 办公自动化杂志，2016（10）：51-56.

③ 陈永生等. 基于互联网政务服务平台的文件归档与管理：整体观[J]. 档案学研究，2018（6）：4-11.

④ 冯惠玲. 政府信息资源管理[M]. 北京：中国人民大学出版社，2006：84.

法实施办法》等规范均从室藏档案的依申请公开审批权角度，规定了行政机关的档案提供利用权，即规范了行政机关在档案共享中的责任。我们认为，充分明晰行政机关及其档案室在档案共享中的权力和义务，对推进机关档案室在档案共享建设中发挥其应有作用具有重要意义。

3. 室藏档案共享应从"特区"走向"前台"

近年来，以区域性民生档案远程服务为代表的共享在各地兴起，"馆室联动"使机关档案室成为档案协同共享的联动对象。无论基于公众的档案利用需求，还是政务档案资源的规范化、集约化共享角度，行政机关室藏档案都是档案资源共享不可或缺的重要组成部分。室藏档案资源的共享利用事关档案共享顺利推进，因此，我们认为有必要对此引起重视并展开研究与讨论。

（1）档案室：共享"特区"

绝大多数机关档案室长期以来只以本单位内部工作为服务对象。鉴于公众切身利益的迫切要求，一些行政机关（主要是涉民机关）档案部门逐渐向有需要的公众开启了查档出证之门。总体而言，机关档案室面向社会公众提供这种共享利用属于"个例"。有学者认为，机关档案室仍旧是档案公共服务与共享的"特区"。①

（2）室藏档案：共享"热点"

室藏档案有完整性、针对性强等特点，特别是民政局、人力资源保障局、房地产局等涉民机关室藏档案与民生密切相关，对满足公民多样化、个性化需求具有无可替代的重要意义。由于长期以来民生档案移交进馆有限，故涉民机关档案室的民生档案数量、质量远超档案馆馆藏，不仅资源丰富，而且内容完整、品种齐全，因此对公众利用需求极具针对性。随着公众法律意识以及自身权利意识的增强，公民申请利用与自身相关民生档案的比例上升，对公民个体而言，因所申请的档案信息是获取个人切身利益的必备材料而显

---

① 杨红卫. 机关档案室不是"特区"——一起查阅、复制档案案件的剖析与随想[J]. 山西档案，2005(4).

得格外重要，室藏档案渐受公众关注，成为共享"热点"。

（3）室藏档案利用：共享"难点"

根据档案资源的特性与相关规定，档案开放利用需经"封闭期"及开放鉴定，且室藏档案利用必须走依申请利用的审批程序，是否能通过该程序并达成利用目的，最终由档案形成机关决定。但从目前行政机关对室藏档案的共享利用看，情况并不乐观。一些机关在室藏档案利用审批时，不是从利用者需求出发，而是过多地考虑本机关利益，甚至对已过"封闭期"的档案还以机密等种种理由拒绝开放利用，申请遭拒甚至对簿公堂的案例不在少数，尤其涉及公民个人房产权认定方面的室藏档案共享利用难已呈一定普遍性。社会热切盼望的室藏档案共享利用成为"难点"。

（4）行政机关：应承担共享社会责任

近年来，我国打造"一网通办"政务服务平台，旨在突破"信息孤岛"、便于公众信息共享，这必然要求以政务数据资源的集中共享为前提基础。一方面，存量政务数据资源来源于政务服务档案，增量政务数据资源最终的可靠性则取决于政务服务档案管理的规范化程度，因此政务数据资源共享与政务服务档案管理的业务融合具有必要性。① 另一方面，行政机关具有积累、汇聚、整合其政务活动中所形成数据资源的责任，随着政务信息资源共享的快速推进，行政机关应承担起为公众获取自身权益提供档案证据的社会责任，室藏档案共享利用从"个例"走向"常态"是大势所趋，行政机关室藏档案应从"特区"走上"前台"。

6.1.3　公民：档案共享的利用主体

利用主体指共享资源的利用者，即共享信息的最终接受者。从理论上讲，一切社会组织或成员都是潜在利用者。就利用活动而言，利用者是档案共享利用活动的发起者，是共享的利用主体。利

---

① 马广惠．安小米．宋懿．电子政务背景下数字档案资源整合政策内容分析［J］．档案学研究，2018（4）：82-91．

用主体主要包括社会组织与公民。

社会组织的档案公务利用主要为工作查考的决策参考型、学术研究的积累型、编史修志的汇编型等与本单位工作活动密切相关的利用需求，由于具有档案利用程度深、数量大的特点，故公务利用往往以到馆利用居多。近年来，公民个人档案利用，特别是远程共享利用需求持续上升，成为档案共享利用的重要主体，因此我们着重研究公民利用主体的档案共享利用。

我们认为，档案共享建设固然与共享服务主体紧密相关，但共享利用者及其利用需求也是共享不可或缺、甚至具有决定性意义的重要因素。若无利用主体及其利用行为，共享与服务主体便失去存在的必要；以民生档案远程服务为代表的档案共享实践中，利用主体公民的需求决定了共享的基础和方向。因此，档案共享建设应以公民的用户需求为导向，研究并围绕公民档案利用需求的特点与发展趋势展开共享。

1. 公民利用者利用情况调研

21世纪初以来，我们对上海地区的市、区级档案馆走访调查，并对陕西、甘肃、青海及青岛等西部与东部地区的省、市、区县级档案馆有关工作利用、个人查证及学术研究类型利用情况进行访谈和问卷调查，根据调研结果，剖析利用主体占比的特点及原因。

（1）利用主体占比特点及原因剖析

一是个人利用占比与档案馆层次呈负相关。基层档案馆个人查档占比普遍高于省市(直辖市)馆，表明利用主体中，个人利用占比与档案馆层次呈负相关。我们认为这与区县级基层馆公众需求的民生档案馆藏丰富，且具备地理位置近民优势，而省市(直辖市)级档案馆馆藏中则文书档案等公务档案比例相对较大有关。

二是开展远程服务地区个人查档占比更高。如上海、青岛等开展远程服务地区的个人查档占比高于未开展远程服务的西部地区。其原因除民生档案远程服务系统平台上"走的"全都是民生档案，该平台为公众带来切实的利用方便外，"随着各区县有关档案数字化的不断推进，跨馆利用的档案资源不断丰富，平台经过几年的运行知晓度不断提高"①，已经形成了良好的社会效应及良性循环的状态。

三是东、西部地区个人查档占比差异显著。上海各区级档案馆民生档案利用率在所有档案利用中占比9成以上，公民个人查档利用率不仅远高于该市市级档案馆，而且大大高于青海、陕西省档案馆，正如有档案馆所总结"民生档案在利用中的主体地位不可撼动"。② 这一特点一方面缘于基层档案馆馆藏、位置优势及远程服务的深入开展，另一方面与"上海市居民跨区流动性强，档案跨馆利用需求量大"③客观现状密不可分。

（2）公民个人查档利用需求分析

一是个人利用需求聚焦于民生档案。调查发现，公民个人利用的需求热点始终集中在民生档案，而"婚姻档案利用率在全部民生档案中又占绝大多数"，④ 这与社会生活中如房产交易、出国等诸多重要民生事项办理均必须出示个人婚姻状况证明材料直接相关。此外，利用率高的档案还包括：房产和动拆迁政策档案、劳动和社会保障档案、独生子女及其政策档案、社会保障及劳动就业档案、住房解困档案、户籍管理档案、医疗保险及其政策档案等方面。以浦东档案馆为例，2018年该馆各类档案利用数量占比见图6-1。

二是利用热点与国家政策呈正相关。调查发现，公民的档案利用需求随当年度国家政策及社会热点而波动，国家、地方有关民生政策的颁布与档案利用有直接的联动关系。如商品房限购、知青子女落户、廉租房申请、支内与支边人员退休返城等相关政策颁布后，为获取相应权益，政策受益者往往成为查档出证的利用者，甚至形成一波档案利用小高潮。

---

① 浦东档案微信公众号. 数据透视. 档案馆2019年度档案利用报告出炉，有哪些重点要划？（2020-04-23）［EB/OL］.

② 丁红勇. 数据透视：浦东新区档案馆2017年度档案利用报告. 浦东档案微信公众号（2018-02-07）［EB/OL］.

③ 浦东档案微信公众号. 数据透视. 档案馆2019年度档案利用报告出炉，有哪些重点要划？（2020-04-23）［EB/OL］.

④ 资料来源：课题组对上海地区虹口、静安等区级档案馆的调查。

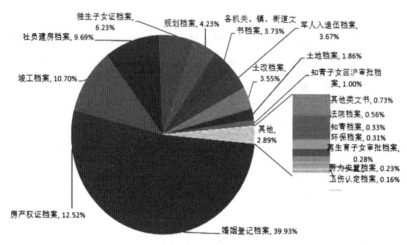

图 6-1　2018 年浦东档案馆各类档案现场利用数量占比①

2. 我国档案利用的若干发展趋势

根据我们对各地有关档案利用的文献、问卷及实地调查结果分析，发现近年来在我国政府高度重视民生建设的大背景下，档案利用主体、利用目的和利用内容正在逐渐发生转变。同时，随着档案信息化建设的快速推进，档案利用的途径、方式发生了巨大变化，我国档案利用的发展走向呈现出民生化、共享化、社区化趋势。

（1）利用主体的个体化趋势

21 世纪初，北京、② 上海③均有档案馆工作人员基于档案利用统计研究并发表论文，提出"公民个人利用档案数量不断上升，因公利用档案人数和卷次呈逐年减少的趋势"的观点。据了解，我国

---

① 资料来源：浦东档案微信公众号。

② 申玺朝．吴振泉．公民利用档案的特点及对策［J］．北京档案，2002（1）：34-35.

③ 徐非．近十年来上海市档案馆档案利用趋势分析［J］．上海档案，2003（6）：40-42.

许多省市与此类似，上述北京、上海地区的情况可认为是档案利用主体发生转变的典型案例。各地公民因个人查证需求为目的的档案查阅量呈上升态势，据我们对上海市浦东新区档案馆的调研结果显示，该馆个人查证的档案利用人次占全部利用人次百分比从 2006 年的 15.41% 增长至 2018 年的 42.16%，利用主体的个体化趋势非常明显；陕西省与青岛市档案馆也呈现了这一趋势。普通公众为解决个人切身利益问题而查阅利用档案的行为增多，反映了公民个体对档案共享利用的现实需求。

（2）利用内容的民生化趋势

利用内容的民生化趋势与个体化趋势紧密相连。在国家档案局的部署下，我国档案资源体系和利用体系实现面向普通百姓的根本性转变。档案资源建设向公众倾斜，档案馆向公众的开放度越来越高，可供公众利用的档案资源增多；更重要的在于，"自从 21 世纪初起，区级档案馆民生档案利用率占全部档案利用的 9 成，随着越来越多重要民生事项办理均必须出示个人婚姻状况证明，导致婚姻档案在全部民生档案利用中又占绝大多数，民生档案利用需求居高不下，这是必然趋势！"①随着各地区公众流动性增强，档案跨馆共享利用需求量必然增大，同时随着西部地区档案数字化不断推进、跨馆共享的档案资源不断丰富，利用主体的民生化趋势将随之上升。

（3）利用模式的远程化趋势

近年许多省市区域性档案远程服务已经取得突破性进展，区域间横向的馆际协作可归纳为"市域""省域""城市圈""跨省"等典型模式，区域内纵向则已形成"馆际""馆社""馆室"多层次、全方位联动共享模式。据我们调查，上海市嘉定区档案馆 2018 年档案远程利用人数远超窗口查档人数，占全部查档量的 59.3%（见图 6-2）。②同年，浦东新区档案馆远程在线查档占比达 52.3%（见图 6-3）。值

---

① 资料来源：课题组 2020 年初对上海地区基层档案馆负责人的访谈。

② 韩琦. 嘉定区档案馆 2018 年档案利用分析报告. 上海档案信息网，http://www.archives.sh.cn/bbdt/201903/t20190320_44057.html［EB/OL］.

图 6-2　上海市嘉定区 2016—2018 年线上远程利用档案占比①

图 6-3　2014—2018 年浦东新区档案馆远程利用占比走势图②

得一提的是，由于今年疫情期间档案馆闭馆，导致利用者无法到馆查档出证。但是基于远程服务平台，上海市的民生档案远程服务查档出证完全不受影响，以上海市虹口区档案馆为例，仅 2020 年 2

① 资料来源：课题组 2020 年 4 月对虹口区档案馆的调研。

② 丁红勇. 浦东档案馆接待查档利用 78168 人次. 远程在线查档占比 52.3%！[EB/OL]. 浦东档案微信公众号.

月3日至4月7日，该馆共完成受理民生档案远程利用1347例，①
凸显了档案远程共享的优势。这些探索都有力地推动了档案利用由
单一档案馆的封闭式服务向远程共享服务模式的转化，促进档案利
用向共享化方向发展的趋势。

（4）利用途径的社区化趋势

政府管理模式转型以及"互联网+"时代，许多省市档案馆把档
案利用服务的工作重心下沉至社区，通过区域性远程共享将社区中
心作为"窗口"，形成扁平化、网状化的档案服务基层组织结构。②
如2015年苏州市依托政务网络已将档案远程查阅服务送到近140
个村、镇。③ 浦东档案馆创新技术实现"后台自动审批"机制，实
现档案远程服务"全年无休"，这种"就近利用"并"一门式"把事情
办毕的利用途径受到广大民众的极大欢迎，42个社区查档利用人
次的大幅增加，使浦东档案馆本部2014年窗口接待人次出现回
落。④ 2015—2017年度社区利用量分别较上一年同比增长均达
50%以上，2018年度利用量呈爆发式增长（见图6-4）。目前，社区
中心窗口民生档案利用已经成为浦东新区远程服务的一个主渠
道。⑤ 此外，江苏省苏州太仓市于2014年实现村、镇一级开设民
生档案查询窗口全覆盖；⑥ 浙江杭州市、宁波市、嘉兴市及江苏南
京市栖霞区等⑦也实现了服务中心民生档案查档取证服务。以社区

① 资料来源：课题组2020年4月对虹口区档案馆的调研。
② 张林华，桂美锐.民生档案远程服务"馆社联动"模式探析[J].档案
学通讯，2019（1）：79-84.
③ 肖芃等.搭建百姓身边的档案馆——城乡一体化建设中档案服务模
式研究[J].中国档案，2015（10）：26-29.
④ 丁红勇.浦东新区档案局2014年档案利用分析报告（2015-01-
19）[EB/OL]. http://www.archives.sh.cn/zxsd/201501/t20150119_41913.html.
⑤ 丁红勇.浦东档案馆接待查档利用78168人次.远程在线查档占比
52.3%！[EB/OL].浦东档案微信公众号.
⑥ 石峻峰，李广都，周俐霞.基于云电视的电子政务信息公开查询探
讨[J].电子测试，2014（21）：47-49.
⑦ 光明网.南京玄武启用民生档案远程查询系统（2019-01-28）[EB/OL].
[2019-05-22]. http://difang.gmw.cn/roll2/2019-01/28/content_122042342.htm.

为"神经末梢"的"互联网+"档案利用服务已形成趋势。

图 6-4 2013—2018 年浦东新区档案馆社区利用总量走势图①

6.2 共享客体要素

　　档案资源是共享的对象、客体要素，也是共享服务体系的主要资源基础和重要组成部分。档案资源建设实质上是将原本分散化、多元化异构分布的档案资源通过逻辑的或物理的方式由分散到集中、由无序到有序，组织成有序化的整体，以方便共享利用的活动过程。

　　档案资源属于信息资源的一部分，具有信息资源可积累、可存储、可传递、可共享的共同特性，同时也有档案本身固有的凭证性、回溯性、社会性等特性。档案资源所拥有的特征，使之具有共享的可行性与必然性。

---

　　①　丁红勇.浦东档案馆接待查档利用 78168 人次.远程在线查档占比52.3%![EB/OL].浦东档案微信公众号.

6.2.1 我国档案资源建设现状概览

1. 我国分级管理体制下的档案资源分布

我国档案资源管理与分布情况与国家档案管理体制密切相关。"统一领导、分级管理"是我国档案管理体制的特征，与国家行政管理体制在架构上一脉相承，具有高度的对应性，除乡镇一级档案没有纳入全国档案管理体系外，自上而下形成了中央、省、市、县四级架构。目前，在我国纵横交错、分工协作的档案馆网络体系分别保管我国的档案资源。

分级管理体制下，综合档案馆是管理主体，各级机关企事业单位档案室是基础。尽管我国体制内档案资源管理与分布较为系统完善，但也存在一系列问题。有学者调查后认为受到地区经济发展水平的部分影响，我国档案实体分布失衡现象客观存在。①

2. 共享性档案资源的建设

构建档案资源共享，需要重点整合的是共享性档案信息资源，具体主要包括：政务信息资源、民生档案资源及共享所需的其他方面档案资源。

（1）政务信息资源

政务信息资源均列入了各级行政机关归档的范围，其中永久保存的部分还列入了各级国家综合档案馆定期接收的范围，故是目前归属和流向明确、依法共享的档案资源。

国家发布的一系列方针政策已对政务数据共享开放的要求与目标做出明确规定：2017 年开展试点并推广政务信息资源目录体系建设，2018 年基本建成政务信息资源共享目录、开放目录、服务目录以及国家政务共享平台、开放平台、服务平台"三类目

---

① 陈永生. 档案信息资源城乡分布状况分析——我国档案信息资源分布状况及均衡配置研究之二[J]. 浙江档案，2008(9)：14-16.

录和三大平台"。2020 年基本实现政府数据的部门共享和社会开放。①

根据相关规定,我国政务信息资源主要由国家基础信息资源、政务信息资源及"六套班子"的政务信息资源三大类组成;根据《政务信息资源目录编制指南》,目录内容主要包括服务事项、服务清单与电子证照三个方面。目前政务信息资源目录编制试点工作在积极推进,实现中央部门和地方政府"条块"融合②,上述工作已取得阶段性显著成效。政务数据是档案资源的重要源头,其共享开放的快速推进,对档案资源共享具有重要推动意义。

（2）民生档案资源

民生档案资源是在涉及民生的工作领域产生的,大多是能为百姓提供证明的档案,如户籍、学历、婚姻、房产、公证、荣誉、职称、支内支边、上山下乡、离休退休、就业安置等个人凭证性材料。与政务信息资源不同,民生档案资源更多地出自民政局、房地产局等涉民机关,尤其"盛产"于基层涉民部门。其种类多、形成分散,由于长期以来对公众的档案利用需求缺乏足够重视,民生档案远远落后于政务档案的资源建设,大多保管在立档单位,并未列入档案馆的接收范围。

民生档案资源类型十分丰富,自国家明确档案建设向百姓转变,并确定民生档案为基本档案后,各地许多档案馆根据本地区实际情况,针对本地区公众日常生活中利用率较高的民生档案进行重点建设,积极投入到民生档案资源建设及其区域性共享服务的探索中。据我们调查,民生档案资源建设情况已有所改观,但各地发展不平衡,东部各省市不仅开始注重民生档案资源建设,并且建立了本地的各类档案资源数据库。而西部地区许多省市档案馆民生档案资源收集、归档尚需加强。

---

① 周德铭. 政务信息资源目录编制与共享开放. 国脉电子政务网［EB/OL］.［2017-07-26］. https://www.govmade.com/outpoint/5150.htm.

② 周德铭. 政务信息资源目录编制与共享开放. 国脉电子政务网［EB/OL］.［2017-07-26］. https://www.govmade.com/outpoint/5150.htm.

（3）其他档案资源

在社会管理中还有各种资源也应作为"社会记忆"、列入档案收集范围中，如本地区撤销机构的档案、名人档案、专业档案、重要科技档案、突发事件、重大活动等档案；具有特色的各种载体如胶片、磁盘、硬盘等各种载体档案材料等。网络环境下，信息生成和传播方式多样化，如网站、APP 等新媒体逐渐得到广泛应用，应重视并尽快完善网页的收集、整理、归档、移交接收以及网页归档功能模块建设。

档案共享是一项复杂的系统工程，所涉及的资源规模、整合难度是以往以档案形成机关为单位的微观整合所无法比拟。随着档案共享的推进，档案资源建设问题显得更为重要和紧迫。

6.2.2　档案资源共享中存在问题思考

1. 主要问题

（1）档案收集归档进馆难

收集归档是档案资源建设的基础，但是我们的问卷调查结果显示这一源头环节在现实工作中并不完善，不仅馆藏资源结构单一情况非常普遍，而且年代久远档案占比较高。除政务数据资源外，民生档案近年来才在一些地区有所起色，科技、声像和新媒体档案等其他类档案资源建设则更待加强，解决各地涉民部门民生档案移交进馆难问题势在必行。

（2）各地资源建设不平衡

档案资源共享应建立在资源收集齐全、高度数字化、数据库完善，并且标准统一基础上才能实现。但在现实实践中，由于档案资源所涉数量巨大、类型各异，档案数字化任务艰巨，各地数字化发展极不平衡。尤其在档案资源建设中各地标准不统一情况非常普遍，如各地均根据本省（市）档案著录标准设置字段的长度，导致因字段长度差距太大难以兼容。又如因档案馆档案资源建设不完善而影响跨馆共享建设的情况非常普遍。档案资源建设水平不平衡，使共享范围受限，严重阻碍了档案资源共享的推进。

（3）鉴定环节已成瓶颈

档案资源开放提供共享利用是一项系统性工作，其中鉴定是关键环节。我们调研许多省市后发现，由于可开放档案的鉴定环节进展迟缓，对档案资源的开放利用形成严重阻碍，这一现象在各地档案馆非常普遍。档案资源共享前的开放鉴定是档案资源从封闭走向开放不可或缺的重要环节，也是保障档案信息安全的必要程序。然而，共享前海量档案的鉴定工作使各地档案馆普遍面临巨大压力，档案开放鉴定的浩瀚工作量几成共享的"拦路虎"，甚至导致档案馆开放计划的推迟，鉴定环节使共享的步子放慢，成为阻碍档案资源共享的瓶颈。

2. 原因探寻

（1）管理体制制约

目前我国统一标准、规范尚不健全，分级管理体制下，地方档案馆在本行政区域范围内行使共享职能，各种共享规范、标准制定及档案资源、基础设施的建设均以省市为单位，区域间差异显著，互不兼容，"条""块"特征分明。档案馆共享职能范围及其作用对象具有独立性、局限性，相应地，档案资源共享分散性、割裂性突出。

以目前颇具代表性的民生档案资源共享为例，各地普遍在本省市民生档案资源建设标准规范下，远程共享研发分散、投资重复，各种资源共享效应严重受限，只能基于本省市档案共享系统平台开展共享；一旦跨省，即意味着数据结构无法匹配，共享只得由"线上"转为"线下"，脱离系统平台，导致共享被"区域性"所局限，"远程难远"。

（2）资源建设与利用需求脱节

共享客体源自各个社会机构，馆藏资源结构是否科学合理，直接关系到档案资源共享的有效开展。几十年来，档案馆及省级各部门执法检查与督导评比的重点是文书档案，专业档案不属于移交范围，一些地区档案馆人员对接收范围不熟悉、执行不到位。长期以来档案资源建设导向，使大部分综合档案馆馆藏成分以文书档案为主；资源分散、涉民部门档案意识薄弱导致一些地区未将民生档案移交进馆，成为档案共享的重要难题。近年来，虽然各地已越来越重视馆藏档案结构问题并采取解决措施，但由于整合、建库等档案资源建设耗费巨大，尤其建设新型档案资源需一定过程，馆藏资源结构不合理的状况一时还未得到根本改变，以致目前许多省市在区域性共享服务中可供共享的档案种类稀少、覆盖面窄，与公众需求不匹配的现象严重。

（3）鉴定环节提速艰难

档案资源鉴定环节对档案共享的阻碍主要源自以下几个方面：一方面，鉴定工作量巨大。①到期档案的鉴定。各档案馆每年大量档案封闭期到期，开放前须逐一鉴定。②不同情况的鉴定。除到期档案外，如收集进馆、提供依申请公开、构建远程共享、档案资源数字化等环节都需要进行一定程度的鉴定。③政策调整鉴定。受政策环境影响，档案馆须根据形势，每年根据政策对已开放档案进行相应微调。另一方面，鉴定人才稀缺。鉴于档案鉴定工作具有较高难度，必须由学识渊博、修养深厚的资深专业人员才能胜任，鉴定工作量居高不下与鉴定人才相对稀缺的矛盾普遍存在。由于综合档案馆馆藏资源数量基数浩大，上述诸因素叠加，待鉴定的档案数量极其巨大，使鉴定环节难以提速。

档案资源共享必须采取有效措施打破地区与部门间藩篱，以"联动"改变"区隔"；拓宽档案资源建设范围，满足社会共享需求；创新思路，突破鉴定瓶颈，本报告将在下篇"对策与路径"中探讨相关问题的解决对策与路径。

7 基于区域性远程服务实践的档案共享"层次框架"构建

　　根据框架模型，在共享目标下，档案资源共享需构建"层次框架"和"运作框架"两大部分(见第五章5.2)。我们认为，共享模式"层次框架"的建设具体可参考、应用目前区域性远程服务实践所创建、运行的各种模式，可匹配、对应远程服务已成熟运行的"馆际""馆室""馆社"联动及其子模式，在微观、中观与宏观层面通过针对性地选择、借鉴、复制这些联动模式经验，将"层次框架"共享模式建设的内容具体化、深入化，以利于向共享目标的推进。

7.1　区域性远程服务实践模式概览

　　当前在我国许多省市开展的区域性远程服务实践已呈现出"自上而下"的鲜明特征和与时俱进的时代特色："以上层推动为起点，以基层落实为归宿，以高科技的信息技术为基础，鼎新革故，是对传统利用模式的大突破"①的态势。近年来许多省市积极探索区域性远程服务实践，创新了一系列协作联动模式。

　　当前我国各地区域性远程服务实践的服务模式，根据实施机构

①　张晶晶.上海市民生档案远程协同服务机制全面启动[J].上海档案，2012(7)：4.

性质归纳，可分为"馆际联动""馆社联动""馆室联动"三大模式；根据共享区域范围，"馆际联动"又可分为市域、省域、省际及跨省四种子模式。这些共享模式依托网络共享平台，进行目录、全文数据库的共建共享，通过协同联动，提供档案查阅并出证。

"馆际""馆社""馆室"联动三种模式在联动对象、机构关系、资源联动形式与传输方向以及主要共享目的等方面均有差异，具体见表7-1三种联动模式对照表。如"馆室联动"属于跨系统双向联动模式，其中"跨系统"是指协同联动在档案馆和机关档案室这两种不同性质机构之间展开，"双向联动"指档案馆馆藏和档案室室藏资源实现了双向互联和共享，即在共享机构之间档案资源整合的基础上，档案馆和立档单位可以互为前台查询利用数据库中的档案信息。

表7-1　"馆际""馆社"与"馆室"联动模式对照表

模式	联动对象	机构关系	资源联动形式与传输方向	主要共享目的
馆际联动	档案馆&档案馆	本系统	双向联动 档案馆↔档案馆	异地查档出证，跨馆共享利用
馆社联动	档案馆&社区中心	跨系统	单向联动 档案馆→社区中心	深入基层，"一门式"办事
馆室联动	档案馆&档案室	跨系统	双向联动 档案馆↔档案室	馆室资源联动共享

"馆际联动"的市域、省域、省际及跨省四种子模式，是随着区域性远程服务实践的发展而衍生、细分的联动共享模式，这四种子模式的联动对象、架构、主要共享特征亦不相同，具体见表7-2"馆际联动"子模式对照表。如省域"馆际"联动为"3级网络型"架构，是指在省档案局（馆）的统一部署下建设全省共享平台，省、市、区县级档案馆均可在此平台联动共享，共享架构形成网络状。省际"馆际"联动为"横向集群型"架构，是指参与联动的省市及其档案馆为平行单位，形成省际区域范围内档案馆的集群型

共享。

表7-2 "馆际联动"子模式对照表

模式	联动对象	架构	主要共享特征
市域 馆际联动	本市档案馆	2级核心型	同城跨馆
省域 馆际联动	本省档案馆	3级网络型	省内跨馆、多级联动
省际 馆际联动	省际区域档案馆	横向集群型	区域一体化跨馆联动
跨省 馆际联动	外省档案馆	点对点互动	跨省异地、"成对"联动

我们认为，区域性远程服务实践已在共享之路上取得了一定成果，所创建的共享模式对今后更大范围共享具有可复制、可推广意义。有必要深入研究上述联动模式，在总结归纳模式实践经验的基础上剖析其特点、优势与面临的制约，分析其对档案共享模式构建的适用性，使区域性远程服务共享模式的成功经验为更广泛的共享建设所汲取、应用和推广，指导共享之路的进一步发展。

7.2 构建共享模式"层次框架"的路径设计

7.2.1 远程服务模式与共享模式的对应关系

根据模型"层次框架"中档案共享横向微观、中观与宏观"三个层面"，纵向基层、中层、上层与顶层"四个层级"（见图7-1）。我们认为，除顶层国家档案局外，共享模式建构与区域性远程服务各模式的对应选择关系如下：

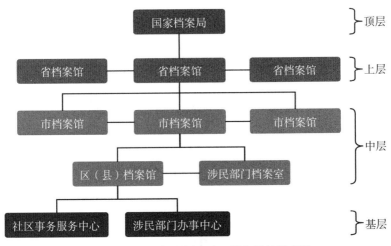

图 7-1 档案共享"层次框架"纵向层级示意图

1. 横向层面

微观层面：即省域范围内共享，采用"馆际""馆室""馆社"联动模式。

中观层面：即省际共享，在微观层面省域范围共享基础上，采用区域性省际"馆际"联动模式。

宏观层面：即全国范围共享，全国档案共享平台建成，微观、中观层面接入全国共享平台，从而实现宏观层面共享。

2. 纵向层级

纵向各层级之间关系见图 7-2。

基层：含档案室、社区，两者分别采用"馆室""馆社"联动模式进行数据交互。

中层：市(非直辖市)馆与区县馆、市(非直辖市)馆之间、区县馆之间数据交互，均采用"馆际"联动模式；为社区中心、档案室提供共享则分别采用"馆社""馆室"模联动式。

上层：省(直辖市)馆采用"馆室"联动模式与本级机关档案室联动共享；省(直辖市)馆与下属市、区县级档案馆共享，则采用

111

省域、市域"馆际"联动模式。

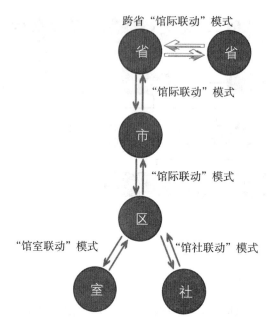

图 7-2　档案共享"层次框架"纵向各层级关系示意图

7.2.2　共享模式构建的步骤

首先，市域共享。通过"馆际"联动实现市域内各馆之间共享。以此为基石，通过"馆室"联动，将机关档案室共享档案"并网"至市域共享平台；以"馆社"联动将共享服务"输送"至社区中心；并根据需求补充跨省"馆际"联动，从而实现市域范围的档案共享全流通。呈"点状"区域共享。

其次，省域共享。在市域共享条件完备基础上，实现省域范围的共享全流通。即连"点"成"片"，形成"片状"区域共享。

再次，区域性省际共享。在如长三角区域、京津冀、长江经济带、粤港澳大湾区等区域一体化协同发展国家战略下，采用区域性省际"馆际"联动模式，形成由若干相邻省（直辖市）构成的区域性省际共享，并带动周边省市，即连"片"成"面"，形成"面状"区域共享。

最后，全国共享。在上述市域、省域、区域性省际共享基础上，通过接入全国共享平台，形成各地之间的弥合，最终达到全国范围共享。在此过程中，共享"盲点"地区可通过档案馆之间采用跨省"馆际"联动进行共享。

"层面框架"共享模式构建，经由微观层面→中观层面→宏观层面的推进，最终达成共享目标，具体步骤见图7-3：

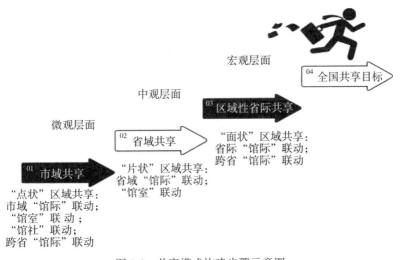

图 7-3　共享模式构建步骤示意图

113

📚 7.3　共享模式应用剖析

我们分别探讨上述区域性远程服务模式的构建路径、架构，分析它们的特点、在共享模式构建中的应用意义及制约，以此为档案共享模式的构建提供参考。

7.3.1 微观层面应用之一：市域"馆际联动"模式

1. "同城跨馆"的市域"馆际联动"模式

鉴于市域"馆际联动"模式是档案共享的基础模式，故各地档案局馆应予以高度重视，从思想到物质进行统筹规划、充分准备。为避免共享基础资源和设施的重复建设和不兼容，在目前国家尚未出台统一规范标准的情况下，应尽量由上层档案机构（省档案局馆）根据现有国家标准、行业标准及国家相关规范性文件，统一规划本地区档案资源的标准、规范与数据库建设。在此基础上，中、下层档案机构（市及区县馆）应完善本馆的档案信息化建设，积极按要求向数据库传输本馆共享档案资源，为市域"馆际联动"奠定充足的资源基础。

市档案馆可借鉴目前区域性远程服务的建设路径，与辖区内各个区档案馆签订跨馆合作协议，确定共享档案的种类、范围，在馆际协同查询平台上整合各区档案馆档案电子目录，依托馆藏资源在全市范围内开展"馆际联动"，实现市域内"同城跨馆"服务，出台市域《跨馆利用服务办法》，规范市域"馆际联动"方式、流程和要求，从制度层面为这一联动模式提供保障。通过"馆际联动"建设，民众可在市域内任一档案馆服务窗口查询保存在各家综合档案馆的共享档案，并享受跨馆出证服务。

2. 市域"馆际联动"模式架构

档案馆所在市的机构层次，决定市域"馆际联动"模式的架构层次。以福州市市域"馆际联动"模式为例，目前该市远程服务是"2级核心型"架构，即以市档案局馆为核心，辖区内其他区县档案馆共同参与。由市档案局馆牵头，统一部署市域"馆际联动"的组织、规划、标准、规范、平台、机制和流程。通过签署合作协议相互授权，各馆利用协作馆民生档案专用数据库目录信息，解决馆际壁垒问题。该市采用 VPN 技术搭建覆盖市、区 2 级综合档案馆的信息传输系统。通过在各档案馆政务外网的接口处部署 VPN 网关，实现馆际数据传输的安全防护。在此基础上，市域各档案馆将可供共享的档案资源按照统一标准传输到共享平台，使物理上分布式存放在各档案馆的档案实体资源在逻辑上形成一个整体，在对其进行虚拟智能组合后进一步建设目录和全文数据库，从而解决海量分布式信息资源的异构和集成管理问题，实现基于市域"馆际联动"的档案数据交互①，见图 7-4。

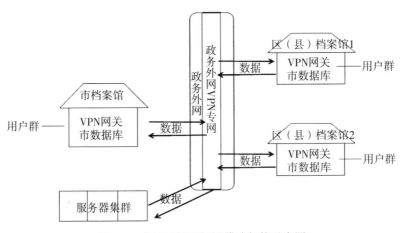

图 7-4　市域"馆际联动"模式架构示意图

3. 档案共享应用市域"馆际联动"模式的意义

我们认为，扎实建设市域"馆际联动"模式对档案共享意义重大。

（1）数量最为广泛。市域"馆际联动"实施时间最早，与其他三种形式相比成熟程度和水平相对较高。从目前远程服务实践情况看，市域"馆际联动"也是社会需求量最大、在各地应用最为广泛

---

① 福州市档案馆局. 福州市档案局创建 2015-2017 年度省级文明单位工作总结（2017-09-21）［EB/OL］.［2017-09-24］. http://daj.fuzhou.gov.cn/zz/zwgk/ghjh/201709/t20170921_1692184.htm.

的一种形式。

（2）更具有可行性。鉴于地缘特征，市域内规范标准环境相同，各馆往往在设备、技术、资金等资源基础方面规模相当；馆藏档案资源种类、数量、质量有较多共同点，因此市域"馆际联动"建设较其他模式更可行、易行。

（3）承上启下作用。省域、城市圈或跨省"馆际联动"模式需在市域联动的基础上展开，且市域位于"国家—省—市—区县—社区"共享网络体系的中间环节，是构建整个体系承上启下的"中坚"与"关键"，市域"馆际联动"的"质量"与"数量"直接决定其他联动模式的构建，事关我国档案共享的整体推进。

4. 档案共享构建市域"馆际联动"模式的相关条件

（1）有利条件

一是内部条件充分。首先，档案系统统一规划、全面部署，在系统内具备形成呼应和联动的共享条件。其次，基层档案馆具有民生档案"富矿"的资源优势，并具备远程服务实践的经验优势等档案共享不可多得的有利条件。再次，基层档案馆主观上有联动的共同意愿，客观上资源基础等条件近似，联动共享阻力相对较小。

二是功能地位重要。作为我国的基层行政机构，地、县级市的数量巨大。区、县档案馆是最基层档案馆建制，同时又是市域"馆际联动"主体，直接面向公众，共享的功能、地位非常重要。

三是社会基础显著。市域"馆际联动"能充分发挥全市范围内各馆的馆藏资源优势，形成互补效应，因此共享实质是举全市档案馆之"整体资源"提供服务。从已有远程服务实践看，确实成效显著，无论"跨馆出证、立等可取""最多跑一次"机制，还是利用"市民云"、移动终端服务途径，均已获得较高公众满意度。

（2）不利条件

虽然市域"馆际联动"模式是在档案系统内运作，但市档案馆与区、县馆之间是业务指导关系，两者之间不具备行政隶属关系，故指挥力度有限。并且目前在国家未出台统一规范情况下，各协同馆之间则主要基于合作协议协同联动，合法性有限。因此，当"馆际联动"遭遇矛盾和阻碍时，容易产生责任不清晰、执行推诿等问题，存在一定沟通协调的压力。①

7.3.2　微观层面应用之二：省域"馆际联动"模式

1. 分阶段、分步骤推进的省域"馆际联动"模式

省域"馆际联动"模式一般包括省、市、区县三级综合档案馆联动。鉴于省域"馆际联动"模式所涉档案馆层次多、范围广，共享不可避免地面临不同档案馆之间档案资源、设施、人员较大差距的阻碍，建构难度一般会大于市域"馆际联动"模式。鉴于此，我们认为可借鉴浙江省在远程共享服务实践中的经验，即分阶段、分步骤推进共享。

第一阶段，全省全面准备。在制定统一标准与规范前提下，以省、市、县三级综合档案馆为主体，通过签订协议，实施档案资源共享。若此阶段尚未建成省级共享平台，可借助传统线下方式传输共享档案，民众只需在全省范围内任一综合档案馆提出异地查档申请，便可获取保存在省内其他协作馆的资源，全省范围各级档案馆可从思想到资源进行全方位共享准备。

第二阶段，市域"馆际联动"。经过第一阶段，各市已结合自身情况将档案资源的整合及数字化、数据库建设等基础工作推进到一定程度，如浙江省绍兴市等地创建了"立等可取"等一系列共享机制，此时将建设重任分散到市级，过渡到市域"馆际联动"可谓水到渠成。

第三阶段，建成省级平台。待全省域内共享平台建成，就能较快进入省域"馆际联动"共享模式，如2017年浙江省建成省域内共享平台"浙江档案信息网"，这个平台投入使用后，全省范围100多家综合档案馆已登录该系统。至此，可形成档案资源共享覆盖省

117

①　张林华，朱思霖. 民生档案远程服务的成效与障碍[J]. 中国档案，2018(1)：66-68.

域的"馆际联动"模式。

2. 省域"馆际联动"模式架构

以浙江省为例,该省省域"馆际联动"模式是"3 级网络型"架构,在省档案局馆统一部署下建设全省共享平台——浙江档案信息网,省内各馆把各自查档大厅的服务窗口同时搬上了互联网。该平台的运行维护实行"一级部署、两级管理"机制,即在省电子平台的"政务公有云"和"政务专有云"上分别部署公众访问、内部工作界面的应用系统,公众可通过互联网域名访问,各级档案馆工作人员通过连通省政务外网的电脑终端进入内部登录系统。① 设置平台和单位两个层级的系统管理员分别负责运行维护工作,见图 7-5。

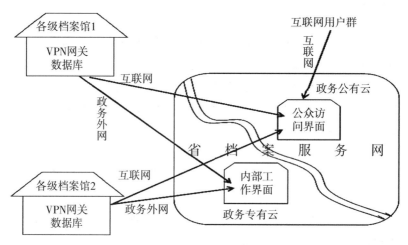

图 7-5　省域"馆际联动"模式架构示意图

3. 档案共享应用省域"馆际联动"模式的意义

(1)联动更上一层。相较于市域,省域"馆际联动"涉及共享档

---

① 林伟宏."一网查档 百馆联动"——浙江省"互联网+档案服务"的省域实践[J]. 中国档案,2018(1):29-31.

案馆层次更多、范围更广，纵向跨层级，横向跨市、县，如浙江省省域"馆际联动"基于省、市、县三级档案馆联动，省域内档案馆都是网络型共享体系中的一个"节点"，各馆之间实现无缝联结、协同共享。

（2）走出关键一步。省域"馆际联动"形式的探索和实践，扩大档案共享的区域范围，向实现全国范围共享走出关键一步，积累宝贵经验并奠定重要基础。

4. 构建档案共享省域"馆际联动"模式应重视的主要问题

从目前我国远程服务实践现状看，省域"馆际联动"水平远远落后于市域的联动。因此，有必要分析省域"馆际联动"模式的主要问题，并在档案共享建设中予以足够重视：

（1）必须夯实共享基础

省域"馆际联动"的对象包括省域所有市级和区县级综合档案馆并需要搭建跨省、市、区县的共享平台，总体要求较高。省域档案馆数量大、地处分散，各地馆藏数字化等资源基础、发展速度不均衡等客观差异不可避免。相较于市域，在省域范围联动、统一实现网上提供查档显然具有更大难度。因此，统一规范、补齐短板、夯实基础，是建设省域"馆际联动"所必须重视的要务。

（2）注重市域"馆际联动"模式的扎实推进

省域"馆际联动"需有扎实的市域"馆际联动"为基石，只有在市域"馆际联动"模式的扎实运行的基础上，推进省域"馆际联动"才有后劲，市域"馆际联动"的基础不牢，将会严重影响省域"馆际联动"模式的建构。

（3）切实解决数据共享问题

目前一些地区开展"馆际联动"，建成共享网络平台的省份也逐渐增多，但鉴于档案数据不兼容、标准不统一以及信息安全风险等一系列阻碍，使大部分省实现真正意义在线"全省通办"的省域"馆际联动"还有一定距离。因此，在自下而上做好共享基础准备的同时，建立健全全国范围统一的数据标准、共享平台，从宏观层面切实解决数据共享障碍是构建档案共享的最佳路径。

7.3.3 微观层面应用之三："馆室联动"模式

"馆室联动"指档案馆与行政机关档案室合作开展档案共享服务，将各机关可共享的室藏资源整合至网络共享平台系统，从而为利用者提供档案共享的服务模式。目前，"馆室联动"是远程服务中重要模式之一，通过档案馆和政府涉民部门有关民生档案服务的业务协同，公众能远程查询利用涉民部门的室藏档案的调阅和出证。

1. 打通档案室区隔的"馆室联动"模式

"馆室联动"是相对新兴的档案共享模式，它的形成是远程服务实践探索逐步推进的结果。以上海"馆室联动"为例，2007 年探索初期，奉贤、浦东、青浦等区档案局分别成立调查组，对民生档案较集中的区劳动局、民政局等单位进行分类建档指导，与民政、计生、人社、公安等条线进行业务对接，为档案馆与涉民机构展开"馆室联动"奠定基础，逐渐从实现各区"全区通办"走向"全市通办"。

"馆室联动"是"双向互联"模式，即实现馆藏和室藏档案资源的双向之间相互联动和共享，档案馆和立档机关可以互为前台共享查询数据库中的档案信息。2016 年 11 月，浦东档案馆与该区人口管理办公室通过签订协议建立协同共享机制，在受理户籍申报与确认家庭成员关系时，可直接通过双方的共享通道核实当事人的婚姻登记、知青"上山下乡"、确认家庭成员关系等相关信息，从而直接办理档案证明。① "馆室联动"模式实现了由档案馆单向授权向"馆室"双向资源整合共享的转变，使公众在"人口办"和档案馆窗

---

① 上海浦东新区档案局(馆). 让信息多跑路、让群众少跑腿——浦东新区档案馆与人口办建立信息共享机制，开辟便民服务通道［EB/OL］.［2016-11-11］. http://old.pudong.gov.cn/website/html/pddaxxw/ pddaxxw_pd dt/2016-11-11/Detail_773656.htm.

口均可共享查阅相关档案，免去办事机构之间的辗转。

"馆室联动"模式运行的核心就是馆藏、室藏档案资源的互联共享。由于档案馆和同级政府机关之间并无隶属关系，因此必须要建立沟通协调机制，档案馆有责任和义务对同级涉民机关档案室进行建档业务规范和指导，就资源共享、工作联动等协作细节展开深入细致的协商和规定，使运行全过程的工作流程、规范要求保持高度一致。该模式打通了馆、室之间联动的区隔，双方充分掌握对方的办事规则和流程，并就业务工作的开展情况、室藏档案资源的数字化进程、社会需求等方面展开常态化的沟通协调，档案馆需要实时了解行政机关的业务动态，保证共享档案信息的完整、有效和及时更新。因此有学者指出"馆室联动"共享模式的主体跨越档案系统深入至各类政府部门档案室。①

2. "馆室联动"模式的架构

梳理已有"馆室联动"模式的架构，我们发现归纳该模式的发展过程，可分为授权式与协作式2大共享类型。鉴于房地产局等涉民机关在职能行使过程中形成并拥有大量民生档案，成为远程服务实践中"馆室联动"重点部门，故以此为例：

（1）授权式共享

授权式共享，即由档案馆通过政务平台联网或直接授权给机关档案服务点进行档案共享。涉民机构办事中心为前台，"馆室联动"的整个运行流程在后台处理，根据后台形式可分为平台联网、直接授权两种不同情况。

第一种是平台联网。档案馆与共享机关达成合作共识，在房地产局档案信息中心等涉民机构设立前台受理服务点，通过区域政务平台将档案馆与各服务点联网，为公众在各涉民机关服务点查档利用提供便利，见图7-6。

---

① 刘宇鹏. 田野. 安小米. 赵立芳. 档案信息资源跨部门共享模式研究——以北京市朝阳区档案馆婚姻登记档案共享为例[J]. 办公自动化杂志, 2016(10)：51-56.

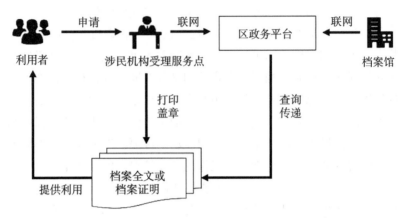

图 7-6 授权式共享"馆室联动"模式(平台联网)示意图

第二种是直接授权。即档案馆与同级行政机关签订档案远程共享利用授权委托书,向该机关开通常用档案查阅利用服务通道,相关机关办理业务需要查证档案材料,可经此通道直接查阅当事人的档案信息,进行调查取证,不需要档案馆后台受理,见图 7-7。

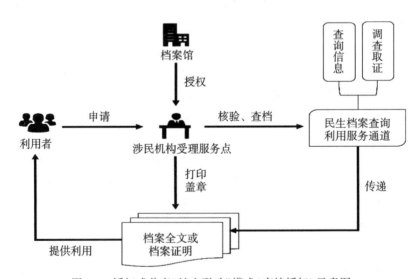

图 7-7 授权式共享"馆室联动"模式(直接授权)示意图

"馆室联动"模式探索初期基本采用授权式共享，平台联网、直接授权两种不同的形式都是各地档案部门在探索"馆室联动"模式的实践工作中形成、符合区域实际情况和利用需求的形式。我们认为究其实质，授权式共享是档案馆将档案共享服务的前台受理点向涉民机关延伸，因此不是真正意义上的"馆室联动"共享，属于档案共享利用的初级阶段。

（2）协同式共享

协同式共享是档案馆与同级行政机关档案室建立联动协作机制，将室藏档案中已经完成数字化的档案数据内容挂接至档案馆共享系统，省去了档案馆数据管理系统的二次录入。公众到档案馆的前台受理窗口即可根据规范流程直接办理对该机关室藏档案的共享查档与出证，见图7-8。

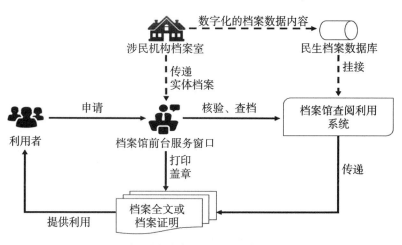

图7-8　协同式共享"馆室联动"模式示意图

123

我们认为，协同式共享实现了档案资源在"馆""室"数据库的整合和共享，是"馆室联动"模式迈向数据融合性共享的重要突破。但是目前这种共享形式应用较少，且仅限于已建立联动机制的某一门类室藏档案。室藏档案量大面广、管理分散、利用不便，因此需要更多档案馆与行政机关不断扩大联动共享档案门类，逐步推进

"馆室联动"协作进程，实现馆藏、室藏档案数据的融合共享。

3. 档案共享应用"馆室联动"模式的意义

（1）为室藏档案价值发挥提供路径

"馆室联动"模式突出特点在于把共享触角深入机关档案室，协同式共享将分散在各形成机关的室藏档案资源有效整合、汇集到共享系统，实现了馆、室档案资源在数据库的融合共享，为室藏档案资源价值的充分发挥提供了有效路径。

（2）形成以档案馆为中心的辐散式联动体系

"馆室联动"模式打破档案共享的界限，将档案馆与各机关档案室作为联动组织成员，形成以档案馆为中心的辐散式联动体系，促进馆室之间深度协同，实现了对现有档案管理体制的有效突破。

（3）档案利用节点提前至机关档案室

"馆室联动"模式下，馆、室之间的双向联动及互为前台服务窗口，使公众能共享未移交进馆的档案，档案利用节点大大提前；同时，有效促进"政府-公众"互动、加大档案共享与室藏档案开放力度。

4. 构建档案共享"馆室联动"模式面临的主要阻力

据调研，除了室藏档案开放共享问题外，目前远程服务"馆室联动"建设主要存在"涉民机关条线众多，跨部门协调难度大""异构数据来源不一，数据整合难度大"等阻碍。因此，在构建档案共享"馆室联动"模式中需重点解决如下问题：

（1）来自跨系统条线的阻力

鉴于档案共享所涉机关、档案资源较仅限于民生档案的远程服务更为广泛，故在档案共享构建"馆室联动"模式过程中，将牵涉更为众多条线的机关及其档案室。依据目前远程服务经验，必然会给这些机关及其工作人员徒增新的工作量及难度，由于是跨系统协调，两者办事规则存在较大差异、联动机制约束力有限，遭遇阻力在所难免。

（2）来自各业务条线数据异构的阻力

构建档案共享的"馆室联动"模式，需要将各类机关可供共享的档案数据整合到档案共享系统。由于各个业务条线数据库数据结构各不相同，数据接口不尽一致，数据整合的难度较大。

（3）来自跨室藏档案申请开放的阻力

尽管行政机关是室藏档案共享的权力与服务主体（见本书第6章），但在共享实践中，鉴于种种原因，行政机关从严行使室藏档案共享审批权、申请开放程序不易走通等情况普遍存在。

我们认为，上述问题的解决除了需要借助国家顶层设计、档案部门和相关机关进行自上而下的沟通外，还需要构建馆、室之间常态化的协调机制。

7.3.4　微观层面应用之四："馆社联动"模式

"馆社联动"模式是档案馆与社区服务中心建立协同服务机制，将档案查询利用服务纳入社区中心集中受理的实事项目中，为公众提供档案查阅、出证及办事"一门式"服务的模式。

"馆社联动"主要面向基层利用者提供服务。对于广大百姓来说，现代社会工作、生活都需要档案信息尤其民生档案的共享利用，而如何方便、快捷地获取所需档案是他们关心的重要问题，也是档案部门需要解决的问题。

1. "一门式"服务的"馆社联动"模式

"馆社联动"模式的运行是由档案馆与社区中心联动产生功能效应的集成。以上海为例，在规划阶段，档案馆作为组织与主导者负责确立目标、设计流程、制定规范、构建机制，对"馆社联动"模式的协同联动进行无缝对接。2006年前后，上海全市通过新建、改扩建使社区中心总计达218个，基本覆盖全市街镇。在各区实现"区内通办"基础上，上海市档案局发文明确在全市范围内推广档案远程服务进社区。同时提供相关设施的经费保障，建立人员管理机制，全面实现了"馆社联动，全市通办"目标。2015年起"馆社联动"项目纳入全市社区服务统一平台，此后成为"一网通办"政务服务项目之一。"馆社联动"真正体现了档案部门为民服务的理念，老百姓不需要关心自己所需档案的保存地，只需要在社区中心就近查询，由系统自动在后台执行查询操作并反馈结果，即可当场凭证把事情办结，实现"一门式"服务。

2. "馆社联动"模式的主要协同要素与架构

"馆社联动"是区域性远程服务中的下层模块，也是最深入基层、体现便民宗旨的部分。

社区中心是"馆社联动"模式中的主要协同要素，也是政府各行政机关直接面向百姓提供民生服务的前沿窗口。对百姓而言，遍布基层的社区中心"网"必不可少。通过其受理窗口，"一门式"受理劳动就业、社会保障等 200 余个项目，涵盖民生服务的方方面面。① "馆社联动"模式架构就是在档案局馆的部署下，以基层档案馆与社区中心为主体，依托于远程共享平台并与社区服务平台协同连接，形成社区服务中心与档案共享系统的前、后台联动。

（1）远程服务平台是"馆社联动"的后台系统

远程服务平台由档案馆基于政务内网建设，具有档案数据收集、整理、在线和离线移交、目录及全文远程查阅、下载、打印等功能，以满足档案管理和远程利用的需要，见图7-9。②

首先，平台通过对区域内各共享数据库的分布式互联互享，实现档案资源的市、区县、街道社区三级覆盖。基于政务网建设，对档案馆、社区之间数据在线交换、归档提供保障。③

其次，平台能够授予档案馆、涉民部门以及用户不同层级的查询服务权限，经过授权与审批后的组织或个人可通过平台获取所需档案目录、全文或形成证明材料。

① 　上海市民政局. 设立街镇社区事务受理服务中心探索社区服务一门式机制［EB/OL］.［2012-12-13］. http://mzzt. mca. gov. cn/article/qgsq/jyjl/201212/20121200392726.shtml

② 　温娟莉，吕江燕. 创建民生档案信息区域共享服务平台——济南市开通民生档案远程共享服务［J］. 中国档案，2013（2）：28-29.

③ 　聂勇浩，郭煜晗. 在信息时代构建民生档案远程协同服务——以上海市为例［J］. 档案学通讯，2016（2）：73-77.

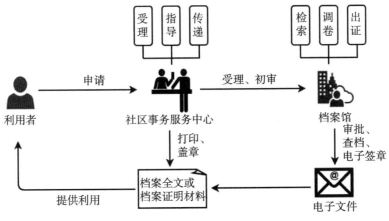

图 7-9 "馆社联动"模式示意图①

（2）社区平台是"馆社联动"的前台窗口

社区"一网通办"政务服务平台整合公共服务资源，建设统一综合受理业务系统，集中于社区窗口统一受理。远程服务平台与社区平台融合，使原本属于档案馆职责的受理查档出证纳入了社区中心"一网通办"服务项目中，与其他业务条线聚合成"一门式"服务。面对公众的查档请求，社区中心前台统一受理，向本地区分布式档案资源库发出查询请求，后台由各档案馆协同查档。② 通过远程服务平台体系接入社区中心的 VPN 专网，在社区中心窗口的接待中，利用者只需点击搜索框，系统自动完成分布式资源库中数据的实时汇总，并在社区用户界面上快速展现。③ "馆社联动"模式形成以社区中心为"前台"的基层档案服务网状体系架构。

---

① 张林华，桂美锐．民生档案远程服务"馆社联动"模式探析［J］．档案学通讯，2019（1）：79-84.

② 聂勇浩，郭煜晗．在信息时代构建民生档案远程协同服务——以上海市为例［J］．档案学通讯，2016（2）：73-77.

③ 张林华，桂美锐．民生档案远程服务"馆社联动"模式探析［J］．档案学通讯，2019（1）：79-84.

3. 档案共享应用"馆社联动"模式的意义

(1)档案共享延伸至基层社区

"馆社联动"致力于打造遍布各地的档案服务窗口系统,将档案共享向基层延伸,因此是对"馆际联动"模式的进一步深化,通过社区"毛细血管"使档案共享在微观层面面向公众、落到实处,真正体现了共享服务的便捷、高效与亲民。

(2)实现查档、办事集约型服务

"馆社联动"模式实现档案馆与社区的协同服务:一方面社区中心可依托档案共享平台访问各个数据库以获取档案共享资源;另一方面档案馆通过"馆社联动"进入社区"一网通办"集中受理服务平台,使老百姓可以在家门口就能查档取证,真正实现了"一门式"服务。

(3)纳入社会化大服务系统

"馆社联动"模式突破传统档案服务的组织结构,将档案共享纳入政务服务社会化系统中,使档案服务与民生事务办理融为一体,构建服务民生、服务社会的大格局。

4. 档案共享构建"馆社联动"模式面临的障碍

基于目前远程服务现状,建构"馆社联动"模式中,档案部门应帮助、指导社区中心办事人员在提供档案共享服务时存在的一系列问题。

(1)窗口人员配备不到位

由于社区中心未设专业档案接待办事员一职,随着"馆社联动"工作的逐步推进,现有工作人员既要处理日常社区事务,还需解决群众的档案利用需求,人员不足、变换频繁、工作任务过重的矛盾显著,影响工作人员的服务质量。

(2)提高档案服务水平

由于社区中心工作人员不熟悉档案专业知识,因此在"馆社联动"为公众提供服务中操作不够规范。档案馆应加强与社区的联系,加大对社区相关受理岗位工作人员的指导,帮助他们熟练掌握档案业务知识、从而为公众提供专业、满意的档案服务。

7.3.5 中观层面应用：省际"馆际联动"模式

1. "区域一体化发展"的省际"馆际联动"模式

为加强区域档案资源共享，提供更加便民的档案共享服务，上海、江苏、浙江、安徽三省一市档案局于 2017 年年底启动合作事宜，并于 2018 年 3 月 14 日，达成《长三角地区开展民生档案"异地查档、便民服务"工作合作协议》。同年 9 月，长三角地区"异地查档"规范陆续出台，民生档案"异地查档、便民服务"项目正式启动实施，覆盖三省一市 345 家综合档案馆。2019 年 3 月，根据国务院办公厅要求，长三角档案查询"一网通办"在 G60 科创走廊九城试点，并逐步向 26+X 个城市推广。下一步，在国家档案局的指导下，落实相关文件内容并向更广范围和更深层次延展。① 基于"区域一体化发展"的省际"馆际联动"合作模式正在深化开展。

2. 省际"馆际联动"模式架构

长江三角洲区域一体化发展拉开了档案远程共享模式向中观层面拓展的序幕。省际"馆际联动"模式尚在探索过程中，其模式架构尚未建成，但根据合作协议已可见端倪，如构建标准及规范体系、全程在线办理的网络平台、协同开发利用档案资源等。②

鉴于省际"馆际联动"模式中参与联动的档案馆为平行单位，我们认为应构成一种"横向集群型架构"。在三省一市档案局（馆）长联席会议制度及合作协议基础上，整合区域内各省市档案馆的档

---

① "档案春秋"微信号. 长三角三省一市签署备忘录 将协同推进民生档案异地查询［EB/OL］. ［2019-09-05］. http://news.cqnews.net/html/2019-09-05/content_50661100.html.

② "档案春秋"微信号. 长三角三省一市签署备忘录 将协同推进民生档案异地查询［EB/OL］. ［2019-09-05］. http://news.cqnews.net/html/2019-09-05/content_50661100.html.

案资源，可形成共享目录并构建数据中心，各档案馆有权访问数据库。鉴于区域内各共享馆之间没有行政隶属及档案接收关系，基于长三角政务外网，实现现有档案服务平台的衔接。各档案馆在接受异地查档申请后通过数据中心确认目标档案馆，通过专用通道传输查档申请、档案信息及证明。

3. 建构省际"馆际联动"模式对档案共享的意义

（1）打破行政区划藩篱，走出微观层面的局限

省际"馆际联动"模式是省域"馆际联动"模式的聚合与升级，档案将由一个省市拓展至省市"群落"，远程服务与一体化战略相互推进，顺应当前区域性发展国家战略的发展格局和基本思路，消除地域阻碍，打破行政区划藩篱，将档案共享服务的范围从省市（直辖市）内扩展到跨省市（直辖市），有望将档案资源共享体系覆盖至长三角各个省市地区，迈出从微观走向中观层面的关键一步。

（2）协调发展，提升区域整体水平

区域一体化省际"馆际联动"模式尤其强调区域之间协调统一，提高资源配置的效率，发挥区域整体优势、实现整个区域的高质量发展。要求各参与主体需遵循统一标准完善档案资源建设，全面满足共享条件，省际"馆际联动"模式充分发挥先进省市带头作用并形成示范效应，带动区域内各地的协调发展，将有效提升区域整体实力和共享水平。

（3）共建档案资源体系，实现跨省市共享

省域"馆际联动"模式不仅意味着档案共享区域范围的拓展，在共享组织、平台、途径、标准及机制等方面均要根据省际共享需求和特点全面规划布局，在各省市间建立起共享合作机制，共建互通互享的档案资源体系，为实现更大范围共享奠定基础。

4. 长三角三省一市构建省际"馆际联动"模式的制约

（1）资源整合标准不统一

从全国范围来看，条块分割的档案管理体制使档案馆档案资源整合缺乏科学统筹、合理规划，尚未建立统一的标准体系。从长三

角区域来看，各地进行资源整合均有自己的一套标准和方法，各自为政，省市(直辖市)间"档案资源整合标准不统一"问题较为突出，难以协调，影响省际档案资源整合与共享。

(2)资源共享缺乏统一平台

档案资源共享平台是集应用系统平台、资源平台、技术平台等于一体的综合性平台体系，省际"馆际联动"必须依托于跨省统一的共享平台才能顺利开展，而档案共享尤其是跨省共享服务对共享平台的要求较高。目前长三角地区缺乏统一的资源共享平台对构建省际"馆际联动"模式形成制约。建设全程在线办理的共享平台，成为需要重点解决的重点项目。

(3)联动发展水平不平衡

省际"馆际联动"模式要求参与联动的各档案馆发展水平、资源配置相当，但目前长三角三省一市在共享发展时间与水平等方面差异较大，如部分省市远程服务探索较早，已分别形成"馆社联动、全市通办""一网查档　百馆联动"的良好格局。但部分省份至今市域"馆际联动"尚存许多盲点。共享发展水平的不平衡致使长三角三省一市推进共享的层次、范围受到限制。

(4)整体推进有待机制创新

由于省际"馆际联动"模式涉及面非常广，各地档案馆所处行政区划不同、隶属关系各异，且各省市在共享建设中基础有差距、投入不均一，因此省际联动协同难度将远超以往各种模式，整体推进更需要创新机制的保障。

7.3.6　宏观层面应用：跨省"馆际联动"模式

1."点对点互动"的跨省"馆际联动"模式

跨省"馆际联动"模式是指档案馆与其所在省(直辖市)外的某档案馆之间展开的"馆际联动"。从区域性远程服务实践看，跨省"馆际联动"模式是隶属于不同行政区域的档案馆根据民众需求，在服务协议的约束和保障下开展的跨馆查询协作模式。主要解决人员大规模定向流动带来的跨省异地查档需求，查档者只需在所居住地档案馆即可查询保管在外省档案馆的档案信息并实现出证，免除民众长途奔波，促进城市间人才、资源密切交流，实现良性流动。

2013 年 10 月上海浦东新区档案馆创新档案利用服务模式，首开先河，与宁波市档案局馆确立共享标准和机制。2015 年浦东档案馆与南京市档案馆确定三类民生档案的跨省查询、出证服务，不仅是跨省"馆际联动"辐射范围的新拓展，更是突破婚姻档案单一门类的跨省利用服务形式，成为浦东档案馆跨省"馆际联动"进程中的一个转折点。截至 2017 年底，我国已有数十家档案馆实施跨省"馆际联动"模式，其中杭州市档案馆和上海市浦东新区档案馆走在前列，联动馆分别达 15 个和 12 个(见表 4-1、表 4-2)。

2018 年上半年浦东新区档案局在原有民生档案跨省异地查档服务布点的基础上，通过点对点的协商，加快全覆盖工作的推进。截至 2018 年 7 月，浦东新区档案馆已经与全国 13 省市(区)档案馆建立民生档案跨省利用合作关系，其中包括长三角地区的宁波、杭州、南京、合肥 4 个主要城市，① 实现长三角城市群主要城市间民生档案异地查档服务全覆盖，实现"当场办结、立等可取"。②

2. 跨省"馆际联动"模式架构

跨省"馆际联动"是 2 个联动档案馆之间"点对点互动架构"。档案馆分析本地区民众跨省档案利用需求量，据此向相关省市档案馆发出"馆际联动"意向，经双方沟通和协商后，根据双方民众的档案利用热点和馆藏资源情况达成合作意向，通过签署档案异地利用服务协议，确立"馆际联动"工作机制。因此，跨省"馆际联动"形式不仅没有省域、市域"馆际联动"模式常规的多馆、多层次组

---

① 浦东新区档案馆与江苏省的无锡、常州、苏州、南通、盐城、扬州、镇江、泰州，浙江省的嘉兴、湖州、绍兴、金华、舟山、台州，安徽省的芜湖、马鞍山、铜陵、安庆、滁州、池州、宣城等长三角主要城市的档案馆签署了合作协议，实现长三角城市群主要城市间民生档案异地查档服务全覆盖。

② 浦东档案. 浦东新区民生档案查阅实现长三角城市群主要城市全覆盖[EB/OL]. 微信公众号：shpdda 2018-10-24.

织架构，而且也不具备共享平台。

以浦东档案馆为例，在查档、出证方式上，主要采用两种方式：对于数字化基础较好、具备电子签章等条件的外省市档案馆，在完成档案查找和签章后，通过电子网盘加密传输系统实现跨省查档当场办结；对于数字化发展不够完备的档案馆，目前仍然采用传真和邮寄方式传递跨省申请和档案证明材料。

3. 跨省"馆际联动"模式对档案共享的适用性

（1）优势

一是，联动具有灵活性。跨省"馆际联动"模式形成主要基于利用需求，档案馆双方直接对等协商，在达成协同关系后进行协同联动，不受地区和系统的制约，因此较其他模式更具灵活性。

二是，共享针对性较强。跨省"馆际联动"模式是隶属于不同省（直辖市）行政地区的档案馆之间开展的共享服务，呈"点状"分布，是两个跨省档案馆之间"一对一"的"成对"协同联动，共享内容与方式具有很强的针对性，尤对基于一定规模定向流动而产生的跨省异地共享极具成效。

三是，投入少见效快。跨省"馆际联动"是两个联动馆间"点对点"互动，因此不必建构大规模的组织体系、网络平台，对人、财、物各类资源的要求较低，能以很少的投入快速见效。

（2）不足

一是，制度规范欠缺。跨省"馆际联动"的档案馆分属于不同的行政区划，联动主要依据双方协议，缺乏统一制度和监管，因此相应法制保障需及时跟上。

二是，传输途径落后。跨省馆际联动不具有统一查询平台支撑，目前除浦东等少量档案馆采用加密网盘双向传输，大多档案馆仍采用电话、传真或快递等传统方式传输信息，安全性与时效性较低。

（3）适用性

鉴于跨省"馆际联动"具备的灵活性、针对性、见效快等优势，这种跨省"点对点"联动共享模式，尤其适合作为在共享尚未全面覆盖情况下的一种补充形式，可有效满足共享利用需求，迅速弥补在共享建构过程中的空白点，强劲带动、促进落后地区共享水平的提高，因此跨省"馆际联动"对共享模式构建具有独到效用。

因此，共享模型在"层次框架"上共享模式实现的理想状态为：

横向"层面"——从市域、省域内共享推进到省际共享，由点及面，最终实现全国范围共享，即共享模式微观＝＝＞中观＝＝＞宏观层面的发展；

纵向"层级"——由档案室或社区＝＝＞区县级档案馆＝＝＞省市（直辖市）级档案馆形成自下而上三个"层级"的协同与联动共享。

微观层面，"馆际""馆室""馆社"联动以及市域、省域、跨省"馆际"联动模式已在一些省市远程服务中取得实践成效，形成一定成熟经验；省际"馆际"联动模式则刚刚起步，中观层面尚需继续探索。由本章分析可见，各模式在实践中均具备一定特点、优势，同时也存在不足与阻碍，为实现共享目标必须先克服这些问题。另外，鉴于处于纵向"四个层级"的"顶层"机构在目前区域性远程服务中尚未有实质性推进，故本章未涉及。我们将在下篇"对策探索与路径思考"中研究相应解决对策。

8 基于区域性远程服务实践的共享"运作框架"构建

"运作框架"的构建是框架模型(见第 5 章 5.2)的另一重要部分。"运作框架"可分为基础、运行与保障三个维度,档案资源共享的"运作框架"见图 8-1。其中,基础维度包括组织与平台等要素,是持续推进共享的基础;运行维度包括共享流程及途径等要素,是实现共享目标必不可少的过程管理;保障维度包括政策法规、标准及机制等要素,为共享提供良好运作环境,保证共享的顺利推进。我们认为,与"层次框架"一致,档案共享"运作框架"各维度构建同样应汲取区域性远程服务实践成果。

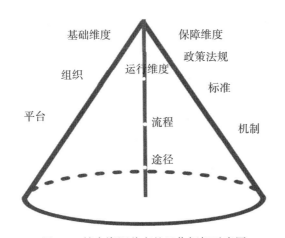

图 8-1　档案资源共享的运作框架示意图

8.1　基础维度：共享组织与平台

共享对传统的档案组织体系结构形成巨大变革。从远程服务的实践看，尽管目前尚处于主要在省、市及区县范围内开展阶段，但已经形成了对原有组织结构的颠覆。而正是这种"破茧式"的变革才成就了档案远程服务的创新探索，促进了档案共享组织体系结构的构建。

8.1.1　组织与平台体系结构

以上海市远程服务的组织与平台体系为例，由图 8-2 可见组织与平台体系涵盖了全市三级联动平台。具体说明如下：

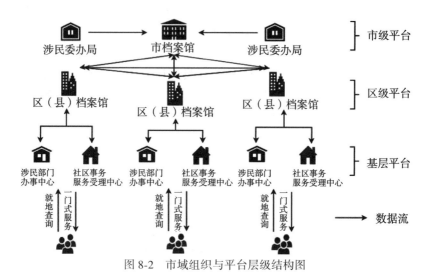

图 8-2　市域组织与平台层级结构图

1. 结构阐释

（1）市级平台

一是市档案馆收集各机关的室藏档案，形成市级档案资源库，同时也成为全市档案总库,市档案馆与政府各机关档案室之间进行"馆室联动"。

二是市档案馆与各区县档案馆进行两级分布式信息资源整合,实现市级和区县级档案馆之间的档案资源实时共享,市档案馆与各区县档案馆间则形成"馆际联动"。

上述档案资源库的建立,基本确立了市级层面上的档案资源共享基础。

(2)区级平台

一是各区县档案馆之间实现档案数据交互,档案资源实时共享,从而形成区、县级的"馆际联动"。

二是各区县馆应社区中心查档请求,协同联动,即"馆社联动"。

三是各区县档案馆应本区县机关如房地产中心、婚姻收养登记中心等办事中心(档案室)请求,提供联动服务。反之,区县档案馆也可作为"前台"要求查阅共享档案信息。区县档案馆与机关形成"馆室联动"。

(3)社区平台

包括街道、乡镇社区中心和机关办事中心(档案室)等。公众的查档申请从社区"前台"发出后,区县档案馆即作为"后台"检索馆藏并将相应档案证明回传至"前台"。社区中心作"前台"即"馆社联动",机关服务中心(档案室)作"前台"即为"馆室联动"。

2. 层级结构的信息数据流向

(1)"馆际联动":数据流情况为双向交互,即全市区域范围的市、区两级国家综合档案馆之间的数据为双向交互。

(2)"馆社联动":数据流为单向传输,社区中心向区级档案馆发出查档申请后,区级档案馆向社区中心单向反馈所需的档案数据;反之,社区中心则无档案数据向区级档案馆传输。

(3)"馆室联动":目前数据流也是单向传输,各机关将档案数据单向传输给档案馆,完成档案馆信息资源的整合。

8.1.2　共享组织体系各组成部分职能

在管理学意义上,组织体系构建实质上是建立一种职权——职责关系,是将组织的目标分配给相应部门与人员以期实现的行为。共享组织的体系结构即组织体系的部门构成,如省市级(直辖市)档案共享组织体系主要由省市及区县档案局馆、机关办事中心(档案室)、基层办事机构(社区中心)构成。

1. 档案局馆

长期以来,我国地方各级综合档案局馆按行政区划设置,遍布全国、分级管理,是我国档案事业组织系统的主体。[①] 在目前区域性远程服务组织体系中,档案局馆主要包括省市(直辖市)局馆及其下属区县局馆,是组织体系中主要部分。档案共享构建中,档案局馆同样是共享组织体系的最主要构成部分。下面我们自上而下分级阐释共享组织体系结构及其职能。

(1)省市(直辖市)档案局馆

省市(直辖市)档案局馆在组织体系的层次结构中居于上层(见图8-2)。在共享组织体系中,相较于其他机构,省市(直辖市)档案局馆规模更大,其具体职能包括:

①作为地方最高层档案机构,根据国家方针政策,统筹规划本地区档案共享发展,制定共享法规、标准、制度,规范服务流程。

②加快数字档案馆建设,分析研究社会档案共享需求,收集、整合省市级机构共享档案资源、建设数据库,丰富馆藏资源,建设并完善网络平台,配备共享所需要的硬件及软件设备。

[①]　根据国家档案局政策法规研究司 2019 年 10 月发布的《2018 年度全国档案行政管理部门和档案馆基本情况摘要(一)》,截至 2018 年年底,全国共有各级档案行政管理部门 3044 个。其中,中央级 1 个、省(区、市)级 29 个,副省级 15 个,地(市、州、盟)级 406 个,县(区、旗、市)级 2593 个。全国共有各级各类档案馆 4136 个。其中,国家综合档案馆 3315 个。

③构建共享组织，整合本地区范围内档案、设施、技术、人员等资源，构建共享机制，促进档案协同对象之间的协作。

④领导和指导下属市或区县档案共享工作，对相关人员统一业务培训、总结、交流、推广各地共享经验，及时指导并协调解决所属地区共享中出现的问题。

省市(直辖市)档案局馆作为地方档案领导机关，是共享的主要推进机构，只有在省市(直辖市)档案局馆的统筹规划与领导部署下，共享才能突破基层平台局限，拓展到相对更高层面、更广范围，共享目标才可能实现。

(2)区县档案局馆

区县档案局馆位于共享组织体系的中层。区县馆虽然规模比省市馆相对较小，但作为基层档案馆其馆藏与社会生活联系密切，通常区县馆中民生档案馆藏数量是省市档案馆所难以企及，社会公众对基层档案馆资源共享的需求量相当大，区县档案馆在共享组织体系中具有重要地位和作用，职能包括：

①在省市档案机构的领导指导下，依据本区县实际情况进行规划，制定本区县档案共享的标准、制度、规范与流程；严格遵循档案法律法规、执行相关制度，确保档案的安全。

②建设、完善本馆档案资源的数字化及数据库，优化馆藏，丰富适应社会共享需求的档案种类，促进共享平台的建设和完善。

③参与联动共享；牵头建立区县档案馆与社区中心联合机构，负责对社区相关人员培训和指导工作；解释本馆馆藏资源在共享中所产生的问题，确保共享服务工作顺利推进。

④在档案共享过程中履行协作职责，针对组织体系内联动对象查档请求及时检索、调卷、出具档案证明并传输至该部门，同时应确保程序的规范性、证明内容的可靠性；若未查到所需档案应及时告知请求部门。

我国区县级政府下一般均设立档案馆建制，目前全国的区、县级档案局馆数量极其庞大。随着政府职能转化和档案服务重心向公众转移，区县档案馆职能、馆藏的涉民性及其在共享组织体系中承

139

上启下的重要地位，使之成为推进档案共享的中坚力量。

2. 行政机关及其档案部门(信息中心)

档案馆馆藏资源很大部分源自同级机关职能活动产生的文件，机关及其档案室的文件是档案共享的活水源头。因此，机关档案部门是档案共享组织体系中不可或缺的重要组成部分。

近年来，各地档案馆为丰富馆藏资源，加强如民生档案等专业档案资源的收集进馆；为便于共享利用，档案馆积极拓展档案服务途径，在民政局、房产局等重点涉民机关档案部门设立档案共享查询、出证的"馆室联动"服务点。

机关及其档案部门在共享中的职能包括：积极主动向本单位传达上级档案局馆的方针政策，向领导宣传档案共享的目标、理念，以取得单位领导的理解和支持。把档案数字化纳入工作计划，完成档案目录数据库与数字化建设，实现实体档案与电子档案同步移交进馆。① 以本级档案机构为业务主管单位，增进联系沟通。按规范要求收集、整理档案，编制检索工具，防止本部门档案的散失，配合档案馆进行档案资源的整合以及共享数据库建设。在共享中及时响应组织体系里其他部门的协同查档要求，快速检索查询相应档案、及时回复查询结果，按规定盖章并传输档案证明。

3. 基层办事机构(社区中心)

作为基层管理机构，社区中心是政府和基层社会联系的桥梁，代表政府直接面向民众办理事务，是政府与公众互动的"末端"机构。

近年来苏州市建立了一批基层档案机构，至2015年共计有14个镇级和村级档案馆、众多条线部门的档案中心和3600多个省星级档案室。在此基础上，以数字档案馆为中枢打造"百姓身边的档

---

① 石峻峰. 基于民生档案远程服务的馆际合作机制研究[J]. 中国档案，2013(3)：36-37.

案馆",建成了延伸至乡镇的档案信息资源共享平台。① 我们认为,这应属于基层档案办事机构范畴。上海经过十余年实践发展,社区中心全方位地服务公众,已确立了"一门式"服务规范。"馆社联动"把档案共享的重心下沉至社区,将社区中心作为共享设在基层的"窗口",档案共享组织体系"末端"结构趋于扁平化、网状化。

社区中心等基层办事机构在档案共享中应履行以下职责:在查验查档者证件及材料真实有效后,指导查档者办理相应手续,及时告知区县档案馆查档需求并传输相应材料,在收到档案馆出具的档案证明材料后加盖受理点专用章并及时交付利用者。若区县档案馆未查到所需档案或查档人放弃远程利用请求,则应及时告知其查档结果并酌情提供查档线索。社区中心是档案共享延伸至社区的基层服务平台,"一站式"服务改变了以往多窗口受理、相互推诿的现象。②

8.1.3 平台系统的构建

平台战略的核心是构建供多个参与主体共享的生态系统,以获得更大的价值。目前区域性远程服务实践中,各地根据本地具体情况建设共享平台。如上海市的共享平台依托本市公众信息网构建覆盖全市市、区两级综合档案馆的档案虚拟专网(即集信息资源平台、技术设施平台及应用服务平台于一身);浙江省所建设的档案信息网是以应用服务平台、技术设施平台为主的功能服务型平台,即不包括档案资源的平台。

据调研,目前我国各地区域性远程服务平台的运行功能具体有四种方式:

一是所有申请、审批、查询、发证环节都在平台上实现,整合

---

① 肖芄. 周济. 谢静. 卜鉴民. 搭建"百姓身边的档案馆"[J]. 中国档案, 2015(10):26-29.

② 张林华, 张世琦. 区域性民生档案远程服务组织体系探析[J]. 档案学通讯, 2018(2):106-109.

程度最好，但这种方式目前实现得很少，浙江省依托该省档案信息网实现了婚姻档案等网上远程共享利用。

二是受理、查询、发证环节在平台，受理单位自行做后台审批，如浦东档案馆。

三是受理在平台，其余环节线下走，查询结果后再通过平台进行反馈。

四是完全不经过平台，没有线上环节。①

目前区域性远程服务平台主要采用分布式异构档案信息资源库的状态，如浙江、上海等地的档案信息均属于原档案馆，资源的汇总、整合与提供利用服务采用实时完成的方式。

8.1.4　基于现状对共享平台建设的思考

通过对多个省市区域性远程服务组织与平台体系调研与剖析，我们发现以下问题有待进一步研究：

（1）"通办"性共享的推广

目前一些地区远程服务组织体系，突破了常规组织结构中协同对象局限在同一层次上的横向联动，实现了对上层、中层、基层三个层次结构中各个部门按需选择性的多向联动。这一创新，挣脱了传统档案服务组织体系架构的约束，使远程共享实现了在省、市、区、街道多个层次中的灵活协作，多层管理部门、众多工作人员以及各项管理与技术环节实现了无缝衔接，这种"通办"性共享值得在更大范围进一步推广，而如何在更多省市实现则需要深入研究。

（2）平台的封闭与信息安全

在现阶段，各地档案信息系统多为封闭式平台，利用服务对象主要是本地用户，档案查阅对象、范围有限，大量未移交进馆和部分不需要移交进馆的档案资源更是得不到有效利用。另外，档案目录中存在一些敏感信息，在利用过程中如何确保不泄密也是亟待解决的问题。

---

① 资料来源：课题组 2019 年 10 月赴浦东新区档案馆调研。

（3）平台重复建设浪费严重

平台建设与组织体系关系紧密。鉴于平台及数据库在共享中的重要基础作用，各级档案馆在规划共享时，通常首先将平台与资源库建设作为前提。因此，随着各地纷纷上马建设共享，产生重复建设、"僵尸平台"等浪费现象，甚至一些地区档案馆前后所建平台不兼容。应思考解决共享建设中各自为政、分别开发的问题，将"数据烟囱"转变为流动共享的"数据长河"。

8.2 运行维度：共享途径及流程

档案共享的实现过程中，运行维度包括共享途径及流程等要素。

8.2.1 共享途径

作为区域性远程服务的主体，近年来各级档案馆为提高档案共享服务能力，依托现代信息技术，查档途径不仅从单一的档案馆向涉民机关、社区中心服务窗口转移，而且向更便捷的电脑、手机等智能终端的远程共享利用转变，逐步建立起包含服务窗口、档案网站预约、自助查档机、微信公众号与档案 APP 查档等多种查档出证服务途径，多元查档服务途径为公众共享利用档案提供多样化的选择，见表 8-1 区域性远程共享途径对照表。

表 8-1　区域性远程共享途径对照表

共享途径	服务地点	服务形式	交互方式	服务特点
服务窗口	档案馆、涉民机关、社区中心	直接检索、当场出证	现场面对面	亲往窗口现场
档案信息网站	电脑、手机等智慧终端	直接检索提供（浙江）、查档预约	电话、邮箱、留言模块	提供档案目录查阅，界面功能相对完整

续表

共享途径	服务地点	服务形式	交互方式	服务特点
微信公众号、档案 APP	手机等移动终端	查档或预约	电话、邮箱、咨询模块	随时随地预约查档,可选取证方式
自助查档	机关服务大厅、居民区等自助查档机设置地	直接查档、当场出证	人机互动	主要针对婚姻档案,操作简便、功能齐全、远程出证迅速
电话查档	不限	查档预约	电话	工作人员指导

据调查,近年来,截至 2018 年除档案馆窗口现场接待人数下降外,网上预约(含网站、微信公众号、手机 APP)、自助查档及电话咨询查档等途径均呈持续上涨态势,见表 8-2。①

表 8-2　2016—2018 年浦东新区档案馆查阅利用各途径数据分析表

共享途径	年份	接待人数	利用卷数	复印页数
窗口现场接待	2016	51183	44844	236212
	2017	41975	35296	163353
	2018	32707	29491	154600
网上预约(含网站、微信公众号、手机 APP)	2016	239	125	517
	2017	1060	485	1960
	2018	1567	561	—
自助查档	2016	5262	1906	9530
	2017	3209	1260	6300
	2018	4051	982	4898

---

①　资料来源:浦东档案信息网 http://old.pudong.gov.cn/website/html/pddaxxw/portal/index/index.htm.

续表

共享途径	年份	接待人数	利用卷数	复印页数
电话查档等	2016	5384	—	—
	2017	5738	—	—
	2018	10678	—	—

据统计，上海市浦东全区 36 个街镇共 46 个社区中心，近五年在社区窗口利用档案人次逐年增加，呈上升趋势（见图 8-3），2017年已经突破 1 万人次。截至 2018 年 6 月底，仅半年时间浦东各社区中心利用人数已达 11312 人次，逼近 2017 年全年的利用总量。随着社区档案利用占比逐年提高，与此同时档案馆窗口接待利用及调阅实体档案越来越少，充分显示公众对社区利用档案的认可。因此，服务途径的改变不仅改善公众档案共享利用体验，同时也提升了公众通过社区就近共享利用档案以及以智能终端预约查档的意愿。基于远程服务实践，我们认为，虽然我国目前利用网络途径开展档案共享利用的实践还处在探索阶段，但随着互联网的深入发展，有效利用网络实现在线提供档案利用已经成为必然趋势。应该

图 8-3　2013—2017 年上海浦东新区社区档案利用人次情况①

---

① 浦东新区档案局. 数据透视：浦东新区档案馆 2017 年度档案利用报告！你能发现什么小秘密？（2018-02-07）［EB/OL］．［2018-08-21］．https://mp.weixin.qq.com/s/ia0ye3uCepGixG-3XU3QCQ?

总结国内远程服务成功经验，同时吸收和借鉴国外相关策略，探索适合我国共享的有效路径，更好地发挥档案共享的作用。

8.2.2　共享流程

远程服务三种主要模式"馆际""馆室""馆社"联动的流程可归纳分为如下三个运行步骤：

1. 流程步骤

（1）初审、受理

查档申请人向档案共享应用服务平台的窗口（包括档案馆、档案室或社区中心）接待人员提出查档申请，收到申请后，接待人员对查档人资格进行审核，如符合查档条件则将查档申请递交至下一环节，如不符合查档条件，则将查档申请退回至申请人。

（2）审批、查档

档案馆或档案室窗口受理查档申请后，对档案条目进行检索，通过条目检索档案目录，如无法查询出目录信息，则查询过程结束并反馈至申请人。如可查出目录信息，则进行本地馆藏的判定。查档信息是本地馆藏，则进行全文利用判定，若需利用全文则进行全文操作后再进行档案证明的制作，若无需利用全文则直接进行档案证明的制作；查档信息不是本地馆藏，则将查档信息发送至异地档案馆，进行查档审批后，与本地档案馆操作流程相同，进行全文利用判定。

社区中心窗口受理查档申请后，登录共享应用服务平台发送查档请求，查档请求发送至本地档案馆后，以下流程同上。

（3）盖章、出证。完成审批、查档后，对待出档案证明加盖电子签章，生成最终的档案凭证信息证明，发送至档案馆打印档案全文或证明，在加盖档案馆证明专用章后，反馈申请人。

2. 工作内容

档案馆前后端分为接待馆、保管馆两类，接受查档申请时履行的具体工作内容如下①：

（1）接待馆

①核实档案利用者本人身份证及相关证件；

②确认所需档案种类是否在服务协议中明确规定的范围内，若不符合告知查档者原因；

③对异地查询中由于非档案馆主观因素可能导致的信息泄露向查档者做出说明，并征求查档者意愿；

④确定所需档案是否在档案馆，并向保管档案馆递交查档申请；

⑤做好对保管馆发送的档案复印件等材料的接收、鉴定工作，加盖本馆档案利用章后转交查档者利用；

⑥记录跨馆查档数据，辅助当地档案部门做好档案利用统计工作。

（2）保管馆

①受理接待档案馆发来的查档申请，及时反馈，并在本馆查询所需档案全文，提供电子档案或复印件；

②加盖电子签章，发送至接待档案馆。

8.3 保障维度：政策法规、标准与机制

档案共享保障维度涉及相关法规、标准以及各种机制，以形成安全控制、完善管理的环境，保证共享体系的顺利运转。

8.3.1 政策法规

近年来，国家加大政策发布力度，法规、标准建设步伐明显增速，国家档案局连续发布 8 号、9 号、10 号及 13 号命令颁布相关规范；近年来我国政务信息资源共享快速推进，国务院发布了一系

---

① 资料来源：2016 年 10 月赴上海市虹口区档案馆调研。

列办法与实施方案，将政务信息资源共享驶入了"快车道"。截至
2018 年底，我国共有档案法律 1 部，行政法规 3 部，地方性法规
64 部，部门规章 38 件，地方政府规章 109 件，另外还有大量的规
范性文件和 70 余项档案标准。① 从国家档案局"档案政策法规库"
的"规范性文件"栏②可见，出台的许多文件关涉档案共享保障问题，
并同时兼具政策与法规的双重属性，为共享提供了保障与支持。

8.3.2　标准

　　共享必须标准先行，档案共享标准体系是信息系统建设的指导
方针，一定程度上可以决定共享项目建设和实施的成败。目前，关
涉档案共享的标准建设可分国家与地方两个层面。各地在档案共享
建设中根据本地情况推出各自地方标准。我们对国家层面 2005 年
以来出台的国家标准、行业标准以及规范性文件进行了系统梳理，
具体见附录 2《2005 年以来国家与行业相关标准与规范》。

　　从浙江③、天津④、上海⑤、福建⑥等省市档案馆情况看，目
前各地区域性档案远程服务实践中大多根据公众的利用需求安排先
后，依据本地所制定的规范标准，对各个共享档案种类进行整合，
在本区域范围内条件成熟后进行共享。各地已针对档案目录数据库
结构、申请与受理程序、平台构建条件、访问权限、档案传输、操
作流程以及授权委托书、利用申请表、出具证明等出台了一系列地

---

①　李明华. 在全国档案局长馆长会议上的工作报告[J]. 中国档案，
2019(4)：26.

②　国家档案局. 档案政策法规库. 规范性文件 2019. 12http://www.saac.
gov.cn/daj/gfxwj/dazc_list.shtml.

③　莫剑彪. 异地查档 跨馆服务——浙江省推出档案工作为民服务新举
措[J].

④　赵锋. 线上互动 协同办公[J]. 中国档案. 2014(3)：29-30.

⑤　朱纪华. 上海市民生档案远程服务机制. 中国档案资讯网[EB/
OL]. [2012-10-15]. http://www.xtda.gov.cn.

⑥　丁志隆. 福建：档案信息资源共享实践[J]. 中国档案，2017(4)：
31-33.

方性具体标准规范。

目前各地大多自主开发，区域之间所建立标准各不相同，因此标准统一的范围较小，大多仅局限在区域内以及跨省市联动共享模式中。鉴于档案共享牵涉极广，虽然近年来已填补了一些空白地带，但目前我国标准体系的建设依然有限，标准问题已对档案资源共享造成较大阻碍。我们认为，必须尽快在全国范围建立健全统一的标准规范，这是我国构建档案资源共享的必要前提，而且这一问题的解决已到了时不我待的紧要时刻。

本书在下篇"共享对策探索与路径思考"第 9 章中，将具体阐述我们对档案共享建立顶层设计、构建全国性统一规范、标准的对策建议。

8.3.3　机制

档案共享的运作框架除了需要具备国家的政策法规、标准以形成依法管理、有序运行的环境外，完善的机制是保障共享顺利开展必不可少的重要因素。作为一种从未尝试过的服务模式，为保障档案共享顺利运行，注定须建立一系列创新机制。在区域性远程服务实践过程中，为破解档案资源权属、档案利用及出证的合法性与安全性、管理与技术环节的无缝衔接等阻碍，各地档案馆不断探索，针对性地创建了一系列共享机制：

1. 授权机制

在我国条块化的档案管理体制下，共享档案被分散保管在各个形成单位或各地、各级档案馆，档案共享涉及各方权利，通过授权机制，联动档案馆以签署公约、协议等形式，解决对权属属于本馆的档案利用相互授权问题，使审批后提供的档案全文和证明具有法律效力。授权机制保障了共享活动中共享主体的合法权利。

2. 审批机制

该机制规定必须经由对档案具有所有权档案馆审批同意，才可以利用档案；并确定了在归属权存在争议时由共同上级裁决的处置途径。这一机制解决了审批权限的归属问题，对共享利用厘清档案权属，保障共享利用行为的合法性至关重要。

3. "双章"机制

鉴于共享出具的档案证明须通过网络传输打印，因此面临传递过程中电子档案被篡改的风险。"双章"机制即规定在所出具的档案证明上须由档案保存机构与受理部门分别加盖印章，以确保提供档案或档案证明的真实性、合法性，同时也有利于追溯档案证明材料的来源。

4. "统一"机制

包括平台、流程、文本、印章的统一。通过统一网络平台、应用系统、操作流程、文本格式及印章样式，有效攻克了档案共享数据、部门、人员涉及面广，难以统一规范，共享难以协同的问题，该机制从基础、运行维度对运作框架进行全面统一，保证了区域性档案共享的顺利开展。

此外，各地档案馆还在建立了一系列保密机制、运行机制、培训机制，如"馆社联动"中"特事特办""绿色通道""送档上门"①等服务机制使公众切实感受到贴心的服务；建立集中培训、上门指导、个案分析、编制手册等机制加强工作人员能力培养；② 通过"材料预审"与"后台终审"的"双对应"机制，③ 确保公民个人隐私安全；等等。

---

① 中国档案资讯网. 上海市浦东新区启动民生档案"查档不出村"全覆盖工作（2014-08-05）[EB/OL]. [2018-08-13]. http://www.zgdazxw.com.cn/news/2014-08/05/content_60606.htm.

② 张林华. 桂美锐. 民生档案远程服务"馆社联动"模式探析[J]. 档案学通讯. 2019(1)：79-84.

③ 上海档案信息网. 长宁区深化民生档案进社区便民服务工作（2013-06-25）[EB/OL]. [2018-08-18]. http://www.archives.sh.cn/zxsd/201306/t20130625_38904.html.

上述在目前区域性远程服务中各地普遍采用的共享机制，针对性地解决了远程服务中的难题。档案资源共享的构建也将面临上述类似问题，因此，远程服务机制的建设实质上是积累了宝贵经验。鉴于今后共享地域、档案种类的扩大，必将面临更多的阻碍，需要不断创新机制，形成完善管理、安全控制的环境，以保证档案资源共享体系的顺利运转。

下　篇
共享对策探索与路径思考

9　档案资源共享标准与法规建设策略

■ 9.1　发达国家有关共享的顶层设计管窥

"几乎所有国家和地区在电子文件管理初期，都采用了自下而上的发展模式。而时至20世纪末21世纪初，英国、美国、澳大利亚、加拿大等发达国家在历经十几年的分散探索后，纷纷对本国的电子文件管理进行了自顶向下的战略设计、全面规划和总体推进。"①发达国家有较好的立法基础，各国普遍制定了《信息自由法》《文件(档案)法》与《电子政府法》。档案资源共享位于全球前列的英、美、澳、加等国高度重视国家层面共享战略的顶层设计，积极制定、完善法律法规、指南、计划及标准体系，以促使共享战略的推进。

9.1.1　英、美共享政策法规、标准及规划体系建设概览

1. 英国

英国制定了包括法规、政策、标准与指南的规范体系，并颇具

---

① 冯惠玲，刘越男等著. 电子文件管理国家战略[M]. 北京：中国人民大学出版社，2011：35

特色，强调政策在规范电子文件管理中的主导性、支配性地位，同时政策的制定强调系统性、配套性。代表性的有 2001 年英国公共文件局制定的《电子政府背景下的电子文件管理政策框架》①、2009 年发布的《21 世纪的档案馆》②、《数字文件保管政策》等管理政策，为细化落实《21 世纪的档案馆》策略，《21 世纪的档案馆：行动计划》随之出台；2010 年英国启动数字档案馆项目，2011 年制定《政府云战略》，英政府对档案服务的公共价值日渐重视，档案服务在政策和战略层面参与政府的活动，在提供实际服务方面，将关注点置于公众利用、公共服务现代化、政府的公开和义务等方面。③

根据本国情况连续制定标准与战略计划是世界各国档案机构顶层设计的通行做法。英国先后制定了《电子文件管理系统功能需求》《元数据标准》等规范标准，并在此基础上开展档案共享。其连续体项目和无缝传输项目与电子政务的衔接充分，具有较好参考价值。④ 英国每年发布《数字战略》以部署下一年度工作，2017 年《数字战略》要求政府全面实施数字治理，确保在在线服务民众和企业方面处于全球领先地位。⑤

2. 美国

法律法规方面，美国于 1966 年通过《信息自由法》后，各州均制定类似法律。相关法律还包括《信息自由法》修订法案、《联邦登

---

① Public Record Office UK. e-Government Policy Framework for Electronic Records Management, London, 2001〔EB/OL〕. http://www. Nationalarchives.gov. uk/documents/e-gov-framework. pdf. accessed on March 2,2010.

② http：//www. National archives. gov. uk/information-management/policies/〔EB/OL〕.accessed on January 20,2011.

③ Horton S. Social capital, government policy and public value：Implications for archive service delivery〔R〕. ASLIB PROCEEDINGS, 2006.

④ 冯惠玲. 刘越男等著. 电子文件管理国家战略〔M〕. 北京：中国人民大学出版社，2011：267.

⑤ A new Vision for The National Archives：2006-2011〔EB/OL〕. 〔2010-05-12〕. http://www.nationalarchives.gov.uk/documents/vision.pdf.

记法》《政府无纸化办公法》《行政程序法》《保密的国家安全信息》《公共信息准则》及《美国公民运用〈信息自由法案〉指南》等众多法律法规。在满足信息利用的同时，美国还颁布了《个人隐私保护法》《电子隐私条例法案》《电子信息自由强化法案》等，对个人隐私权全面保护。

政策方面，美国每十年发布一次 NARA《战略规划》（期间经常修订）、每三年更新一次《美国开放政府计划》，此外还制定《解密文件情况报告》《绩效规划》等一系列配套规划，为确保实现，围绕规划有包括时间、量化目标及落实部门等具体的实施策略。近年来，美国法规建设关注开放数据、电子政务的数字连续性管理及与信息技术运用的结合，如美国通过《开放数据政策》等战略驱动数据进入生产流通环节，挖掘经济价值。① 随着新媒体的广泛兴起，美国注重利用新媒体平台开展档案共享，连续发布《社交媒体战略》部署其新媒体应用战略体系。国家档案与文件署（NARA）到2022 年不再接收模拟格式的永久或定期文件的移交，只接收电子格式并有适当元数据的文件，并确定了为实现这一目标所采取的步骤，要求 NARA 要修订文件管理法规和指南，以支持联邦机构全面向电子文件管理转型。②

标准方面，美国长期以来非常重视标准的制定并倾注大量力量，形成一系列重要标准。1997 年 NARA 正式颁布《电子文件管理软件设计评价标准》后，2002 年、2007 年二次修订，满足了软件管理的基本要求，并在国际上最早提出档案元数据十个组成元素。③ 2010 年美国国家档案馆发布《数字档案馆需求标准》

---

①　中华人民共和国工业和信息化部. 公共信息资源开放共享的国外经验及启示［EB/OL］. http://www. miit. gov. cn/n1146312/n1146909/n1146991/n1648534/c3489266/content.html.

②　OMB Memorandum M-19-21 Transition to Electronic Records（2019）［EB/OL］. https://www.whitehouse.gov/wp-content/uploads/2019/06/M-19-21.pdf.

③　Us DoD 5015. 2-STD electronic records management software applications design criteria standard［EB/OL］.［2014-04-15］. http://www. dtic. mil/whs/directives/corres/pdf/501502std.pdf.

（Electronic Records Archives Requirement，简称 ERA 标准），对档案共享具重要意义。

9.1.2 NARA《2016—2018 开放政府计划》《2018—2022 战略规划》概述①②

历次的《开放政府计划》实际上都是集政策、规划及项目于一体的美国档案开放共享总体计划。自 2010 年 NARA 接受《开放政府指令》制定《开放政府计划》以来已执行了 140 多项承诺。

《2016—2018 开放政府计划》（Open Government Plan 2016-2018，以下简称《计划》）是第四个《开放政府计划》，旨在于 2016—2018 年加强 NARA 及整个政府的开放共享工作。除"执行摘要"等前言外，包括"政府开放的途径""加强开放政府文化""旗舰计划：通过创新实现共享""《信息自由法》""开放政府新举措""提供领导和服务"等部分，涵盖 NARA 各部门有关研究服务、合作共享、资源建设、管理系统、公众参与、社交媒体等全方位发展策略。它的"旗舰项目"共有 10 项创新举措，旨在通过创新策略拓展对档案的共享。

《2018—2022 战略规划》（Strategic Plan 2018-2022，以下简称《规划》），主要包括"机构概览""NARA 的使命、愿景和价值""转型成果""NARA 的组织机构"等部分，它的"战略目标"4 大方面，旨在通过档案共享利用，改善客户服务，提高 NARA 对国家的价值。

《计划》《规划》是 NARA 档案事业发展的国家战略、共享利用政府档案的"路线图"，集中显示了 NARA 如何将开放政府的透明、参与和合作原则纳入其核心使命，以及开放共享如何成为 NARA 的基础工作。内涵丰富、详尽，注重策略的拓展、创新与实施，值

---

① 资料来源：https://usnationalarchives.github.io/opengovplan/researchservices/.

② 资料来源：https://www.archives.gov/about/plans-reports/strategic-plan/strategic-plan-2018-2022.

得我们重视与研究。本书在下篇"共享对策探索与路径思考"研究过程中，选取目前在 NARA 网站能找到的最新策略《2016—2018 开放政府计划》及《2018—2022 战略规划》，择要介绍，以利借鉴。

9.1.3 发达国家共享策略的认识

1. 强调顶层设计与法律规制

发达国家高度重视国家层面共享战略的顶层设计，通过社会共享实现档案价值，积极制定与实施政策、指南、计划及标准体系，以法律法规规制各项文件工作，为推进档案资源管理与共享铺平道路。

2. 战略对策供给充分

一是反映在各发达国家所制定战略对策数量众多、覆盖面广、针对性强，政策、指南、计划及标准已形成体系；二是体现在对发展需求准确把握、反应迅速，对标准、指南等及时、多次修订更新，充分适应现实需求。

3. 项目带动实践探索

大量理论研究与实践探索基于项目支持，通过推进典型项目，积聚充足的资源基础，针对性地解决共享建设中一系列重点和难点问题，有效落实共享战略的各项顶层设计。

4. 将数字信息视作重要资产

发达国家已将数字信息视作重要资产，被纳入数字社会可持续发展的资源配置，以确保数字文件可信、可取和可持续再用。① 为此，还颁布一系列政策文件，以战略驱动数据进入生产流通环节，

159

---

① 安小米. 数字连续性：国家治理过程中的一个战略性问题(2017-06-02)[EB/OL]. 电子政务智库，http://www.cntheory.com/zydx/2017-05/ccps170531Q6SJ.html.

挖掘经济价值。

9.2 我国亟待开启标准规范的顶层设计

鉴于我国政策法规与标准现状见本书"8.3 保障维度：政策法规、标准与机制"，我们认为，我国亟待开启标准规范的顶层设计。

9.2.1 呼唤顶层设计

李明华在全国档案局长馆长会议工作报告中指出，从目前我国共享法规与标准的现状看，无论是在国家层面还是在地方层面，档案法规体系都需要进一步完善；包括《档案法》在内的许多法规颁布多年，已不能很好适应当前形势任务；档案领域许多新情况新问题，需要制定相应法规予以规范。①

冯惠玲教授团队认为，缺少国家层面的整体设计、统一规划、战略部署与方法指导，这种情况如果不及时加以改变，就很难保证当代社会电子文件的科学管理、完整保存和有效利用，国家将会为此付出高昂的经济成本和社会代价。②

各地档案馆对顶层设计呼声强烈："上海地区的 15 家档案局（馆）中，有 60% 的单位认同标准不统一是导致电子文件管理问题的原因之一，有 50% 单位认为规范和标准是电子文件管理需要整合的内容之一。"③

2019 年 11 月，国家档案局馆（室）业务指导司召开的专业档案工作座谈会上，来自各省市档案馆的与会成员分别汇报、交流各地

---

① 李明华. 在全国档案局长馆长会议上的工作报告[J]. 中国档案，2019（4）：26.

② 冯惠玲，刘越男等著. 电子文件管理国家战略[M]. 北京：中国人民大学出版社，2011，267：324.

③ 于英香. "区域-国家"电子文件管理整合研究[M]. 上海：世界图书出版公司，2018：100.

情况时，多家档案馆谈到"目前专业档案管理缺乏必要的顶层设计和长远规划。有的行业主管部门颁发的本行业专业档案管理办法与档案工作统一领导、分级管理原则相违背，与综合档案馆接收标准要求不一致，且在行业中自成体系、自我管理，阻碍了规范化、统一化管理"①，建设统一标准成为各地档案馆参会者的共识。

9.2.2 分头开发情势下顶层设计的紧迫性

1. 顶层设计滞后于共享发展实践

虽然国家、地方均建立了一系列标准规范(见附录二)，已填补了一些标准的空白，但目前我国法律法规、标准体系建设还远不充分，"无法满足全面覆盖数字档案信息资源建设的要求"。② 地方各省、市纷纷展开区域范围内共享建设，"经过多年的分头探索……地方和基层单位远远走在国家的前面"③。顶层设计严重滞后于共享发展实践需求。

2. 区域性共享的"区隔"状况严重

鉴于全国性档案资源共享统一标准体系缺位，多年来各地、各系统甚至各单位自行开发建设。由于各地相互之间标准不一致，使共享的档案资源、数据库、开发语言及系统平台等等自形成起就各自为政、各不相同，导致各系统之间无法统一、兼容，数据无法交流、对接，林立的"数据烟囱"加剧了档案资源共享和利用中的混乱，给更大范围共享造成直接阻碍。"区隔"状况将随着各地区域性共享的发展而趋于严重。

161

---

① 资料来源：摘自 2019 年 11 月国家档案局专业档案工作座谈会上相关省市与会者发言记录.

② 金波等著. 数字档案馆生态系统研究［M］. 北京. 学习出版社，2014：224.

③ 冯惠玲，刘越男等著. 电子文件管理国家战略［M］. 北京：中国人民大学出版社，2011，267：35.

3. 浪费随着各地自行开发而增大

一是各地、各行业分头探索、自行开发建设，造成重复投资、浪费巨大。二是区县、市级、省级逐渐推进，在低层级与高层级标准不兼容时，推翻前者档案资源建设成果成为必然。三是当机关档案室资源进入共享数据库时，出现"各个业务条线数据库数据结构各不相同，数据异构整合阻力大"的现实难题。浪费将随着各地自行开发建设的增多而增大。

因此，正如冯惠玲教授团队的结论：加强顶层设计，制定和实施我国电子文件管理的国家战略已经迫在眉睫。①

9.3　关于加强共享标准与规范建设的策略建议

根据我们的共享模型"纵向层面的理想状态是基于现有远程共享实践基础，在中央领导机构及国家档案局统一领导下，建设全国性档案共享平台，"自顶向下"统一部署；同时由基层→中层→上层共享，即经由"自顶向下"与"自下而上"相结合，形成逐步接近共享目标态势，"上下结合"最终达成全国范围全面协同、联动共享目标(见第5章)。

从本书的上篇、中篇可见，目前我国微观层面档案共享实践在一定区域已具备一定基础，基于各地自发的区域性共享实践，我国目前正处于档案资源共享发展过程中，属于初期阶段。冯惠玲教授团队在研究发达国家发展规律后指出："发达国家在历经十几年的分散探索后，纷纷对本国的电子文件管理进行了自顶向下的战略设计、全面规划和总体推进。"②我们认为，经过这些年来各省市的分

---

①　冯惠玲，刘越男等著. 电子文件管理国家战略[M]. 北京：中国人民大学出版社，2011，267：324.

②　冯惠玲，刘越男等著. 电子文件管理国家战略[M]. 北京：中国人民大学出版社，2011，267：35.

散探索，我国是时候进入"自顶向下的战略设计、全面规划和总体推进"阶段了。

9.3.1　尽快从国家层面统一档案共享标准与规范体系

制定全国统一的共享标准与规范是档案资源共享的必经之路。当前，亟须建立、出台国家层面的标准与规范体系，自顶向下，以尽快在各省市纷纷准备投资上马数字档案馆建设的当口给予权威、统一引导，使全国范围档案馆及立档单位明确要求、将遵循国家统一标准与规范落实到日常工作中，尽早结束各地档案资源建设自成体系、互不兼容的局面，避免因"区隔"状况愈演愈烈而给国家与地方造成更重大的损失。

1. 档案共享标准与规范体系顶层设计路径

（1）广泛调研，构建框架

首先应对中外档案共享标准展开广泛调研，在归纳我国已有标准与规范、汲取各地，尤其区域性远程服务比较完善的省市标准与规范的合理成分，借鉴国外发达国家标准与规范体系，参考我国政务信息资源整合共享经验的基础上，根据共享实践需求，梳理摸排目前待建和需修订、废止的标准与规范，构建共享标准与规范体系框架，按重要、紧急程度安排时间顺序，确定每个标准与规范完成的时间节点。

（2）分步建设，重点先行

建议借鉴国外如《信息自由法》建成后再进一步制定其修订法案、二度修订标准的做法，根据共享实践，优先建设重点标准与规范，在此基础上，围绕各已建重点标准与规范进行进一步细化、优化。我们认为这样做法，一是有利于缩短标准与规范体系建设周期，以便尽早成型、早投入使用，使各地共享有统一标准可依，减少分头开发与观望等待；二是有利于在实施过程中发现问题与不足，便于及时修改完善，适应电子文件快速发展的现状，提高标准与规范的针对性、有效性。

（3）跨界合作，积聚力量

综观各国重大档案共享战略的实施过程，无不可见"合作"策略的重要效用。近期国家数据共享交换平台仅用1年左右时间整合共享工程取得突破性进展，实现了供需对接服务、数据交换传输、服务接口管理等功能的成功实践①，给予我们提示：在党委办公厅领导下，一是档案共享应通过与"一网通办"政务服务平台合作，加快共享的进程；二是档案局馆应与高校档案与法学专家、科研院所以及信息产业的跨界合作，积聚各方优势资源和力量，推进标准与规范体系顶层设计。

（4）项目推动，激励攻关

借鉴国外大量理论研究与实践探索基于项目支持的模式，重点标准与规范可与各类项目(包括国家现有各类基金项目及各类专项项目)结合，在充足资源基础支持下，组织力量攻关，针对性地推动共享建设中一系列重点和难点问题的解决，提高共享重点标准与规范的建设水平。

2. 制定全国统一标准体系及其需重视的问题

全国范围共享的前提是从国家层面统一标准，为保障档案资源整合的质量、实现共享，须制定一系列统一、规范、权威的标准、规范体系。归档利用方面，包括各类档案鉴定标准、归档范围标准；格式标准方面，如著录、存储、交换格式标准；基础设施方面有档案信息网络建设标准等技术标准的制订完善。档案资源建设过程，需统一档案数据结构、整理、归档、采集等环节，制定针对性标准规范，如制定《档案资源共享数据结构标准》《档案资源共享数据整理标准》及《档案数据库维护管理规范》②等标准、规范。

《档案资源共享数据结构标准》《档案资源共享数据整理标准》

---

① 国脉电子政务网. 周德铭：政务信息资源目录编制与共享开放[EB/OL]. [2017-07-26]. https://www.govmade.com/outpoint/5150.htm.

② 戴志强. 国家档案资源整合的含义及其运作机制探讨[J]. 档案学通讯，2003(2)：4-7.

要确保数据结构的统一，具体包含著录项目、每个著录项目(字段)在数据库中的标识及格式(字段名、字段类型、字段长度和约束条件等)、著录单位(案卷级、文件级和全文级等)、关键词(如档号、文号、项目代号等)内容符合要求。

2007—2008 年中国人民大学课题组承担了国家档案局《电子文件管理标准体系》委托课题，课题成果已作为指南颁布。① 我国行业标准《归档文件整理规则》DA/T 22-2015 与 2000 年版相比适用范围增加了电子文件材料部分，较修改前更适应电子文件发展现状，但若从共享角度，该标准还须进一步完善相关规定，以符合档案共享对归档文件整理的实际需求。

在顶层设计时应对一些省市区域性共享探索得出的经验教训予以高度重视，在我们的调研中，一些省市档案馆人员呼吁：鉴于各地现有标准中对字段长度的规定各不相同、长短不一，因此，国家标准在制定字段长度前应作充分调研，掌握各省市现有标准的规定，全国性标准的字段长度应适当放宽，留有余地，尽可能包容目前各省市现有标准的字段长度，以避免造成因一些省市标准中字段较长而不得不对原有档案整理基础大范围"返工"的局面。

3. 共享标准制定须兼顾"安全可靠"国家战略

为适应我国网络安全和信息安全战略发展的需要，形成全面安全可靠的信息化格局，中央提出实施"安全可靠"国产化战略。随着党政机关电子公文系统"安全可靠"试点的推进，全国各地即将开始全面实施国产化"安全可靠"电子设备替代进口设备应用，从档案资源共享信息系统平台到关键基础设施购置建设均面临与"安全可靠"相适应的标准问题。李明华指出："稳步推进安全可靠设备及软件在数字档案馆(室)建设中的应用，涉及档案数据存管等核心业务的必须经过充分论证，确保档案数据绝对安全。"②因此，

165

---

① 冯惠玲，刘越男等著. 电子文件管理国家战略[M]. 北京：中国人民大学出版社，2011，267：200.

② 李明华. 在全国档案工作暨表彰先进会议上的讲话[EB/OL]. [2020-01-13]. http://www.saac.gov.cn/daj/yaow/202001/afbf92881b5c4f36a311316d1e3690da.shtml.

作为建设依据，档案共享标准在制定时，应充分兼顾国产化"安全可靠"战略进行全面考量。

9.3.2　共享标准与规范体系顶层设计方案

1. 建立健全档案共享规范

开启全国性民生档案远程服务试点需要国家层面的统一规划和政策法规的"保驾护航"，虽然我国已建有一些规范、标准，但档案共享涉及面广、主体多元，现有国家标准不完备、地方标准不适用而无法满足需求。因此，应以系统化、规范化和通用化为原则建立健全国家层面档案共享标准体系，使共享有法可依，故我们建议：

（1）制定《档案资源共享暂行办法》

有必要针对档案资源共享进行专门立法，推进共享的规范发展。国家档案局会同有关方面，在广泛调研、征求各省市、中央与地方相关部门以及部际联席会议意见的基础上，制定《档案资源共享暂行办法》。①明晰各主体的权利、义务与责任；②界定移交进馆及共享利用范围，可参照政务信息共享，分为无条件共享、有条件共享、不予共享三大类别；③明确统一标准、协同共建、安全保障的共享原则，及提交数据、平台对接、监督反馈等共享要求；④明确有关单位业务数据库管理与人、财投入的具体规定。加大民生档案管理力度，以便于各地档案局馆共同执行。

（2）从国家层面统一共享标准规范

顶层设计应在梳理各地规范的基础上，汲取、整合有用成分，兼顾、包容各地建设成果，提高立法层次，变现阶段各地方档案共享规范的区域性为全国通用性。从国家层面针对共享的各个环节制定规范的标准体系，统一档案数据归档、采集过程中数据标准；统一数据库建设标准，统一数据交换、共享的格式标准；统一档案共享利用的流程标准以及档案证明的样式标准等，使档案信息能够在不同区域、部门之间传输与交流，提供改变"信息割据""数据烟囱"局面的法律依据。

（3）针对共享法律"盲点"构建规范

对跨部门、跨层级、跨区域的档案资源共享制定共享规范、标准，规范 OA 系统、业务系统和档案管理系统数据库标准，比如接口标准等，保障档案资源的集成；对档案信息收集、整合、安全保障等过程中各主体的工作内容作出全面规范；对共享协议进行规范，并对各主体之间的协同配合要求作出规范。

2. 解决法规"衔接"问题

衔接主要是指与现行法规配套的业务规范"与时俱进"，调整修订与现实需要不适应的法规，某种意义上可说是一种制度创新。① 目前，需要通过与现行档案法规"衔接"，以解决实现共享目标过程面临的一系列阻碍。

（1）制定档案依申请利用规范

在档案远程服务中经常涉及未开放档案的依申请利用问题，室藏档案利用是档案资源共享的"难点"（见第 6 章 6.1.2）。《政府信息公开条例》明确提出了申请公开政府信息的程序性规定，② 但档案系统的法律法规如《档案法》修订草案、《机关档案管理规定》等除笼统提出"需经本单位负责人批准"外，均尚无明确规定。我们认为，《档案法》体系有必要从国家法律层面上解决与《政府信息公开条例》相衔接问题，重点是解决馆藏未开放档案共享的主体责任及程序的"合法性"问题。一方面"应将开放责任主体明确为公共部门的档案信息管理机构，增加公共部门内部档案室的开放责任"③；另一方面应明确规定室藏档案依申请利用的受理范围、运作程序以及申请人的权力与义务，应规范受理部门答复期限、提供的形式、

167

① 戴志强. 关于国家档案资源整合的若干思考[J]. 中国档案，2002（8）：45-47.

② 见《政府信息公开条例》第 20~28 条。

③ 李扬新. 档案开放责任机制建立的政策设计[J]. 档案学通讯，2012（2）：40-43.

告知事项以及部分提供、对涉及第三方信息的处理等具体内容，实现档案开放与政府信息公开法规的"衔接"，将档案依申请开放真正纳入法治的轨道，减少公众与档案服务窗口在共享利用中的矛盾，为档案共享利用消除障碍。

（2）制定档案鉴定规范

长期以来我国档案开放鉴定已成为共享的"瓶颈"（见第 6 章 6.2），当今国际档案界也日益重视档案鉴定问题，鉴定成为"国际档案标准新动向"①。档案共享必须加大档案资源建设与开放力度，提升档案鉴定工作法制化、规范化水平。我们认为，有必要建立健全鉴定方面的法规与标准，如加快修订《馆藏档案解密、划控范围规定》，建立解密机制，对已满封闭期档案不予鉴定、已到公开年限仍不公开的情况《档案法》系列法律法规应予以必要的约束；制订更具操作性的解密降密规范，对各类经济、科学、技术、文化等档案向社会开放，制定更宽松、更具针对性的规定，从制度层面规范指导各地依法依规按程序开展档案开放鉴定工作。

（3）完善公众知情权和隐私权规范

"法律要给予民生档案工作领域以下方面保障：一是要充分保障公民利用档案信息的权利，特别是与其切身利益相关的民生档案信息的权利；二是民生档案数字化和网络共享中的信息安全问题，要在共享的同时，保护公民隐私权"。② 应在档案法律法规的修订中参照国外发达国家的做法，将完善公众档案共享信息获取权与保障个人隐私权并举，尤其要增加网络环境下电子档案信息共享的具体规定，如"对于一些内容复杂，保存分散的民生档案，要提供详细的民生档案利用指南，包括提供利用服务的民生档案资源类型、服务机构、服务类型和服务方式等内容，旨在帮助公众快速定位并

---

① 安小米. 档案文件管理国际标准新动向［N］. 中国档案报，2016-7-18（03）.

② 李明华. 在全国档案工作暨表彰先进会议上的讲话［EB/OL］.［2020-01-13］. http://www.saac.gov.cn/daj/yaow/202001/afbf92881b5c4f36a311316d1e3690da.shtml.

获取查询条件和查询方式"①。

9.3.3 开启全国性远程服务试点的法规配套建设

1. 民生档案远程服务具有强大社会基础和发展潜力

基于本报告上篇、中篇对区域性远程服务动因、现状调研、影响及各要素的系统分析，在目前我国档案资源共享尚处于分散探索的起步阶段，具备下列特征的区域性远程服务实践具有极强的发展潜力：

(1)顺应国家政策导向。档案远程服务是十九大"增进民生福祉、补齐民生短板"决策在档案工作的集中体现；也是国家档案局"十三五规划""提升档案整合共享程度、完善方便群众档案利用体系"发展目标的具体落实；

(2)"各地区电子文件工作仍然具有强烈的自发性和分散性特征"②，在档案共享其他模式举步维艰、毫无起色的情况下，各地区域性远程服务实践呈燎原之势，充满活力；

(3)远程服务的模式符合公众利益，社会利用需求量大、公众体验反响好、接受度高，表明这一模式的可行性、方向的正确性；

(4)目前多省市区域性远程服务发展迅速，已从模式、组织、平台、流程到规范、标准各方面形成完备创新成果，实现了区域内远程服务和联动共享，对共享之路形成有效突破，具备在全国范围全面推进的价值和广泛基础。

我们认为，我国档案共享之路应以民生档案远程服务共享为起点，这是继往开来的破局之举：在现有探索的各种基础上，将当前区域性远程服务实践在各地迅速燎原的发展势头引导至全国范围的

---

① 中国人民政治协商会议成都市委员会. 关于建立民生档案专题目录数据库 提升民生档案查档服务质量的建议[EB/OL]. [2018-06-14]. http://www.zx.chengdu.gov.cn/show-1038-110025381-1.html.

② 冯惠玲，刘越男等著. 电子文件管理国家战略[M]. 北京：中国人民大学出版社，2011，267：51.

共享，既可降低成本、提高共享探索的质量与效率，极大拓展原有共享成果，又有效遏制了区域性共享的"区隔"局面，更为今后我国档案资源共享开创出一条共享之路，提供可复制、可借鉴经验。因此，开启民生档案全国范围共享试点是利国策、顺民意、破僵局之举，事不宜迟。

2. 远程服务具有一定的规范标准基础

档案资源共享必须在国家法律规范的框架下实施。有关共享的立法现状可从国家、地方分层面分析。

国家层面：2019 年《档案法》修订草案新增了档案信息化建设的有关规定，其中第 30 条阐明了具有法律效力的电子档案可以以电子形式作为凭证使用，第 33 条指出国家推进档案数字资源跨区域、跨部门共享利用，未明确如何保障和推进档案数字资源跨区域、跨部门共享利用，原则性太强，可操作性不足。虽然还有一些办法、指南等相关规范，但缺乏全面配套的法律和标准规范。"我国的电子文件国家战略正由酝酿阶段步入起步阶段"，[1] 有关共享的法律法规与标准方面跟不上实践发展的步伐，亟待建立健全。

地方层面看：在国家档案局的支持下，各地在远程服务实践中纷纷根据本地实际，探索并建立地方性相关规范依据。

如北京市，基于数字档案馆建设探索区域性远程服务。体制机制层面制定了《数字档案馆使用办法》《北京市综合档案馆档案数字资源管理规范》《电子文件归档范围和电子档案保管期限表编制指南》《电子档案移交与接收办法》；在业务操作层面，制定了《北京市数字档案馆目录数据库建库规范》《数字档案馆元数据规范》《数字档案馆编码规范》《数字档案馆数据接口规范》，并将相应标准固化于系统中，全面规范了档案数字资源的管理。[2]

---

① 冯惠玲，刘越男等著. 电子文件管理国家战略[M]. 北京：中国人民大学出版社，2011：67.

② 崔伟. 北京数字档案馆（电子文件中心）系统投入使用[J]. 北京档案，2017(12)：8-9.

上海地区为配合远程服务的实施，该市档案局发布了一系列规范性指导文件，如：《档案信息公共服务平台远程协同服务承诺书》《国家综合档案馆"就地受理，跨馆出证"远程协同服务机制共建方案》《关于规范民生档案远程协同服务机制申请与受理程序的通知》《关于为构建档案信息公共服务平台提供必要条件的通知》《关于在全市社区事务受理服务中心全面开展民生档案利用便民服务的通知》《上海市档案信息公共服务平台数字证书应用须知》《上海市民生档案利用便民服务公约》等。

除了上述规范，一些地区还建设了数据格式、访问权限、档案传输、操作流程、出具证明等一系列标准规范，但鉴于不同地区发展差异且各地分头建设，各地规范各异。目前在远程服务跨省共享模式中，不同省市档案馆之间普遍在协商后，采用签订协议的方式确定数据格式、服务流程等共同标准。有学者认为这是"缺少立法机关发布和法律层支持的文件，缺少跨层级、跨地域、跨系统、跨部门和跨业务多元主体公认的通用共享契约制定规范"。① 我们认为，远程服务实践中这些档案馆之间共享标准的协商机制，是在当前顶层设计缺位、自顶向下统一规范缺乏情况下，基于便民服务而自发采用的区域性共享的一种尝试和变通，不失为一种有效途径。

鉴于全国范围档案共享是开创性的尝试，所遇到的阻碍将远多于各省市区域性共享，在构建共享过程中将面临空前大量的问题与困难，因此必须遵循循序渐进、逐步推进的原则，在研究论证的基础上，先试点、再推广，除了建立统一标准规范体系外，还应在全国范围实行统一组织部署、统一技术平台，须有科学规范整合的档案资源及共享机制等，相关平台将在以下章节分别进行具体探讨。

---

① 安小米，宋懿，马广惠，陈慧. 大数据时代数字档案资源整台与服务的机遇与挑战[J]. 档案学通讯，2017(6)：57-62.

10　档案资源共享组织体系完善策略

10.1　组织体系架构与共享路径

10.1.1　组织体系架构分析

　　档案资源共享组织体系架构设计的目的，是在对组织体系进行合理有效设计布局的前提下，最大限度地发挥档案共享诸要素的效能，充分利用各类资源，实现组织目标，创造更大效益。

　　我国档案资源共享的层次框架可分为横向"三个层面"、纵向"四个层级"。具体横向层面包括：宏观层面指向全国范围共享；中观层面指若干省、直辖市区域一体化建设的省际共享；微观指单个省市行政区划内的档案共享。纵向层面划分为：顶层指向中央机构及国家档案局；上层包括省(直辖市)档案馆；中层为市级(非直辖市)档案馆与区县级档案馆；基层则指机关档案室(信息中心)与社区中心。共享组织体系架构的设置，应遵循"统一领导，分级管理"的原则，"自顶向下"部署顶层的统一设计，构成覆盖全国范围的共享组织体系。

10.1.2　共享路径

　　我们认为全国性档案共享应采取"自顶向下"与"自下而上"相

结合的路径，以达到"纵横联通"全覆盖的目的。

根据第5章建构的框架模型，国家层面(宏观层面)"自顶向下"推出国家统一制定的法规标准、全国共享平台等顶层设计；省市层面(微观层面)，各省市根据顶层设计的统一规范标准与平台，一方面在本地区范围内贯彻落实，规范本省市档案资源建设各项共享基本要素、扎实推进本地区的档案共享进程。另一方面，省市层面(微观层面)参与国家层面的档案共享，积极向国家档案共享平台传送规范化的共享数据。这样，通过将国家顶层设计"自顶向下"传送与地方共享实践"自下而上"传输，逐步形成融合，最终达成覆盖全国范围共享的目的。

从本书上、中两篇可见，目前我国各地远程服务实践实质上均集中在微观层面。各省市建构的区域性远程服务各不相同，较多地区实现省、市或市、区两级部分档案馆联动。少量省市实现了包括纵向上层、中层、基层三个层次，横向区域内所有基层档案馆的联动共享，即区域内所有组织结构的档案远程服务的"通办"格局。从全国范围看，尽管目前还处于各省市分别在本行政区域内探索共享的过程中，共享组织的覆盖面还非常有限，我们认为，随着国家层面与各省市的不断努力，符合条件并参与共享的档案馆逐渐增多，共享组织的覆盖面将不断扩展。加强顶层宏观组织领导，推进全国档案共享平台建设，实现全国范围档案远程共享，不仅是改变各地各自为政、区域割据现状的根本路径，也是档案共享发展的必然趋势。

10.2 宏观层面：强化领导，倡导合作共享

10.2.1 强化顶层组织领导职能

顶层设计是运用系统论工具，自顶端开始的总体构想和战略设计思维。顶层设计为档案共享制定统一宏观的战略框架，促进区域

内各级档案部门和立档单位协同工作，减少不必要的重复建设，实现资源节约和档案利用效率的最大化。① 档案资源共享涉及面非常广泛，全国范围共享整体联动、协调的难度将成倍放大，强化宏观层面的组织领导、加强顶层设计是解决全国范围共享难题的必选之策。必须有一个权威性核心领导机构，强有力地承担起这一重大职能。

参见我国政务信息资源共享的推进进程，可以发现信息共享这一被提了多年的"老大难"问题，经过短短"近1年的努力，整合共享工程取得突破性进展，初步解决了跨部门数据共享利用难题"②。我国第一份政务信息资源共享规范性文件《政务信息资源共享管理暂行办法》（以下简称《办法》），由国家发改委、网信办组织有关方面成立起草组，经大量调研、论证，经部际联席会议审议通过，报国务院后于2016年出台，成为具有里程碑意义的纲领性文件。③

就档案系统而言，在国家层面，应从以下方面考虑加强顶层机构的组织领导职能：

①强化部际联席会议职能，应由"具有权威性、代表性、拥有一定资源分配权力"④的机构牵头，必要时由中共中央办公厅牵头召开部际联席会议，联合相关机构跨部门协调、研究重大方针政策。

②成立档案工作领导小组，加强顶层设计层面控制力，从国家战略高度把握档案共享的发展策略，统一规划部署，审定标准、规范，解决档案共享中的重大问题和难题，从政策指引、发展规划等

---

① 吕元智. 档案信息资源区域共享服务研究［J］. 档案学研究，2012（5）：35-38.

② 安小米，郭明军，魏玮. 政务信息系统整合共享工程中的协同创新共同体能力构建研究［J］. 情报理论与实践，2019（4）：76-82.

③ 中央政府门户网站. 国家发展改革委高技术产业司有关负责同志就《政务信息资源共享管理暂行办法》答记者问［EB/OL］.［2016-09-23］. http://www.gov.cn/xinwen/2016-09/23/content_5111198.htm.

④ 刘越男. 融合之路：中国电子文件管理的体制和机制［J］. 档案学通讯，2009（5）：14.

方面为档案共享在全国范围的推进扫除障碍。

③档案系统要积极融入政务信息资源共享体系中，档案共享应与政务信息资源共享建设的方针政策、法规、标准全面接轨，成为政务信息资源共享发展蓝图中的一部分，加强与国家发改委、网信办、标准化委员会等其他相关部门的协调合作，共同推进我国信息资源共享建设。

④整合档案系统的顶层机构及其职能，变革管理体制，倡导扩大多元合作、加强合作力度，积极拓展资源优化整合及共享成果的途径。

10.2.2　倡导多元化组织合作

以互联网为基础的新技术的飞速发展促进了海量信息的流通与传播，共享发展理念已经深入人心，要求档案系统以更加开放的姿态面向社会；同时互联网使公众足不出户便可获取信息，档案馆服务方式必须相应变革。

"共享"本身就是一个关于"合作"的命题，档案馆应重视通过"合作"方式实现转型发展。首先，档案产生于各行各业、存在于社会的方方面面，在今天一切讲究"共享"的时代，档案工作中的许多问题已经不是档案部门自身的问题，而是需要各个行业互相配合、互相融合，共同研究解决。① 其次，全国档案共享需要实现中央与地方之间跨层级共享、不同省市之间跨区域共享、不同行业部门之间跨"条块"共享，面对新形势提出的要求，仅仅对合作投以关注的目光还不够，需要积极地寻求途径并投身于合作，通过多元化合作协同，才能融合发展，创新、提高档案共享服务水平。

对于我国而言，尽管目前合作还是一种较新的发展模式，却已充分显示了其强大的能量：

据我们调研，全国档案信息化及数字档案馆建设过程中，多年

175

---

①　2018年全国档案工作者年会在合肥召开［EB/OL］.［2020-01-30］. http://www.zgdazxw.com.cn/news/2018-10/26/content_252343.htm.

来曾经严重困扰档案界的档案信息技术问题，基于档案系统与信息技术企业展开深度合作，各地档案馆普遍采用技术外包方式，从方案设计开始贯穿整个项目，甚至包括此后的系统修改、维护，全程"订制式"的专业信息技术服务使制约档案资源共享的技术困境极大改善，目前来自信息技术企业的强大专业技术支持使档案部门大大摆脱了技术方面的阻碍，有档案馆明确表示：技术问题已不是问题！"数字档案馆从其产生伊始，就与系统的软件设计者(或称系统供应商)结下不解之缘，系统设计者也逐渐成为软件供应商，成为一种新的经济体或一种新的产业群"①。随着数字档案馆和档案资源共享的深入发展以及信息系统技术产业的崛起，档案馆与系统供应商之间的"合作缘分"必将更加紧密、深入。

2018 年我国政务信息系统的国家数据共享交换平台，"在连通71 个部门和 32 个地方的基础上，实现了供需对接服务、数据交换传输、服务接口管理等功能"②。在参与主体众多、协调难度较大的情况下，于较短时间内取得了突破性进展，除了相关各级机构高度重视外，得益于产、学、研跨部门的高效协同合作，"多主体形成密切协同的协同创新共同体，是推动跨层级、跨部门、跨地区复杂性工程取得成功的关键，能显著提升多主体间协同合作的整体能力"③。

10.2.3　国外合作共享实践及启示

发达国家档案界高度重视应用合作策略，特别是网络时代的档案共享，合作是普遍举措。各国对档案馆跨界合作推动档案创新服

---

① 金波等著. 数字档案馆生态系统研究［M］. 北京. 学习出版社，2014：184.

② 国家信息中心. 2018 年上半年国家电子政务外网总体概况［EB / OL］.［2018-09-03］. http：/ / www.sic.gov.cn /News/462 /9486.htm.

③ 安小米，郭明军，魏玮. 政务信息系统整合共享工程中的协同创新共同体能力构建研究［J］. 情报理论与实践，2019(4)：76-82.

务已形成较为统一的认知，"合作已成为共识"。① 我们基于 NARA 网站，选取《2016—2018 开放政府计划》《2018—2022 战略规划》，调查美国最新档案共享合作策略及其实践；并通过 Springer、EBSCO 数据库，调研发达国家 LAM 合作情况，选取加拿大、美国、英国的合作范例，希望对我国的档案共享合作战略提供有益的启示。

1. NARA 合作共享策略②③

（1）广泛合作的战略思维

综观 NARA《2018—2022 战略规划》《2016—2018 开放政府计划》，可发现一个显著特点，即"合作思维"贯穿各章节、各项目，"合作精神"深植于 NARA 各个工作环节。NARA 内部各部门之间、部门与外界各类机构之间的合作随着各项工作的部署而展开，广泛合作成为各个部门创新的重要组织途径。

例如，NARA 在创新中心与克林顿图书馆（William J. Clinton Library）合作试点数字化项目的基础上，决定"进一步扩大与该总统图书馆的合作项目"，并将类似项目扩展到与其他总统图书馆的合作中。为便于共享，将文本档案扫描纳入国家档案目录，以增加在线档案资源数量。

NARA 与 Twitter、Facebook、YouTube、Flickr、Google 等一系列新媒体平台合作开展档案共享服务。自 2011 年以来，为促进信息共享，NARA 一直与维基百科（Wikipedia）合作。NARA 认为合作"对我们来说可以增加新资源"。为促进对 Wikipedia 及其项目的理解，NARA 是第一个举办 Wikipedia 实体展览的机构。在创新中心网站上（Archives. gov/innovation-hub/）专门创建了"维基空间"

177

① Prasad N. Synergizing the collections of libraries archives and museums for better user services[J]. IFLA Journal，2011，37（3）.

② 资料来源：NARA. 2018—2022 战略规划，https://www.archives.gov/about/plans-reports/strategic-plan/strategic-plan-2018-2022.

③ 资料来源：2016—2018 开放政府计划，https://usnationalarchives.github.io/opengovplan/researchservices/

（Wikipedia Space）。NARA 表示将继续保持这一合作关系，"我们还能够举办更多活动，包括编辑活动、研讨会和各种会议"。

NARA《2018—2022 战略规划》提出，2025 财年至少有 15 个外部机构将利用国家档案目录中的数据库作为主要信息来源。NARA 与利益相关者、公共及私人组织合作，协同向公众提供历史档案。目前，NARA 通过维基百科、美国数字公共图书馆和非营利性家谱网站等第三方网站向公众提供大量档案文件。

（2）NARA 与档案社交网络合作组织的合作①

NARA《2016—2018 开放政府计划》"旗舰项目"十大计划之一的"档案社交网络合作组织 SNAC"是其合作策略的集中体现。NARA 是档案社交网络合作组织 SNAC（Social Networks and Archival Context）的合作伙伴，并承担该组织秘书处的职能，负责所有管理、协调和行政任务。SNAC 的主要目标是为研究人员共享世界各地多个档案馆和图书馆馆藏提供便利，NARA 的工作为合作计划奠定了基础。SNAC 促进档案馆、图书馆工作者和研究人员共同维护、共享有关馆藏资源，改善了档案管理的成本和质量，成为解决分布式档案共享这一难题的有效途径。

在项目试点开始之前，NARA 工作人员一直担任咨询工作，在试点阶段则致力于项目的组织协调，包括为 SNAC 的发展制定管理政策、组织协调合作伙伴会议、开发用户并告知用户/编辑网页、规划和执行系统演示和测试、起草编辑规范和最佳操作指南。进入试点阶段的第二年，NARA 部署专人继续起草管理和行政规范，建立 SNAC 指导委员会，制定培训计划及未来合作管理计划。NARA 与 SNAC 的合作，将从根本上影响 SNAC 的档案共享运作方式。

2. 世界 LAM 合作范例

"在网络时代，合作不再是一种选择，图书馆、档案馆、博物

---

① 资料来源：2016—2018 开放政府计划，https://usnationalarchives.github.io/opengovplan/researchservices/

馆跨界数字资源整合共享已是必然趋势。"①国外在 21 世纪初期已
开展了以图书馆、档案馆和博物馆(Libraries、Archives、Museums,
简称 LAM)为代表的合作实践,并取得巨大成果。

2004 年加拿大创建国家图书档案馆(LAC),LAC 是目前世界
唯一一家图书馆和档案馆合并的国家级知识机构,集中了原国家图
书馆和国家档案馆的馆藏、服务和人才资源。其馆藏文化遗产十分
丰富,跨越整个国家历史,包括约 2000 万册以各种语言出版的书
籍、政府和私人的文本记录、超过 300 万的图纸、海量的电子信
息。② 成为国际图书馆和档案馆合作的典型范例。

美国 LAM 合作多以项目资助的方式开展,其中 1996 年成立的
美博物馆与图书馆服务协会(IMLS)在美国 LAM 合作中发挥了重要
作用,IMLS 支持了科罗拉多州数字化项目(Colorado Digitization
Project,CDP)、加利福尼亚州在线档案馆项目(Online Archive of
California,OAC)等多项 LAM 合作项目,取得了较好合作成效。

在英国图书馆、博物馆与档案馆理事会(MLA)支持下,英国
图书馆、博物馆与档案馆合作发展逐渐深入,支持全民共享。③
2014 年 12 月伦敦成立了藏品和知识共享的"Knowledge Quarter",
参与机构包括大英图书馆、大英博物馆等,目前已发展为 100 多家
合作机构,包括高等教育机构、博物馆、美术馆、图书馆、档案馆
和研究中心等。④ 这些合作促进了各机构之间的数字资源共享,同
时也为用户带来更优化的服务。

----

① Jennifer Novia. Library, Archival and Museum(LAM)Collaboration:
Driving Forces and Recent Trends[J]. The Journal of the New Members Round
Table,2012(1):1-10.

② Library and Archives Canada. About Us [EB/OL]. [2019-12-21].
http://www.bac-lac.gc.ca/eng/about-us/Pages/about-us.aspx.

③ IFLA. Public Libraries, Archives and Museums: Trends in Collaboration
and Cooperation[EB/OL]. [2019-12-21]. https://www.ifla.org/publications/ifla-
professional-reports-108.pdf.

④ Knowledge Quarter. About Us[EB/OL]. [2019-12-21]. https://www.
Knowledge-quarter.london/

3. 国外合作实践的启示

相对于国外档案合作的理论研究与实践，我国的档案合作存在"意识因素、理论因素、体制因素"①等较多障碍，应借鉴发达国家的成功经验，拓展我国档案馆合作之路。

（1）以用户需求理念引导合作实践

综观合作在全球成为发展趋势，以用户需求为中心的服务理念起到了重要的导向作用。作为传播信息、保存知识、传递记忆的文化机构，客观上要求档案馆应重视用户需求，通过合作更好地服务公众。目前我国各地开展的区域性远程服务，其实质就是档案馆基于用户需求理念而开展合作的成功实践，通过各级档案局馆、立档单位及其档案室以及社区中心等档案系统内外一系列机构之间建立有效的互动合作机制，扩大档案共享资源、提升档案服务能力，为公众提供更便捷的档案服务。我国档案馆合作实践的发展还处于初始阶段，在档案共享探索中，有必要进一步拓展合作思维，加大合作力度。

（2）以合作联盟组织突破体制壁垒

我国曾出台了一些文件提出加大对跨部门、跨行业、跨地域公共文化资源的整合力度，以行业联盟等形式开展馆际合作，推进公共文化机构互联互通，实现区域文化共建共享。② 但国家层面缺乏有关合作的具体规划和指导意见，总体收效甚微。我们认为，可借鉴NARA的做法，应建立类似SNAC的档案社交网络合作联盟，以突破目前体制下查找、利用分布式档案的壁垒阻隔，改善档案共享的成本

---

① 于英香. "区域-国家"电子文件管理整合研究[M]. 上海：世界图书出版公司，2018：178.

② 如2011年《关于进一步推进全国文化信息资源共享工程的实施意见》，指出文化共享工程应该应用现代科学技术，将优秀文化信息进行数字化加工和整合，抓好数字资源建设与整合这一核心，实现优秀文化信息资源在全国范围内的共建共享；2015年《关于加快构建现代公共文化服务体系的意见》提出加强公共文化产品和服务供给，加大对跨部门、跨行业、跨地域公共文化资源的整合力度，以行业联盟等形式，开展馆际合作，推进公共文化机构互联互通。

和质量。该联盟的近期目标定位于为用户共享联盟国内成员档案馆的馆藏提供便利，远期目标则可推广至国外档案馆和图书馆。联盟可由国家档案行政管理机构承担协调和管理职能，制定详尽的管理和规范、计划，并建立联盟指导委员会，负责审定联盟的各项合作规范。

（3）以分步渐进策略提高合作效度

应拓展思维与视野，将合作作为发展方向，形成合作共赢的理念与意识。在学习国外先进理念及实践经验的基础上，鉴于目前我国还不具备深入展开合作条件的情况下，应采取渐进策略分步进行：首先，深入了解国内外合作的成功案例，对合作实践的途径、方式、障碍等进行深入调查，获取合作经验；其次，科学评估合作对共享质量、效率等方面的提升作用，优选适合我国国情的合作实践。再次，积极展开交流、沟通，探寻适合的合作路径，从浅层次基础服务的合作做起，逐步深化。

（4）以创新合作途径拓展共享空间

借鉴国外合作经验，拓展多元化主体合作，如上海等地将档案共享纳入政府服务平台、浙江省加强档案馆与大数据中心的合作，均有效拓展了档案共享、数据开发的途径。再如可探索与图书馆、博物馆合作及新媒体平台合作，整合馆藏资源，加大共享资源提供数量，利用可视化、文本挖掘等技术对馆藏资源进行深层次开发；利用新媒体平台创新共享途径，以丰富多样、线上线下互动的形式，为公众提供有深度、有知识含量的文化、教育活动。

10.3 中观层面：区域协同，打造共享示范

10.3.1 长三角区域合作共享背景与意义

1. 合作背景

近年来，长三角、珠三角、京津冀等地区的区域一体化、协同

创新呈现快速发展趋势。2018 年 11 月，习近平总书记指出将继续支持长三角区域一体化发展并上升为国家战略。长三角地区是我国最具活力、开放度最高、创新能力最强的区域，江、浙、沪、皖"三省一市"地缘相近、往来密切、民众异地查档需求上升，"三省一市"档案局于 2017 年年底启动合作事宜，并于 2018 年 3 月 14 日正式签订"异地查档"合作协议，将共同构建"民生档案查询数据及服务标准体系"、探索跨省市异地档案共享联动服务模式，为公众提供更便利、更高效、更智慧的档案共享利用服务。长三角一体化国家战略为"三省一市"档案合作共享吹响了"集结号"。

虽然"三省一市"均已开展远程服务实践并取得较好成效，但是都分别局限于本省市范围内。长期以来条块分割的档案管理体制，使省市之间开展合作存在一定障碍：如"三省一市"之间属于平行关系，合作共享缺乏统一的组织领导；省市之间合作"资源整合标准不统一"问题突出，各地已有资源整合基础较难协调；缺乏跨"三省一市"范围的共享网络与统一平台；各省市之间共享的投入力度、发展水平不平衡等，这些都对"三省一市"合作共享形成阻碍。

2. 合作意义

"三省一市"战略合作在突破行政区域限制、推进跨省市档案共享方面意义重大：

首先，档案共享服务与一体化战略相互推进。2018 年 6 月，《长三角地区一体化发展三年行动计划（2018—2020 年）》，明确了一体化发展的任务书、时间表和路线图。"创新不再是一个城市的事情，是一个群落的事情。"①长三角一体化的关键作用，就是强调区域协调发展、高质量发展，提高资源配置的效率，从而发挥区域的整体优势、提升区域竞争力。在此形势下，"三省一市"的"异地查档、便民服务"项目也被纳入该行动计划。跨省市的档案共享服

---

① 每日经济新闻网. 长三角一体化升级，意味着什么[EB/OL].［2018-11-05］. http://www.nbd.com.cn/articles/2018-11-05/1269589.html.

务与一体化战略形成相互推进、共同发展局面。

其次，提升区域档案服务总体水平。长三角一体化升级，有利于区域内各省市之间行政藩篱的拆除以及资源要素的便捷流动，加速形成"三省一市"之间紧密关系。"三省一市"合作共享为公众跨省市网上档案共享利用探索路径，将使公众的远程查档出证范围更广阔、利用更便捷，将迅速提升长三角区域"三省一市"档案资源建设、利用服务的总体水平。

再次，实现跨省市的档案资源共享。长三角区域合作共享，将档案远程服务范围从各省市行政区域内的"独自共享"，扩展到跨行政区域"三省一市"的"协同共享"，将我国档案资源共享建设从微观层面推向中观层面的互联、互通阶段。长三角各省市间建立起档案远程服务的合作机制，可为全国更多区域、更大范围共享构建示范。

10.3.2　长三角合作共享的组织策略

1. 建立统领全局的领导机构

目前，"三省一市"档案局(馆)已建立工作协调小组，明确分管领导和责任部门，细化了工作目标和时间节点。但由于工作协调小组不具备行政约束效力，这种形式的合作具有自发性、分散性的特点，在具体工作中将遇到诸多难以协调解决的问题，不利于共享进程的推进。因此，应建立以"三省一市"省级办公厅牵头、档案行政主管部门为主导、信息化等部门共同参与组成的领导决策机构，以增强对长三角档案共享的全局性领导，统筹规划总体策略，决策解决重大事项与难点问题，减少不必要的磨合，实现联动的最大化效应。

2. 完善区域共享合作机制

充分发挥长三角"三级运作、统分结合"合作共享机制的作用，贯彻执行决策层制定的发展规划，建立档案部门之间的协同工作机制。如建立每年度定期召开长三角档案部门领导人联席会议机制，做好沟通和协调，确定档案共享服务的阶段性目标；各省市档案部门落实机制，成立分管领导和责任处室负责人构成的具体工作班子，确定目标实施方案，形成季度例会机制，负责协调日常事项及推进措施的落实；全方位合作共建机制，加大档案人才资源的共享力度，如档案专家等高端人才的互联互通，召开各种专业研讨会、举办技术人才培训班等共享协作活动。① 目前，为共同推进长三角地区实现高质量的一体化发展，"三省一市"已开始积极筹划，如上海市与浦东新区分别制定规划，将民生档案跨省异地查档服务纳入长三角更高质量一体化发展重点对接任务清单之中；② 浙江省档案馆已着手构建"三省一市"档案共享统一平台的设计方案。

3. 打造长三角"一网通办"示范区

2018 年国务院发文全面推进政务服务"一网通办"，并将长三角"三省一市"等 9 个省市作为第一批试点，档案共享的推进也被纳为重点工作之一。③ 在政务服务全国"一张网"的战略目标下，"一网通办"成为深入推进"互联网+政务服务"的抓手，同时也是深化档案共享的重要途径。"一网通办"不仅打破区域壁垒，同时为更大范围的异地共享提供了条件。

因此，长三角档案共享建设与"一网通办"的战略融合与对接，不仅将档案共享互联互通的范围扩展至长三角区域，档案部门还可实现向全国共享以及跨系统跨部门协同合作的大突破。为此，档案

① 档案春秋. 长三角三省一市签署备忘录 将协同推进民生档案异地查询[EB/OL]. [2019-09-04]. http://news.cqnews.net/html/2019-09-05/content_50661100.html

② 上海市政府. 上海市贯彻《长江三角洲区域一体化发展规划纲要》实施方案[EB/OL]. [2020-01-10]. www.shanghai.gov.cn/nw2/nw2314/nw2319/nw44142/u26aw63344.html.

③ 中华人民共和国中央人民政府网. 国务院关于加快推进全国一体化在线政务服务平台建设的指导意见[EB/OL]. [2018-07-31]. http://www.gov.cn/home/2018-07/31/content_5310823.htm.

部门作为一盘棋中的重要棋子，应实时关注阶段目标、把握进展情况，既要关注国家层面的顶层规划，又要关注长三角的区域发展规划；既要参照相关纲领性文件的要求，又要根据发展动态调整实施策略；既要明确档案部门的阶段计划，又要与相关部门加强联系、及时对接，分阶段、分层稳步地共同推进"一网通办"的落实。

目前，在长三角地区，以民生档案远程服务为代表的档案共享已进入了快速发展阶段，"一网通办"作为政务服务的国家战略正在稳步推进当中，并为档案共享服务带来了新的前景。档案部门应积极把握"一网通办"这一契机，全力打造长三角"一网通办"档案共享示范区，努力为全国档案共享发展探索可复制、可推广的区域联动模式，并为全国范围共享起辐射带动作用。

10.4 微观层面：协同共建，发挥基层优势

目前，我国各地以民生档案远程服务为主的共享实践大多集中在微观层次分头开展，以省市档案部门为领导核心，下属各市区档案部门参与联动共享。微观层次的组织架构体现在纵、横两个方面，纵向包括省级档案馆（上层），市、区级档案馆（中层），立档单位档案室与社区中心（基层）三个层次；横向包括档案局馆、社区办事中心和档案部门三个方面。各层次之间协同联动，各部门之间职能分工明确，形成了馆际、馆社、馆室联动的档案共享体系。

10.4.1 促进省市档案馆与大数据中心协同共建

为进一步推动微观层面档案资源的互联互通，在馆际、馆社、馆室联动的基础上，各省市档案馆还应加强与同级政府大数据中心协同合作。大数据中心是政府为加快本地区各类信息资源的整合、开放、共享以及大数据产业化发展而成立，拟订政策和规划，制定标准规范，协调资源整合与共享以及组织信息安全体系建设是其主

要职责。①

以浙江省为例，2018 年 10 月，在国务院批准下，浙江省建立大数据发展管理局，推进政府信息资源整合利用，打破信息孤岛、实现数据共享是该机构的主要职能的一部分。② 基于与档案共享在理念、对象乃至操作上具有高度契合性、关联性，浙江省大数据管理局就"一网通办"电子档案的管理服务事项与档案馆建立了良好的合作关系，具体表现在跨部门的信息共享、政务信息资源的归档移交和长期保存。③ 在合作过程中，由数据管理中心负责统一协调和实现各政府部门的信息需求，档案部门积极与数据中心开展业务合作，从而获取所需要的其他部门的信息资源。我们认为，这一合作能有效解决档案部门因体制限制难以参与政府大数据资源管理的问题，可打破部门之间的"信息壁垒"，推进档案共享的进程，因此，浙江的这一做法值得在全国范围内推广。

10.4.2　发挥基层档案馆的共享优势

1. 基层档案馆共享的独特优势

档案远程服务是目前社会需求量最大、最有成效的共享模式。考察目前各地远程服务实践，可以发现，基层档案馆在共享过程中地位重要、作用巨大，无论在民生档案资源还是区域位置方面都显示了独特优势。

（1）民生档案的"富矿"

基层档案馆馆藏的主体是本地区政府机关、企事业等单位形成的档案资源。鉴于我国与民生相关的行政事务大多为属地化管理，

---

①　浙江省政府成立省数据管理中心[J]. 互联网天地，2015(12)：58.

②　澎湃新闻. 重磅! 浙江省机构改革全面实施! （2018-10-23）［EB/OL］.［2019-11-21］. https://www.Thepaper.cn/newsDetail_forward_2555096.

③　徐拥军，王露露. 档案部门参与大数据战略的必备条件和关键问题——以浙江省为例[J]. 浙江档案，2018(11)：11-14.

民生事务归属于所属地区基层政府职能部门管辖范围，公民从出生直至故世，上学、就业、婚姻、房产交易、就医……分别归口至其户籍所在地基层涉民部门的教育、社保、民政、房产、卫生局等办理，所形成的文件材料最终都归档到所属基层档案馆集中保管，并提供档案利用。因此，基层档案馆职能具有显著属地性，馆藏档案中民生档案的数量、种类具有丰富性、完整性，是民生档案资源共享的"富矿"，具有开展共享的天然优势。

（2）远程服务的"后台"

从对档案利用要求看，利用者无不期望能以最便捷方式尽快办妥相关事项。但在办理个人事务过程中，利用者往往被要求出具档案或证明材料，通过远程服务平台，保存档案的基层档案馆在后台完成检索、出具证明，使利用者避免辗转奔波，实现"一门式"事务办理。另外，基层档案馆工作人员往往积累了多年工作经验，许多成为熟悉本地涉民机关沿革的"老法师"，当利用者遇到档案利用"疑难杂症"时，往往能为利用者出谋划策找到解决问题的路径。基层档案馆近民亲民，为公众档案共享利用提供支持。

（3）"一网通办"的"中坚"

基层档案馆在档案远程服务及"一网通办"政务服务中，纵向通过"馆际联动""馆社联动"上联省市档案馆、下联社区中心；横向以"馆室联动"协同立档单位档案部门，基于合作联动，整合民政、教育、卫生等系统民生档案资源，为"一网通办"的"一门式"服务提供必要的档案依据，成为远程服务的中坚力量，在政务服务这张大"网"中显示了档案服务的巨大活力与重要价值。

2. 重视基层档案馆共享优势的发挥

目前，许多省市基层档案馆的远程服务实践，有效满足了公众对档案共享利用的迫切需求，为提高档案公共服务能力拓展了途径。我们认为，在档案共享中，省市档案馆的组织领导固然重要，而基层档案馆面向公众提供的具体服务必不可缺。尤其鉴于具备独特优势，基层档案馆在档案资源共享中作用的发挥更应引起足够重视。

（1）抓好基础建设，发挥庞大数量优势

我国基层综合档案馆数量在国家档案馆中占绝对多数，地方综合档案馆一般按行政区划设置，区县级以上政府机构均有档案馆建制，因此区县级基层档案馆已经遍布全国，截至 2018 年年底，我国县（区、旗、市）级档案 2600 余个（同级档案行政管理部门 2658 个）。① 在国家档案主管部门统一领导下，各地基层档案馆已经在我国多层次的档案馆网体系中占有极为重要的地位，庞大的数量优势使基层档案馆已成为档案系统的主要力量。我国构建档案资源共享，应重视利用基层档案馆的数量优势，扎实做好基层档案馆的档案资源信息化等基础资源建设，为充分发挥基层档案馆在共享中的作用提前布局。

（2）重视民生档案建设，实现亲民优势

我国基层档案馆在"宝塔状"的档案馆体系中处于"塔基"位置，既是国家档案馆的重要组成部分，又扎根于社会基层面向公众，在档案资源共享中实际承担服务公众与社会组织第一线的重要职能。据我们调研的结果显示，近年来我国"十三五规划"对西部区县级档案馆的扶持政策资金全部到位后，基层档案馆基础设施条件总体已有较大提升，但基层档案馆长期以来未重视民生档案资源的接收问题，导致无法满足广大百姓利用需求的状况在一些地区依然存在。应该对基层档案馆亲民优势引起足够重视，在构建共享中全面组织、规划面向公众的档案资源建设，充分发挥基层档案馆的优势和作用，将档案资源共享落到实处。

（3）拓展社区服务窗口，扩大核心部门优势

目前浙江、上海、江苏等地基层档案馆远程服务已纳入"一网通办"政务服务统一平台，利用社区中心功能完善、方便近民的网格状布局，向社区服务窗口延伸档案共享服务，为公众带来满意的利用体验，在社会上赢得很大的认可。应充分认识基层档案馆在共

---

① 国家档案局政策法规研究司 2018 年度全国档案行政管理部门和档案馆基本情况摘要（一）［EB/OL］．［2019-09-26］．http://www.dawindow.com/news/201910/2557.html.

享组织体系结构中中坚力量和档案资源核心部门的优势地位，在政策、资金、人员等方面予以适当倾斜，以充分发挥基层档案馆在共享中的作用。

10.4.3　健全档案共享组织机制

1. 建设统一规范机制

统一基层档案馆、社区中心等共享主体工作规范。在现有档案利用制度的基础上，及时修订符合"一网通办"及馆际、馆社、馆室联动共享现状的规范制度，确保共享的推进有章可循、有法可依，服务窗口规范化、制度化、标准化。如上海市档案局面向各区档案馆发文明确了社区中心窗口服务"一口受理，专人办理"原则，为便民服务提供了制度保障；浙江省海盐县档案局编制一系列指南、手册等材料，明确了共享的程序要求与制度规范，遵照"分步实施、突出重点、项目化运作、确保安全"的原则分期推进，共享体系先打基础、后加载服务应用，服务系统部署上由点到面，利用模式上先代理、后自助查询，从而保证县域档案信息资源共享工程的顺利实施。①

2. 加强统筹协调机制

档案共享涉及众多部门、人员与环节，共享主体为跨地区、跨系统、跨部门合作，相互间缺乏行政隶属、领导与被领导关系，因此，通过统筹协调以解决实际运行中的各种问题和矛盾至关重要。应建立共享协调小组，由省市档案局馆牵头领导，各共享部门派员参加，建立常态化沟通协调机制，对存在的"难点""堵点"有针对性地进行梳理，并提出切实可行的解决方案。协调小组还应对共享服务情况进行监管，及时收集利用者的反馈意见，组织各共享部门

189

──────────

① 傅荣校，夏红平，王茂法. 基于县域的档案信息资源共享工程推进机制研究——以浙江省海盐县为例［J］. 中国档案，2015（11）：62-63.

定期就反馈意见举办座谈会，共同商议优化方案。

3. 实现合作联动机制

档案共享需要本地档案馆、异地档案馆以及社区中心之间在资源、平台与技术等方面的密切合作，对各环节无缝链接要求较高。因此，合作联动是档案共享的前提基础。一方面，应在签订协议的基础上，明确共享中的授权、委托、审批关系，划分前、后台档案服务人员的责任和分工，保证"馆社联动"机制整体运行的和谐、高效。另一方面，应根据具体问题创新合作联动机制。如安全保密合作，上海市档案局馆规定实行"双章制"机制，即"馆社联动"形成的档案证明必须由出证馆和受理社区双方分别盖章，以保证其安全性；服务过程合作，以社区中心窗口为前台，档案馆为后台，前台的"首接负责制"和后台的"接报必应制"，使社区、档案馆各司其职，合作联动默契配合。

4. 建立资格认证机制

建立资格认证机制是提高从业人员准入门槛、提升工作人员专业素质的有效举措。目前如美、英、法等发达国家已建立了较成熟的档案职业资格认证制度。① 我国应建立资格认证机制，解决档案共享建设进程中的一些难点问题，如档案鉴定包括归档鉴定、进馆鉴定、划控开放鉴定、定级鉴定到存毁鉴定，贯穿档案管理的全过程②，工作量大、对人员素质要求高，胜任鉴定工作的高素质专业人员数量严重不足，尤其基层档案馆此矛盾更为普遍、突出。我们认为，应在全国推行档案鉴定师资质考核认定机制，该制度将有效提升档案鉴定工作科学化、规范化、专业化水平，破解鉴定人才缺口较大"瓶颈"，适应国家档案资源整合共享的客观需要。

① 冯惠玲，刘越男等. 电子文件管理国家战略[M]. 北京：中国人民大学出版社，2011：372

② 戴志强. 关于国家档案资源整合的若干思考[J]. 中国档案，2002（8）：45-47.

5. 建构在职培训机制

据我们对各地档案馆人员的访谈及问卷调查结果，近年来，作为国家事业单位，高校档案专业毕业生须考上事业编制才能入职档案馆，加上国家有关政策，当前军转干部等非专业人员在馆比例较高现象突出，导致档案馆受过档案专业培训的专业人才欠缺，给档案馆工作带来一定影响。建构常态化在职培训机制已是当务之急。我国应学习发达国家如 NARA 注重员工培训，"扩大交叉培训计划，在更广泛的员工范围内提供更多机会"①，以确保员工过渡到完全电子化环境的策略。我国档案馆应抓好档案人才队伍建设，尤其要建立职业发展计划和强有力的从业人员培训机制。既要有全员培训制度，又要针对地方需求，有层次地开展培训；既要加强档案馆人员培训，也不应忽视社区档案服务及立档单位档案室人员的培训；培训应与专业晋升挂钩，确保达到培养相关人员专业能力、提高专业素质的目的。

6. 完善人力资源配置机制

目前各地档案馆在人力资源方面存在一系列问题，如西部地区人员不足、变换频繁、业务不连续，给档案工作造成很多困难；东部地区远程服务"馆社联动"模式将档案利用延伸到社区、乡镇，但社区层面人员不足、任务过重的矛盾显著。故制定完善科学的人力资源配置机制刻不容缓。这方面国内外的先进机制值得借鉴：NARA 制定战略规划，将"通过员工建设我们的未来"提升到主要战略目标地位。目前，大约53%的 NARA 职位在80天内被填满，"到2020财年85%的职位将在80天内完成填补"。为此，NARA 采取"重新设计前线岗位""设置新的职位等级""改进人力资源业务流程，调整服务方式"等具体措施。② 上海市对社区档案岗位主要采

191

① 资料来源：https://www. archives. gov/about/plans-reports/strategic-plan/strategic-plan-2018-2022.

② 资料来源：https://www. archives. gov/about/plans-reports/strategic-plan/strategic-plan-2018-2022.

用"一岗多人"机制或"A、B 角"机制，即在相近岗位之间，实行顶岗或互为备岗的 A、B 岗制度，每个岗位至少有两名在岗人员确保轮替，保障了社区档案服务岗位人员的配置合理性和专业性，截至 2017 年 6 月上海市街镇社区设档案工作岗近 300 个，并将视需要逐步增加。随着档案共享建设在全国越来越多省市推进，及时引入行之有效的组织管理机制，将有助于确保档案共享的顺利推进。

11 档案资源共享平台建设策略

"平台"可以联结两个或以上的种群，为彼此之间建立联系，满足种群的不同需求。① "平台"是快速配置资源的框架，它既可以是现实空间，也可以是虚拟空间。② 当前，虽然"平台"概念没有统一界定，但一般认为，平台战略的核心是构建多个参与主体共享的生态系统，通过整合资源以创造和传递更大的价值。我们认为，档案资源共享平台是在互联网环境下，档案部门为实现档案资源的互联互通、协同共享，满足社会的档案共享利用需求而建立的系统性平台，是档案共享所必需的载体与环境条件。

📚 11.1 宏观层面：构建全国性共享平台的建议

11.1.1 共享平台：变"数据烟囱"为"数据长河"

数据共享交换平台是实现档案共享的核心技术支撑。构建全国

---

① 陈威如. 平台战略：正在席卷全球的商业模式革命[M]. 北京：中信出版社，2013：35.

② 胡雯雯. 平台战略、资产经营与企业绩效[D]. 杭州：浙江工商大学，2015：8.

统一、多级互联的数据共享交换平台体系，实现跨层级、跨地域、跨部门的数据调度能力，有利于及时响应各地方、各部门数据服务需求。① 档案共享是一个极其复杂的系统工程，作为共享的必要载体与环境条件，平台建设极其重要。为此，建设共享平台一直是共享推进者探索的目标，规划共享时通常首先将平台与资源库建设作为前期工作。

然而，由于平台建设所涉及的对象非常广泛，我国全国范围的平台建设更是因数据格式、标准规范、互操作性、数据可读性等因素制约而迟迟未能起步。鉴于平台在共享中的重要基础地位，各地档案馆纷纷结合区域性远程服务、数字档案馆建设在本地范围内试点共享建设，上马建设共享平台。其中浙江、上海、北京、山东等一些省市的区域性平台建设取得较好成果，如 2017 年浙江省建成省域范围共享平台"浙江档案服务网"，平台投入使用后，全省范围 100 多家综合档案馆已登录该系统。又如上海市档案馆的"民生档案远程服务"平台，已在全市范围形成"共享通办"格局，浙、沪两地的平台建设分别全面覆盖本省、市区域范围，支持本地的档案共享服务基于网络平台有效运行。但更多省市的平台建设基于各种原因未能有效支持共享，甚至在一定程度上存在重复建设、互不兼容、投资浪费的现象。我们认为，建立全国统一的共享平台是将割据在"数据烟囱"中的数据引入"数据长河"的"桥梁"，只有借于这一"桥梁"，各地数据才能冲破林立的"烟囱"、汇入"长河"，自由流动、共享利用。

11.1.2 我国全国性共享平台建设进展的调研

《全国档案事业发展"十三五"规划纲要》提出任务：加快档案共享服务平台建设，实施国家数字档案资源融合共享服务工程，建

---

① 安小米，郭明军，魏玮. 政务信息系统整合共享工程中的协同创新共同体能力构建研究[J]. 情报理论与实践，2019，42(4)：76-82.

立开放档案资源社会化共享服务平台，制订档案数据开放计划。①
2019 年 3 月，李明华局长提出构建全国性共享大平台顶层设计构
想时指出，为加快推动档案信息化建设，2019 年将启动全国档案
查询利用服务平台建设，并提出通过平台对接要达到的近期目标与
远期目标。② 全国性共享平台的建成，是我国宏观层次向档案共享
之路迈出的一大步，对推进我国的档案共享进程具有巨大意义。

　　为了解全国档案共享平台进展现状的第一手资料，以对我国档
案共享平台建设的策略建议有较准确把握，我们专门对负责这一项
目的国家档案局有关部门进行了电话调研。据了解，鉴于目前条件
限制，在该平台建设的初期阶段，先以较少的资金投入搭建一个简
化版的全国性共享服务平台，即该平台体系目前未建网络平台系
统。全国性平台的近期构建目标是尽可能多地容纳、积聚各综合档
案馆，基本设想是首先将对接所有副省级综合档案馆，用户登录该
平台后可根据查询需求，选择 1~3 个目标档案馆，平台把公众的
查档需求直接分发到所选的相应各馆，由各馆根据自身馆藏情况在
线受理。然后以线下传真、寄递等方式反馈，回复用户。这样基本
可实现让利用者"最多跑一次"的愿望。全国性平台的远期目标是
将全国各级综合档案馆全部接入该平台，并扩大可查档范围；在有
条件的情况下再建设网络平台系统，最终实现全国范围的一网
查档。

　　根据调研得知，目前虽然全国性档案共享平台已进入招标采购
阶段，但实际运行还将面临一些难点问题，比如：如何尽可能多地
吸纳各级综合档案馆加入这一平台？如何确保加入平台的各档案馆
积极响应平台用户的查档需求？如何规范平台内档案馆提供档案共
享服务的行为？运行初期，国家档案局只负责统计与监督，对具体

---

　　①　国家档案局. 国家档案局关于印发《全国档案事业发展"十三五"规划
纲要》的通知［EB/OL］.［2016-04-11］. http://www.saac.gov.cn/news/2016-04/
07/content_136280.htm, 2016-04-11.

　　②　李明华. 在全国档案局长馆长会议上的工作报告［J］. 中国档案,
2019(4)：26.

服务情况将不做统一规范、不进行具体管理。该平台将由各地综合档案馆响应用户请求并分别由线下反馈共享查询结果,若利用者按规定选择1~3个目标档案馆未查到后,则被"置顶"等待其他档案馆"认领"任务,等等。因此我们认为,全国性的共享平台虽即将建立,但初期该平台实质上只是部分解决了档案数据共享问题,与完全运行于线上、真正意义上的共享平台体系还有一定距离。全国性共享平台有待做大、做实、做强,其发展中的一系列问题值得引起档案界重视并予以研究解决。

11.1.3　全国性共享平台建设的对策建议

建成全国性档案共享平台,将极大地促进全国范围档案共享,改变数据割据局面,是档案共享发展的必然趋势。全国性档案共享平台的搭建为档案共享发展提供了新契机,至少实现了两个方面的重要突破:一是范围扩大。整合档案资源,实现在全国范围的共享利用;二是功能整合。在国家宏观层面建设集一网查档、办事出证、便民服务等功能为一体的综合利用平台,实现了多功能聚合的平台效应。针对如何保障平台建设的近期落实与远期拓展,我们认为可从以下几个方面解决:

1. 近期落实措施

(1)规范责任与义务。随着全国性档案共享平台的建立和运行,鉴于我国档案资源共享法律法规的空缺,国家档案局应制定相应的管理规范和办法,如制定《档案资源共享暂行办法》。办法中应明确档案资源共享各主体的权利、义务与责任,界定档案资源移交进馆及共享利用的范围,重点解决各类档案资源开放与提供利用责任问题,明确无条件共享、有条件共享、不予共享的档案范围,确保以法制保障各地档案馆愿意共享、规范参与共享。

(2)逐步推进与落实。以"统一平台、覆盖全国、分步接入"为原则,初期阶段,可在兼顾全国各省覆盖面的前提下,保证每个省(直辖市)的副省级以上综合档案馆进入平台作为试点,对符合接入平台的档案馆条件、档案服务流程、利用要求及数据接入规范等方面作出统一规定。在试运行平稳的基础上，将共享规划与任务清单从国家→省、省→市、市→区(县)档案馆层层推进，上下贯通、逐步落实，使各档案馆在明确要求的前提下，规范地向平台提供数据，保障平台的数据支撑和运行基础。

(3)建立绩效评估与监督问责并行的约束机制。在全国性档案共享平台运行中，国家档案局主要起到统筹监督的第三方作用，一方面要从正面加强引导，建立绩效评价体系，对参与资源共享突出的地方档案馆采取一定的奖励与表彰措施(如年终评比先进单位并表彰与授予奖状)；另一方面要强化监督问责机制，对于未按要求报送档案数据、提供利用(如未及时响应利用请求)的档案馆，加强督导和检查，确保平台运行的效果。

2. 远期拓展规划

待国家制度、标准等规范和地方档案馆资源整合等各方面条件基本成熟后，远期全国性共享平台建设应及时升级平台架构和功能，构建统一网络共享与交换系统，借鉴发达国家如美国电子文件档案馆(ERA)的运行模式，真正实现全国范围的"一网查档""远程共享"。鉴于各地档案馆信息化水平不一，我们认为应注意做好以下方面的统一规划：

(1)统一数据格式标准。在平台功能拓展中，要根据全国范围统一标准规范，明确规定纳入平台的档案数据所必须符合的数据格式、质量标准、数据可读性、互操作性等要求，确保档案数据可查可用。

(2)统一平台接口。各级综合档案馆的网络平台建设标准不一，要实现全国性档案共享利用平台与各级综合档案馆的顺利对接，必须统一网络平台接口，保障档案数据资源在平台内的交互共享畅通无阻。

(3)统一业务流程。在平台远期拓展过程，为实现全国范围内的一网查档，需要对档案共享查档进行流程再造，实现平台统一身份认证，使用户经审核后能直接通过平台获取由保存地档案馆上传的档案数据，或可由"首接待"受理方负责向数据提供方提出利用申请，经审核后予以授权共享利用档案，使共享利用流程完全运行于线上，以"一门式"查档取代任务"置顶"等待"认领"的被动局面，实现真正意义上的全国性"一网查档"。

（4）强化服务器功能。全国范围"一网查档"对平台服务器的考验极大，面临用户增多、承载的服务量较大等压力，必须具有一定程度的可扩展性、可用性、易管理性及稳定性，需要相应的信息技术部门对平台服务器的设计开发、检测、试运行、系统维护的全流程进行管控，提高服务器响应服务请求、承担服务、保障服务的能力。

（5）强化信息安全。档案资源共享范围扩大，面临的安全风险相应增大，不仅要从档案资源角度严密把控信息安全，还要从平台的各个层面，如物理层、网络层、系统层、应用层、管理层等采取相应的防护措施，加强对平台系统的安全保障，确保档案信息在传递、流转中的安全。

11.1.4　美国档案共享平台（ERA）建设概况①

了解发达国家档案共享平台建设情况，对我国即将要开始的相关建设有着针对性参考价值。因此，我们调研了 NARA 网站，希望通过对美国档案共享平台（ERA）的功能、模块等介绍，对该平台有所了解与借鉴。

美国电子文件档案平台（Electronic Records Archives，ERA）是为了政府机构电子文件归档而开发的"系统的系统"，旨在支持 NARA 内部及整个联邦政府授权用户的访问，提供档案共享，它可以确保电子档案的长期保存和共享，是世界上最先进的档案信息资源管理平台。

---

① 资料来源：National Archives and Records Administration. Open Government Plan 2016-2018. https://usnationalarchives. github. io/opengovplan/ researchservices/

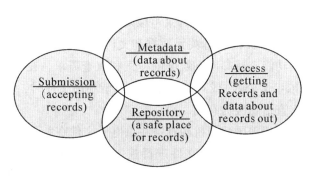

图 11-1　ERA 基本功能示意图①

该图简化了 ERA 架构的复杂性，展示 ERA 执行的元数据、移交、保存与访问四个基本功能：

①政府机构通过移交功能将文件和元数据传递到 ERA 中。

②电子文件在存储库中得以保存和审查。

③有关档案的价值、创建及处理过程等信息都记录在元数据中。

④公众可利用国家档案目录查找对公众开放的档案。

ERA 一直在持续改进中，目前已进化到更简洁的 2.0 阶段，有三个模块：

①数字处理模块（DPE）：支持提取过程，提供了电子文件验证和处理功能所需的软件工具和元数据编辑功能。

②业务对象管理模块（BOM）：负责在线表格和审批工作流程，用于处理政府文件向 NARA 的移交工作。

③数字对象仓储模块（DOR）：经以上处理和验证后，由 DOR 提供电子文件的长期存储、搜索和检索功能。DOR 提供所有数字馆藏的管理和保存功能，包括信息的记录、版本控制、检索和报

① 资料来源：National Archives and Records Administration. Open Government Plan 2016-2018. https://usnationalarchives. github. io/opengovplan/ researchservices/

告。DOR 还负责所有操作的审查跟踪。

通过 NARA 国家档案馆目录可以对文件进行公开访问，此外，DOR 将为工作人员提供有关元数据和文件内容的更高级别的搜索功能。该项功能支持高度细粒度的搜索和审查需求，在响应《信息自由法》(依申请公开)或其他研究人员申请利用文件时，对查找敏感内容和审查信息极为有用。

目前，鉴于美国政府机构日益注重电子文件在"云"中的管理，NARA 致力于对"云"中的文件进行控制、处理和访问，换言之，档案管理人员将完全在"云"中工作，如著录和重新格式化，并在虚拟工作台直接处理"云"中的文件。

11.1.5　共享平台体系的构建方案

我们认为，为实现不同部门之间的资源互联互通、协同共享而建立的共享平台不是平面、单一的平台，而是一个立体、综合的平台体系。共享平台体系不仅有应用服务平台(前台)，以实现面向公众的前台受理、查询、出证等功能；有信息资源平台(后台)，包含提供支持检索的档案数据库；还应有设施技术平台(后台)，承载网络、设备、软件等基础设施与技术。

1. 信息资源平台

信息资源平台包括各种类型的档案信息资源库，是提供检索的共享数据库，也是整个共享系统的资源基础。共享资源库的构成及数据架构如下：

(1)共享资源库构成

在对一些省市档案馆信息部门及中信信息公司等有关人员的调研后，我们认为共享资源库构成应包括以下部分：

目录数据库。记录档案的特征信息和元数据信息；

全文数据库。以文本或影像格式存放在存储设备，记录档案原始内容；

管理过程数据库。记录档案从收集到销毁的全过程、全方位管理信息；

标准规范数据库。记录各类规范标准信息，包括档案规范标准信息，编码规范信息等；

系统维护数据库。记录系统运行的各种信息，包括系统初始化数据、用户权限数据、系统日志等。

（2）数据架构

采用分层级集中+分布式检索的"一站式"设计，用户检索时，先通过各地分布式数据库查到目录索引，再根据目录索引到对应的各地分布式资源库中调阅目录的详细信息或者全文信息。通过VPN（Virtual Personal Network）虚拟专用网通道将远程用户、分支机构、业务伙伴与单位局域网连接起来。用户的访问请求可以指向档案共享平台体系的应用服务，信息资源的物理存储位置则可忽略。

2. 设施技术平台

设施技术平台承载网络、设备、软件等基础设施，依托信息技术完成系统管理、数据交换及审批、传输等一系列工作程序，是网络及其相关后台的支持平台。应具备"包括机房、网络、主机、储存、备份设备、系统软件等信息系统运行的物理场所以及共享信息的工作环境等信息系统正常运行所必需的基础设施"。①

（1）平台功能

设施技术平台具备主要功能有：

①数据采集与审批功能。通过采集一定区域范围内不同部门的档案资源，并对其进行维护、排序、审核、专题制作等统一管理，形成共用的档案共享数据库，进而达到分散型资源联合及筛选目的。

②数据查询与分析功能。核心内容是为不同共享部门提供档案资源的查询服务。在对使用人员的权限进行规范设定的前提下，进行关键词检索、组合检索及分类检索。

———————

① 姜海."互联网+"时代档案信息资源共享组织结构及其模式研究[J].山西档案，2016(9)：51.

③数据传输与交换功能。拥有强大的信息交换、应用与服务集成能力，为不同级别、不同部门之间提供实时的数据传输交换通道，是解决档案共享异地出证、完成"一站式"服务的关键。

④数据安全控制功能。技术平台建设要充分考虑平台运行的安全性，在设备配置、传输网络、流程设计等方面提升远程服务数据安全的保障能力。

⑤技术系统除能实现上述各类应用功能外，还应完成格式转换服务、全文检索服务、文档安全服务、异构整合服务等各种基础应用。

（2）技术应用

数据分散在各个分布式资源库中，平台需完成分布式资源库中数据的实时汇总，实现远程的快速检索，同时共享系统建设在技术选择上，一方面要适应技术发展的整体趋势，另一方面要确保达到档案真实性、完整性、可用性和安全性要求。下列技术在目前区域性共享中普遍采用，我们认为在档案资源共享建设中应当重视这些技术的研究与应用：

①网格技术。将网格技术应用于档案领域，可以将物理上分布在各单位、各地域的档案数据连接在一起，形成一个庞大的档案信息资源库，跨单位、跨地域共享资源库及各种在线资源，在共享平台上用户可通过单一入口访问所有可供共享的网络资源。

②分布式并行检索技术。为用户提供档案全文、图片、音频等多媒体资源的核心技术。针对调阅请求，调度位于各分布式资源库中的档案资源，快速响应、满足用户的调阅请求，改善用户体验。

③分布式调阅技术。包括数据模型可视化建模、各类数据的动态抽取与整合、对各类独立数据库系统的接口等技术。可以实现对广泛存在于数据库和文件系统中的结构化数据的分布式联合检索。

④全文及关系索引联合检索技术。针对传统的全文检索无法做到对档案信息资源精确、细分检索的情况，本技术具备独立运行的关系和全文联合索引服务器，可根据检索请求对索引进行动态规划，可提供百万级数据精确检索的秒级别响应速度。

⑤分布式授权技术。系统在运行时对授权链条进行动态追踪，

并留下访问日志，可以有效解决大规模、分布式条件下的资源访问授权控制。利用授权链动态优化技术，可把授权降低到200毫秒以内，不影响用户的访问体验。

⑥检索服务负载均衡技术。通过对资源的动态监测，可实时掌握参与系统的每个资源的实时及历史状态，并制定出资源调度策略。当出现用户峰值的时候，可把分布式处理的环节动态切换到闲置资源，实现对资源平台的充分利用，大大提高了系统响应速度。

3. 应用服务平台

位于前台的应用服务平台具有面向利用者实现受理、查询等服务功能，是开展共享所必需的环境条件。共享利用中，尽管利用者分散在各地，但在信息资源平台、技术设施平台的后台支持下，应用服务平台能完成整套服务流程，实现快速的远程共享利用。

（1）设计要求

界面友好。界面简洁、布局合理，符合用户检索利用习惯。

流程清晰。系统功能模块设计应实用且便于操作。

扩展配置。系统对新增共享档案类型可实现配置，包括档案类型字段及查询项、列表项、表单项等。

性能高配。在最初系统设计时应已考虑周全高配、优化的性能指标，以高速度实现检索和页面展示，实现系统运行的高效率。

安全可溯。系统保障数据传输的安全性，避免内部数据与外部网络直接通信，在服务器上保存系统运行日志出现问题即可追溯。

（2）实现功能

应用服务平台包括受理登记、受理查询、利用查询、查档审批、档案检索等具体功能，在该系统的相应模块支持下，面向用户提供一站式的应用服务。此外，应用系统通常还有统计分析功能，包括档案馆利用、跨馆利用、档案馆下属受理点受理情况统计等。

在共享平台体系，尽管数据分散在各个分布式资源库中，但平台能完成分布式资源库中数据的实时汇总，实现远程的快速检索；尽管利用者分散在各地，但平台能完成接受利用申请直至线上传输，提供利用。

11.2　宏观层面：构建国家档案目录的建议

目录信息共享是信息资源共享的基础，因此，构建国家档案目录是开展档案共享的重要步骤。已经启动的我国政务信息资源共享目录编制、发达国家如美国 NARA 的国家档案目录战略等国内外实践，已为我国国家档案目录建设提供了参考范例。我们应在研究上述范例的先进经验基础上，深入探索构建我国国家档案目录的理论与实践问题。

11.2.1　国家档案目录：架设"数据长河"的"桥梁"

通过国家档案目录的编制，建立包括档案信息资源、元数据、标准规范等要素的档案目录共享体系，可在全国性共享平台"数据长河"上，架设起档案目录共享利用的"桥梁"，将有效改善目前部门、地区之间的"数据割据""信息孤岛"现状，使宏观层面档案共享在建立全国性共享平台的基础上再扎实地前进一大步。

1. 我国政务信息资源目录编制情况简介

我国已经启动政务信息资源目录编制工作并取得成效，政务信息资源整合共享对档案资源共享具有重要示范意义、产生积极影响。我们从政务信息资源分类、数据共享开放的目标、目录内容及共享和开放要求等方面简要介绍政务信息资源目录编制情况，以期对我国构建国家档案目录提供有益经验。

2016 年 9 月国务院发布《政务信息资源共享管理暂行办法》（以下简称《办法》）。同年 12 月，发改委发布《政务信息资源目录编制指南》（以下简称《指南》），指出："国家政务信息资源目录体系，是实现国家政务数据共享开放和服务的重要基础。"①"构建目录，

---

①　周德铭. 政务信息资源目录编制与共享开放［EB/OL］.［2017-07-26］. 国脉电子政务网. https://www.govmade.com/outpoint/5150.htm.

开展政务信息资源目录编制和全国大普查"也是受到多数网民好评的"大事"(关注度达90.15,满意度达99.56)。专家认为,政务信息资源目录体系的建设是政务管理、信息共享和信息化工作的基础,通过全面梳理政府信息资源,掌握了解全国政府资源现状以及部门业务情况,可以形成一份完整统一的政务数据地图。共享目录的建设将提高群众享受政府服务的便捷程度,有利于实现真正的"数据多跑路,群众少跑腿"。①

我国政务信息资源目录编制情况概述如下:

①政务信息资源分类:主要分为人口等基础信息、"互联网+公共服务"为主题的政务信息及党、政部门的政务信息资源三大类。

②政务数据共享开放的目标:到2020年,基本实现政府数据的部门共享和社会开放,见图11-2。

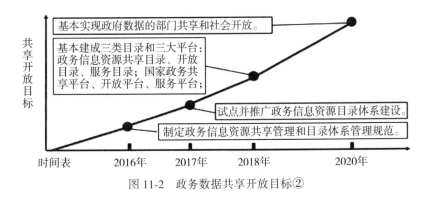

图11-2　政务数据共享开放目标②

③目录内容:主要包括服务事项、服务清单与电子证照三个方面。选择反映基础类、主题类和部门类的资源文件、数据库、图

205

①　国家信息中心信息化研究部.《政务信息系统整合共享实施方案》大数据分析报告[EB/OL].[2017-08-01].http://www.sic.gov.cn/

②　周德铭.政务信息资源目录编制与共享开放[EB/OL].[2017-07-26].国脉电子政务网,https://www.govmade.com/outpoint/5150.htm.

像、音像等各类共享开放和服务的政务数据，形成共享目录、开放目录和服务目录。①

④共享和开放要求：国务院与国家发改委都已发文规定，政务数据要在公共服务中开放共享。为此，需要建设"一个中心、两大系统、三大平台"服务架构。把现在的政务大厅、政府网站、手机客户端等整合到服务平台，同时开放数据平台，授予办事人员服务事项后，系统输出到共享平台，关联到政务系统，服务平台和服务系统实现共享开放。②

2. NARA国家档案目录及其策略概述③④⑤⑥⑦

2013年以来，NARA为实现更强大、更复杂的档案共享目标，与 Search Technologies 公司合作，设计开发了国家档案目录（National Archives Catalog，NAC）。2013年8月在线目录检索系统档案检索目录（ARC）退役，由在线公共访问通道（OPA）取代。OPA是集成在线档案信息门户，信息资源包括 ARC 以及档案数据库通道（ADD）中的7个系统、档案共享平台（ERA）所有的政府档案网页和所有的总统图书馆网页100万电子记录档案。建立 OPA 的目的是让专业人员和公众能进行跨库一次多样性检索。现在，

---

① 周德铭. 构建政务数据共享开放大平台［EB/OL］.［2017-09-07］. 国脉电子政务网，https://www.govmade.com/outpoint/5148.htm.

② 周德铭. 构建政务数据共享开放大平台［EB/OL］.［2017-09-07］. 国脉电子政务网，https://www.govmade.com/outpoint/5148.htm.

③ 资料来源：https://narations.blogs.archives.gov/2014/12/05/introducing-the-updated-national-archives-catalog/.

④ 资料来源：https://www.archives.gov/research/catalog/about.html#arc.

⑤ 资料来源：https://www.archives.gov/research/catalog/help/using.html#top.

⑥ 资料来源：https://www.archives.gov/about/plans-reports/strategic-plan/strategic-plan-2018-2022.

⑦ 资料来源：National Archives and Records Administration. Open Government Plan 2016-2018. https://usnationalarchives.github.io/opengovplan/researchservices/.

OPA 中的数据正逐渐向 NAC 迁移，并将被 NAC 取代。

国家档案目录由全新的搜索引擎提供支持，具有更高的相关性排名和更快的响应时间。该系统已扩大规模，最初可以处理 100 TB 的数据，将来的容量可达 10000 TB。该目录是美国国家档案馆中第二个完全在云中启动的系统，并且与 NARA 员工用来输入著录和上传数字内容的后端系统完全集成，这意味着系统维护所需的停机时间最少，每周可更新内容以供检索和共享。

国家档案目录中现有 1300 万多条数据，包括数字化档案和原生数字档案。国家档案馆 94% 以上的档案著录在目录中，共著录了 1090 万件。目录内容涵盖各种格式和主题，包括纸质文件、录音、图片、电子文件等。NARA 通过在线国家档案目录，响应书面信函、电子邮件和电话的利用请求，提供全国公众对档案文件的共享利用，其中部分档案资源可供用户免费下载。

《2014—2016 开放政府计划》以来，NARA 致力于启动国家档案目录，将其作为新系统，增加了数百万条在线记录，并提高了检索能力。该目录已针对移动设备进行了优化，以增强公众基于手机等任何设备访问的能力。NARA 还为公众和员工启动了应用程序接口 API，以更好地利用目录中包含的基础数据。该系统还具有新的主页设计，以突出显示精选档案供公众共享。

目前，NARA 通过《2016—2018 开放政府计划》对国家档案目录进行全面优化部署，开发工作将集中于提高系统的性能和可扩展性，以便可以有效地提供对数千万甚至几亿条档案的访问。为此，将聚焦以下方面对国家档案目录做进一步开发：

①提高系统的性能和可扩展性，并利用开源平台，使该目录能有效提供对数千万条甚至数亿条记录的访问。

②扩大众包活动规模，并将系统新增的标签、抄录、注释纳入目录中。该目录现拥有超过 1.5 万个活跃用户账户，正成为公民档案员众包活动的一个强大平台，有助于目录的用户通过新的方式发现档案中蕴藏的信息。

③将国家档案目录的搜索结果更好地集成到 Archives. gov 网站中，并探索使用第三方搜索引擎从国家档案目录中查找、索引、显

示档案信息和元数据。

④运用 API 开发国家档案目录中的档案及相关资源，实现数据可视化，以凸显档案信息，进一步便于共享。

⑤在目录中设计一种功能，使公众可为档案的数字化进行投票或提名。

⑥探索为公众显示数字化进展的更大透明度，以便于公众进入国家档案馆目录进行在线访问。

⑦探索与外部标准相符的著录方式，以提升与数字图书馆协作与数据共享的能力。

3. 我国国家档案目录建设构想

中央于 2014 年发文要求有条件的档案馆要通过整合档案目录等形式整合档案资源。① 针对当前存在档案资源分散、档案数据结构不一致及档案利用渠道不统一等档案共享不利因素，我们认为，应开启我国国家档案目录建设，探索档案目录信息共享的研究和实践，通过构建包含信息资源、元数据、标准规范等要素的目录体系，架设起"数据长河"的"桥梁"，加快全国档案共享的进程。鉴于我国目前欠缺档案目录共享统一规范和数据库结构规范标准，各地档案信息化程度参差不齐，尤其是缺乏全国档案目录建设的实践经验，因此需从区域向全国逐步推进：

首先，开展市级共享试点。有必要学习我国政务信息目录建设策略，以市级档案目录共享试点为突破口，探索基于目录共享的标准构建、资源整合、安全保障及平台建设路径，积累相关经验。

其次，拓展省级区域性共享。在市级区域试点取得成功的基础上，将档案目录共享推进到全省范围。

再次，向全国范围推广。由国家档案局编制方案，组织地方和有关单位参与，开展全国档案目录建设。

最后，全国一体化共享体系。市级层次平台建设档案目录共享

---

① 资料来源：2014 年 5 月中央办公厅、国务院办公厅印发的《关于加强和改进新形势下档案工作的意见》。

的基础上，与政务信息目录建设策略类似，"城市之间的共享与开放要依托省级平台，省之间的共享开放靠国家平台，从而构建起依托于互联网，基于国家、省、市三级联动的全国一体化共享体系"①。

11.2.2 国家档案目录建设路径

1. 制定国家档案目录标准规范

目前各立档单位档案信息管理系统开发标准不一致，使档案目录自形成起就没有统一的标准规范，加剧了档案目录信息在共享和利用过程中的混乱。因此，极有必要通过制定统一的档案目录共享标准规范改变乱象。另外，通过制定统一的目录共享和数据库建设标准，明确档案馆及立档单位的工作责任和要求，目录共享标准规范为档案目录共享提供依据，对推进目录共享至关重要。

具体制定国家档案目录标准规范，一是应围绕档案目录信息库的建设制定相应《数据结构标准》《数据整理要求》《维护管理规范》等必备的标准规范；二是可借鉴政务信息资源目录的经验，制定《档案目录信息编制指南》，规范和细化档案目录信息的组织编制、工作程序、审核管理、使用规范等方面的内容。

2. 整合档案目录信息资源

（1）整合对象

基于分布范围，主要包括档案馆的档案目录数据信息及立档单位的档案目录数据信息。在具体试点过程中宜采用"分层实施"的策略：首先完成对市级档案馆档案目录数据信息和市级立档单位档案目录数据信息的整合；再逐步向区级档案馆及区级立档单位推广和延伸。

---

① 周德铭. 政务信息资源目录编制与共享开放［EB/OL］.［2017-07-26］. 国脉电子政务网，https://www.govmade.com/outpoint/5150.htm.

基于档案类型，建议从民生档案入手，原因在于：一是可以有效缓和当前民生档案社会利用需求量大与资源整合共享度低之间的矛盾；二是与"全国范围民生档案共享试点"相衔接（理由不赘述见第9章）。对档案馆馆藏民生档案、涉民单位档案资源情况进行调查，并梳理形成资源清单，编制目录后进行审核、汇总、发布到共享平台，形成目录体系，以便在共享平台上进行民生档案资源的交换和共享，具体流程见图11-3。

图 11-3 档案资源目录编制流程图

（2）体系架构

档案资源目录体系由多种要素组成，是多个方面运行的一个集合体。总体架构主要包括用户、平台、数据库、基础设施、标准体系、保障体系等模块，具体如图11-4所示。

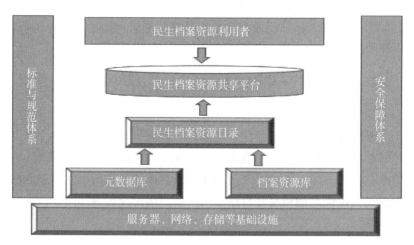

图 11-4 民生档案资源目录体系架构图

3. 档案目录信息平台建设

档案目录信息应基于网络平台，实现真正意义上的共享。该共享平台可基于各地的政务内网进行建设，鉴于政务内网功能定位为办公系统，管理要求上属于涉密网，为保障涉密档案的安全，应满足涉密信息系统分级保护管理的相关规定。同时，从各方面做好平台的安全防护工作。档案目录信息库可采用"集中+分布式"的建设模式，通过建立中心节点和分支节点，打通全市档案目录信息的内部共建共享渠道，实现档案目录数据联网查询和共享利用。

该平台的功能模块包括信息门户、档案目录收集、档案目录共享利用、信息交互、统计分析等功能。推广分布式检索技术，用户可从任一节点发起查询，对中心节点和各分支节点的档案目录信息库进行分布式并行检索，实现档案目录信息分布式检索，共享利用全流程线上办理。将来，随着信息化水平及"云"技术的提升，我国将与 NARA 一样，国家档案目录将是一个基于"云"的服务。档案管理人员将完全在"云"中工作，利用嵌入式工具进行著录等批量操作，并在虚拟工作台直接处理"云"中的文件。

根据国家政务信息资源整合共享的经验，通过与国家、各省市民生档案目录共享平台对接，可为推进全国民生档案目录互联互通、共享服务提供资源基础和数据支撑，推动民生档案目录数据共享的有效落实。在民生档案目录整合共享试点基础上，再逐步向文书档案、专业档案等类型推广。通过建立档案目录共享体系最大限度地归集、整合档案数据，为社会搭建起通向"数据长河"的"桥梁"。

11.3　中观层面：档案共享平台试点建设

全国档案共享平台的建设应坚持"分步接入"原则，建议初期阶段，可在有条件的省市开展试点，待条件成熟再将共享规划与任务清单从上至下层层推进，以逐步落实、上下贯通。

11.3.1　搭建长三角区域共享平台

　　基于档案资源整合共享的现有实践，区域范围内开展联动共享是顺应民众需求、符合档案工作发展方向的重要举措。目前，由于缺乏统一的档案共享平台，除少数省市外，我国档案查档出证主要依赖于传真、邮件等传统线下手段，大大限制了档案共享的质量和效率。备受关注的长三角民生档案区域远程共享就是一个典型例子。此前，各省市分头行动，浙江打造省级档案信息网、上海开展"全市通办"档案服务、江苏搭建"异地查档、跨馆服务"网络、安徽建设"数字档案资源共享平台"，缺乏跨省市统一档案共享平台，导致共享利用始终只停留在本地范围，这也是目前我国档案共享建设的共通问题。"长三角地区迫切需要以'网络通''平台通''数据通'的'三通'为目标，搭建便捷、安全、智能的区域档案利用平台"①，在此基础上构建档案共享平台，推动长三角区域档案资源的共享。

　　目前，江、浙、沪、皖正在积极筹划长三角档案共享平台建设，我们认为，浙江省作为平台建设牵头馆首先应组织对各成员馆档案资源、平台基础情况进行调查了解，其他各省市档案馆则应积极配合。搭建档案共享平台应在符合各成员馆现状和需求的情况下进行。该平台可依托省市的政务内网，对接各地方档案馆的档案远程共享服务系统，实现对长三角全区域档案资源进行基于协同、集成管理下的共享服务，打破省市间的"信息壁垒"。在联动范围上，可先以长三角目前已经实现民生档案远程线下共享的 345 家综合档案馆②为基础，逐步拓展符合条件的档案馆；在共享内容上，以婚

　　① 　徐未晚. 互联互通加快促进长三角民生档案区域共享［N］. 中国档案报，2019-05-23.

　　② 　新浪上海. 长三角异地查档可在线办理 345 家档案馆实现互查互寻（2019-09-05）［EB/OL］.［2020-02-18］. http://www.gov.cn/xinwen/2018-06/30/content_5302403.htm.

姻登记、退伍军人、知青、学籍等民生档案为试点，逐渐扩大共享
档案类别，最终实现长三角地区档案数据的全程线上互联互通。

11.3.2　对接"一网通办"政务平台

"一网通办"是致力于打造"一站式"政务服务的平台，长三角
地区"一网通办"平台已于2019年5月上线开通，在"档案查询"模
块提供婚姻登记、学籍、人才引进及再生育子女审批四类档案查
询。下一步，长三角地区将共建统一共享的档案服务平台，并接入
政务服务"一网通办"平台，以实现共享利用。

鉴于目前正在建设的国家政务共享平台同意下一批给档案部门
划一块，档案部门第一步可将本来就在政务平台上的数据先转入
"一网通办"平台，再根据政务事项所需不断扩大共享范围，逐步
推进各综合档案馆馆藏资源的上传，实现长三角档案数据共享。未
来，可统一接入全国档案共享平台，最终实现全国范围共享的顺利
运行。

"一网通办"是政府顺应时代发展需要，推动电子政务进入以
"互联互通、数据共享、业务协同"为主要特征的"互联网+政务服
务"新阶段的成果，建设了一体化政务服务平台，打造线上线下融
合一体的OTO服务新模式，将服务事项一网受理、一次办成。①
实质上，档案共享平台建设与国家"一网通办"系统目标一致，档
案共享平台最终也将纳入"一网通办""一网统管"系统，作为服务
事项之一为公众提供线上统一服务。2019年，上海市民生档案查
询事项在"一网通办"总门户上线，网办档案种类达15种，完成
224件"0跑动"查档服务，市民只需在实体窗口申请查档，通过市
民云APP出示电子证照，工作人员在线验证后即可提供查档服务，
实现了查档"0材料提交"。"国家政务服务平台是全国一体化在线

213

---

① 新华网. 上海推进"一网通办"：全市一张网 要通更要办（2018-05-
14）[EB/OL]．[2019-11-28]．http://www.xinhuanet.com/politics/2018-05/14/c_
1122830941.htm.

政务服务平台的总枢纽，将成为联通各地区各部门的信息高速公路枢纽和数据共享交换总线。"①因此，将档案资源共享平台纳入"一网通办"系统平台，档案服务融入"一网通办"网上政务服务范围，是符合国家战略、公众利益的策略，是向全国范围档案共享最终目标奋进的重要过程和措施。

档案资源共享平台经由微观层面的省市共享平台，向中观层面的省市区域间共享平台、宏观层面国家共享平台汇集，使各立档单位档案资源突破地方"数据烟囱"局限，汇入国家"数据长河"，这是档案资源共享发展的重要途径和战略选择。

11.4　微观层面：整合各地信息系统纳入全国性共享平台

11.4.1　促进地方档案信息系统整合

就目前来看，虽然很多地区已经或者正在构建本地档案共享平台，纳入区域性共享平台的档案信息系统也逐渐增加。但由于现存档案信息系统数量多、质量参差不齐、且数据格式标准不一，导致档案资源共享时产生系统对接等多方面障碍，废弃不用、闲置多年的档案信息系统逐渐增多。

"加快消除'僵尸'信息系统，促进部门内部信息系统整合共享"是《政务信息系统整合共享实施方案》的主要任务之一。同样，构建档案共享过程中，各省市档案部门也应精简档案信息系统数量，及时淘汰系统功能落后、与业务需求脱节的信息系统；将服务运行能力弱、使用频率低或废弃不用的档案信息系统向档案共享平

214

① 央广网. 一网通办，让政务平台"全国一家亲"（2018-08-29）［EB/OL］. ［2019-11-28］. https://baijiahao. baidu. com/s? id = 1610106540935735867&wfr=spider&for=pc.

台或"一网通办"政务平台上迁移；消除"僵尸"信息系统，将"林立烟囱"中的数据汇集至"数据长河"，将原本分散、独立的档案信息系统整合融入互联互通、业务协同、信息共享的"大系统"。并且，要将经过剔除、整改和更新后的档案信息系统接入档案资源共享平台，将目前零散的档案共享利用服务整合归并，促进档案信息系统整合共享，提升档案共享服务的网络平台支撑能力。

11.4.2　构建"数据长河"的共享基础

　　规范统一的共享平台是各省市档案资源汇入"数据长河"的必要载体和基础。以上海市民生档案远程服务为例，档案共享平台架构是在上海市档案馆建设一个全市核心节点，并在各区县档案馆与共享立档单位部署节点，依托上海市公众信息网 VPN 专网，将市档案馆和所有共享单位的数据资源整合在一起。

　　在档案局馆的监督指导下，使档案馆和各立档单位室藏数字档案系统的接口及数据标准统一协调，以保证室藏档案资源顺利挂接至数据库，并确保归入的档案数据资源可有效查用，为各立档单位室藏档案资源整合归集进数据库奠定基础。

　　另外，近年来，我国移动服务高速发展，移动互联网技术为档案服务提供了新的路径。国家档案局制定施行《档案移动服务平台建设指南》作为指导各档案机构建设档案移动服务平台的依据，档案部门应创新服务途径，构建档案网站及 App、微信公众号等档案移动服务应用平台，将档案共享向自助终端、移动端拓展延伸。

11.4.3　弥合东、西部地区发展差距

　　目前，东、西部地区之间档案共享基础不同、差异明显，东、西部差异非一日之寒，因此，问题的解决绝非一日之功。本课题组的访谈与问卷调查显示，西部地区档案馆有人提出，目前"十三五"资助西部地区县级档案馆建设政策已基本完成，希望下一步国家层面针对信息化建设再继续给予专项资助政策。我们认为，宏观

层面，国家在统筹规划档案馆建设时应考虑兼顾地区差异的顶层设计；同时在微观层面，东、西部地区省市之间还应通过其他方法，如创新机制改变现状、弥合差距，例如，应紧密东、西部地区档案馆之间的沟通、联系，可采用档案共享走在前列的东部省市，与西部发展较缓省市之间"结对共享"等针对性措施，除档案资源共享外，还应在理念、规范、机制、方法等方面展开对口指导、具体示范，从而避免经济落后地区再重复研发甚至走弯路，档案共享利用平台重复建设、互不兼容的状况，造成有限经费的巨大浪费。从西部地区有关档案部门而言，工作人员应发扬艰苦奋斗精神，从主观上重视档案资源共享建设，应对后进地区摸排、掌握档案资源家底，改变馆藏布局中大量专业档案没有移交进馆、安全不保证现状。根据本地实际，积极思考档案资源建设的着力点，主动借鉴先进地区经验；通过发挥档案在地区建设中的作用，取得领导的认可；精心规划路径、推进本地区档案工作的开展。

11.5　强化平台管理保障机制

11.5.1　风险控制机制

　　档案资源共享平台对网络和技术的高度依赖性决定了它面临着诸多风险，对档案资源的安全形成威胁，因此，除了在物理设施方面建立安全体系，还要通过采取技术手段加强档案资源共享平台的权限管理和风险控制，弥补档案共享在信息安全上的软肋。

1. 权限分级访问机制

　　档案资源共享平台涉及海量档案资源的汇集与传输，需要充分考虑档案管理系统的访问和管理权限的设置。在搭建档案共享平台时可借鉴 NARA 的做法，即共享平台应基于不同访问者开放不同粒度的数据库权限，比如针对社会利用者、档案馆工作人员以及档案行政管理部门分别设置不同的共享层次，通过验证后的不同用户可在自己的权限内访问相应的档案信息，对访问权限外的档案信息需要经过申请审批程序后予以利用，通过对用户权限的分级管理，实现对档案信息的安全保护。这种多级权限控制机制，可以从字段级直至服务器级，进行层层把关以保证系统信息的安全。NARA 的相关对策值得借鉴，虽然允许公众通过国家档案目录访问档案，但在电子文件档案馆 ERA 中还具备对元数据更高级别的搜索功能，以专门支持 NARA 工作人员在响应依申请公开（FOIA）请求时，通过高度细化的搜索，查找和审查敏感信息内容。①

2. 系统运维管理机制

为保障平台系统的安全运行，须加强系统运维管理。一方面要重视运维管理各项规章制度建立健全及落实；另一方面也应借助相关技术手段，设计部署运维监管系统，在档案管理系统与数据库之间安装防火墙和入侵检测系统，加固操作系统和数据库，使其支持基于标记的强制访问控制，及时发现并杜绝非法入侵；加强系统的审计功能建设；制定应急响应预案并加强培训和演练；对网络运行状况、重要设备和系统等进行实时在线检测和管理，及时发现系统使用中负载过大，造成如信息泄密、数据丢失、系统崩溃等风险，确保信息系统安全运行。

3. 平台安全保障机制

为强化风险抵御能力，档案管理系统须建立集防护、监控和恢复于一体的网络安全技术应用体系，通过数据检测、过滤、加密等技术隐藏和过滤与用户身份权限不匹配的档案信息；采用电子签章、水印技术，确保在线签署的电子档案真实、完整、可用；通过分布式存储、灾备技术为档案信息建立数据备份，实施异地保存，确保在遇到灾害、攻击和病毒中的高度安全和及时恢复，提高共享

① 信息来源：https://www.archives.gov/about/plans-reports/strategic-plan/strategic-plan-2018-2022.

平台的抗风险性能。

11.5.2　共享激励机制

在档案资源共享中，由于各地档案数字化水平及人员、设施、资金等资源基础存在差异，且贡献档案资源越多，共享中工作量增大，"付出"相应增多，难以与"获得"相平衡。导致发展水平较高地区工作人员共享积极性不高，成为推动共享的一大难题(见本书第3章)。因此有必要建立档案资源共享激励机制，保证各地能同等获得其他地区资源，在平衡各方利益的同时起到激励作用。

我们认为可采用以竞争激励为主、奖励补偿为辅的方式，竞争激励，联华超市在企业知识管理过程中的做法值得借鉴：为了创建企业内部的信息共享环境，联华信息管理总部建立了联华信息资源共享平台，对每个网格节点用户建立了共享权与贡献度挂钩的激励机制，用户必须通过上传文件方式提供资源以获取相应积分，从而享用其他用户上传的资源，从而形成共建共享的良性循环局面。①在档案资源共享平台中，我们可以采用权限管理制度以及资源供给与资源利用相结合的共享模式，各地档案馆通过注册后获取平台访问权限，只有在完成同类型档案资源贡献量以后方可获取其他馆藏档案资源的利用权限，并将资源共享情况作为重要标准纳入各档案馆考核范围。同时，针对各地档案馆馆藏资源的贡献数量、质量以及其他地区的利用反馈等指标采取打分制度，对于资源贡献度大的档案馆赋予"活跃"标签，并给予相应的分值，从而激励其他档案馆积极参与共享。为了进一步提高各档案馆的积极性，需要针对"活跃"档案馆增加一定的奖励补偿，比如综合考虑各档案馆的投入成本、资源贡献度和共享效果等多方面因素，采用精神或物质奖

---

① 百度文库. 联华在知识管理方面的实践评（2019-03-26）［EB/OL］.［2019-11-30］. https://wenku.baidu.com/view/6bc12a8f4b7302768e9951e79b89680203d86be9.html.

励方式调动参与馆的积极性，比如设置"档案资源共享示范单位""档案系统突出贡献奖"等荣誉。通过竞争与奖励相结合的机制充分激发档案部门参与共享的积极性，促进共建共享的良性循环、规模不断扩大。

11.5.3　简化审批机制

档案共享涉及受理、查询、审核、出证等诸多环节，后台审批是衔接前后台流程运行的关键一环。据调研，目前全国各地远程共享服务大多采用前台受理查档申请、后台审批机制。鉴于这种常规的受理机制由后台人工操作审批，不仅浪费大量人力、物力、财力，还常常造成"拥堵"，严重影响档案服务效率的提高。

2019年10月我们走访上海市浦东新区档案馆进行调研，了解到该馆通过技术创新，采用授权+后台自动匹配机制。即在民生档案"馆社联动"远程服务中，一方面该馆在对本区下辖各社区服务中心有关工作人员进行专业培训及相应法律程序后，授予该工作人员利用数据库的KEY，以实现数据库利用的授权；另一方面档案馆系统自动操作取代了后台人工审批环节，一旦申请人的用户信息被后台系统匹配成功，即自动确认用户的身份和档案利用权。在此情况下，经授权的工作人员即可在线进库检索、打印和出证，提供民生档案资源的共享利用。

授权+后台自动匹配机制不仅可用于社区中心的人工窗口服务，而且特别适用于线上终端自助查档和自动查档机等查档，查档不受时间、地点的限制，实现全年365天全天候在线查档，从而真正有效简化了档案利用手续、提高了办理效率。

11.5.4　评价监督机制

目前，许多省市的"一网通办"平台引入好差评制度，在有关部门督办下，用户可以对服务主体、渠道和事项采用星级评价、打分评价和点评等方式进行反馈，督促政府部门走出舒适区、自我加压、自我调整、提升能力，是刀刃向内、自我革命的新机制。① 如浙江政务服务网搭建"浙江省统一政务咨询投诉举报平台"，提供政务服务反馈渠道，并将该平台挂接至浙江档案网，档案用户可根据具体反馈需求直接链接到该平台进行投诉、举报、咨询等具体操作。

为保证档案共享质量、水平，档案部门应该引入用户评价反馈机制，强化社会监督。用户评价范围主要包括市、区（县）、社区、街道等线下档案服务窗口和网站、微信公众号、查档 APP 及自助服务终端等线下服务平台。我们建议，针对上述服务窗口和平台，可以采取线上线下相结合的方式收集用户评价反馈信息。当用户通过档案馆、社区等窗口查询利用结束后，档案工作人员可邀请用户填写意见表或通过电话回访获取意见；线上服务中，档案部门应当在服务系统中提前设置用户评价模块，当用户通过网站、公众号、APP 和自助服务终端完成查档利用后，将自动弹出评价界面，可采用星级、打分和具体意见相结合的方式，对服务内容、态度、速度、效果等方面进行评价。

同时，用户评价反馈还必须与监督、整改、跟踪反馈机制相结合。档案部门内部应当建立服务监督机制，对于不满意用户进行电话回访了解具体情况，对确实存在问题的服务事项，规定时限，加强后期整改和完善；对长期无法解决的问题要通过会议等形式督促尽快解决，并将所有已办结问题向用户予以反馈；最后将用户评价结果进行公开，列出用户最满意和最不满意的服务单位和服务事项，并与年终考核及评比先进挂钩。

---

① 赵勇. "一网通办"为何引入好差评制度［N］. 解放日报，2019-08-27（10）.

12 共享资源整合策略

整合共享档案资源是构建档案共享的重要前提和任务。我国正经历一个从纸质档案到电子档案、从实体档案到数字档案、从手工操作到信息化智能化操作、从档案资源分散利用到联网共享的变革过程。① 在此过程中各地从本地实际出发进行探索，区域性共享中不可避免地出现档案资源结构不合理、建设不平衡、共享受阻等诸多弊端和困境。面对急剧增长的数字档案资源，档案部门尚在探索对策的过程中，这一切对我国档案资源整合共享的进程形成影响。我们认为，目前我国档案共享建设必须从资源规划、整合、开发、开放及保障机制等方面谋划策略，多措并举形成合力，加快资源共享的进程。

12.1 基于调研的档案共享建设规划

12.1.1 调研档案资源基本情况

档案馆承担着集中保管、开发利用本地区档案资源的法定职

---

① 任冬莉. 华宏. 电子档案移交与接收工作之思考——以南京市审计局电子档案移交与接收为例[J]. 档案与建设. 2019(7)57-60.

能。但鉴于档案资源形成主体多元、来源分散、种类和形式多样，以致长期以来除各级档案馆外，大量档案资源分散保管在各立档单位档案室；尤其随着信息技术的迅速发展，各行各业产生的数字档案资源急剧增长，信息生成和传播方式逐渐多样化，档案载体也呈现多样化，这些现状都在一定程度上影响了档案资源的整合共享。

为有效整合档案资源，一方面有必要加强对档案资源现状展开普查和调研，对各立档单位档案室、各类档案馆等机构形成和保管的各门类档案资源组织调查、登记，对档案存量、增量摸底盘点，了解它们的种类、数量、数据格式、开放程度、信息化程度等基本情况；另一方面，应从信息共享的角度加强社会对档案资源共享需求的调查，掌握用户显在需求，并结合国家政策、社会发展趋势深入分析潜在需求，从而有针对性地制定档案资源整合与服务策略，为社会提供精准全面的档案共享服务。

12.1.2　规划档案资源共享

整合共享档案资源不仅应注重使档案资源由无序到有序，还须使馆藏结构趋于优化、资源配置流向趋于合理。从对目前一些地区及机关档案资源建设现状的调研，我们发现，重要档案资源未被列入档案馆收集归档及机关信息化规划的现象并不鲜见，档案资源建设缺乏总体规划。为加快档案资源整合共享的进程，档案部门需在切实了解档案资源现状的基础之上，围绕国家战略与社会共享需求，加强统一规划与规范。通过顶层设计，以政策力量规范各地档案部门和立档单位的档案工作行为。

该规划应坚持"配置合理、结构优化及供需对接"的原则，确保档案资源来源的广泛性，完善馆藏档案资源结构，确保馆藏档案门类的多样性。扩大档案接收范围，畅通档案进馆渠道，将归属地范围内各级各类机构形成的"对国家和社会有保存价值"的档案全部纳入接收范围。根据社会需要，优化馆藏结构，确保馆藏档案资源的适用性。有学者指出档案资源规划的重点为：

①档案资源采集规划。要求资源类型、内容、载体的"全覆

盖"。

②档案资源数据库建设规划。完善档案资源交换与共享的各类标准建设，为各类档案资源库的共建共享奠定基础。

③档案资源在线服务项目规划。通过在线便捷服务，减少档案用户利用档案的程序。

④电子文件保存和管理规划。明确责任主体、技术标准及权利保障等。①

12.2　基于前端控制的电子文件全程管理

12.2.1　明确各主体权责分工

实行文件与档案一体化、全程管理实质是将文档在立档单位内部运转与档案馆阶段当成一个整体来看待，能有效解决传统模式下两者的割裂状况，实现文档全面控制和科学管理。因此，应明确这一过程各主体的职责和权限，保障档案室既能有效指导机关的文件管理，又能与档案馆形成有效的业务衔接。为有序整合档案共享资源，有必要从明确相关主体、对象的责任、权利与义务着手，完善相关法制建设：

①对立档单位，应明确整理鉴定、归档、移交责任。

②对档案局馆，应明确档案业务指导、信息化建设与提供利用责任。

③对共享利用者，应明确共享利用的权利与义务。

④对拥有共享档案资源单位，应明确共建共享的权利与义务。②

---

①　周林兴著. 面向社会的档案信息资源规划研究［M］. 北京：人民出版社，2019：46.

②　杨永和. 回眸与展望 档案馆发展的经验、方向与对策［M］. 上海. 世界图书出版公司，2011.

12.2.2　电子文件元数据的前端控制

有学者提出赋予档案馆"前端控制"权限的建议，即档案室可以预移交目录及相关信息，包括档案室阶段的管理元数据，由档案馆设定移交时间、交接人员与拟接收目录，档案馆有权定期查看档案室管理元数据记录，达到机关内部和档案馆阶段文档一体化管理有效衔接的目标。① 我们认为这一建议体现了文档管理从机关内部延伸至档案馆、将立档单位与档案馆管理阶段相融合的典型思路，具有一定可行性。此外，还需要：

①确定元数据体系构架。综合考虑各类别档案的通用性，形成通用元数据项。

②构建元数据库。设置元数据项规则，配置如数据类型、长度限制、填写格式等元数据信息。

③收集完整规范的元数据。提前设置各元数据项的捕获节点以自动捕获。

12.2.3　可信管理技术在共享中的优势与应用

在现阶段解决档案数据的信任问题，关键在于利用新技术如数字水印、区块链等保障电子文件的可信度，以数据的非篡改性，确保电子文件在数据交互、共享环节以及生命周期全过程的可信管理，为档案数据在更广范围内整合利用构筑前提条件。

1. 数字水印技术及其在共享中的应用

相较于加密、签署等技术，数字水印技术有利于检测档案的原始性和版权的保护。在档案形成阶段嵌入数字水印，可以识别电子文件原始身份信息，从源头处严格管控电子文件信息；流转阶段嵌

224

---

① 杨茜茜. 数字时代的文档一体化管理：理念、手段与目标[J]. 档案学通讯，2014(2)：60.

入数字水印,可以标识电子文件的流转过程,形成完整可追溯的"水印链";归档和移交阶段,可隐藏数字水印,可以承载电子文件保密信息,保障电子档案的安全保密性。通过数字水印技术,可以保证电子文件流转有序、防止泄密。

一些单位部门立足于本单位的档案管理实践,自主研发防伪水印算法。例如,浦东档案馆采用的是变换水印算法,即在没有嵌入数字数据前对原始数据信息进行的一种可逆的数字变换,稳定性好并不易被感知,嵌入的水印信息能够遍布在整幅全文图形中,具有很强的抗恶意攻击和抗信号处理的能力。① 我们在浦东档案馆的调研中亲见该馆目前已广泛采用这一技术,总体评价良好。

在由南京大学信息管理学院主办、江苏水印科技有限公司协办的"数字水印技术在档案管理行业应用前景研讨会"上,探讨数字水印技术在档案管理行业应用前景,指出目前数字水印在档案中应用还不多,尚未形成行业标准,随着技术发展,水印技术将有更加广阔的应用前景与现实需求。②

2. 区块链技术在共享中的独特优势

英国国家档案馆最近发布了一份关于"ARCHANGEL"项目的报告。这是全球首个专门针对电子档案信任管理的区块链应用研究项目,旨在针对数字记录易被删改的数据保护问题,利用区块链存储电子档案内容证据,确保数字档案的长期可持续性,为公众提供共享档案的可靠性、开放性及内容的完整性认证服务。③ 档案资源共享免不了受限于共享信息的中心化,难以有效解决档案在远程共享过程中的真实、完整和安全性问题。区块链技术目的旨在保护电子

① 浦东档案. 数字防伪技术在档案利用中的应用研究报告[EB/OL]. [2018-04-11]. https://mp.weixin.qq.com/s/XEUUgJz9rfppl1r5xbvUrQ.

② 现代快报. 电子档案如何保护和防伪? 可嵌入数字水印识别原始信息[EB/OL]. [2019-12-03]. http://news.jsdushi.cn/2019/1203/173756.shtml.

③ About ARCHANGEL. ARCHANGEL[EB/OL]. [2020-02-20]. https://archangel-dlt.github.io/about/.

文件上的文件时间戳或数字签名。① 故在构建档案共享中，有其独特优势：

（1）归档环节的管理可信化。对于归档环节，区块链提供了类似于文件记录管理的机会。区块链提供了信息跟踪领域的一种方法，通过记录和加盖时间戳的每次转移来证明随时间推移材料的所有权。访问一个有区块链数据的档案馆，这类数据可以给出信息来源，② 这就为归档环节提供了非常有效的可信化管理。

（2）存储与利用的安全化。在共享平台上，各地档案部门可通过区块链技术的公有链接口程序开发内部的档案管理系统，上传本地区的档案资源。基于区块链技术的共享平台可以通过与之相连接的系统、应用程序随时随地进行访问，采用公钥和私钥相结合的高度安全方式，拥有公钥即可访问平台上其他地区的开放共享档案，私钥是本地区对自己内部档案信息的访问与利用，同时区块链能够如实记录所有用户行为过程数据，保证档案信息的真实性和可追溯性。

（3）运转过程的去中心化、开放化。传统的个人档案通常是由政府办事机构或者企事业单位形成保存的，具有中心化的特点，基于区块链技术的档案数据保存能够为每个人提供一个二维码，用户可以将其作为身份标识访问公有链上的开放档案资源，也可以获取自身的档案信息，形成以个人为单位的档案数据链，还可以授权其他单位访问，使得档案数据在运转过程中更加去中心化、开放化和自主化，省去了传统的审批、查档、出证、办事的流程。

（4）共享利用的隐私保护化。在基于区块链技术的档案资源共享中，档案信息经过哈希算法运算存储在区块链上，使用多重签名技术以及签名与私钥结合的加密技术防止数据泄露和盗用现象发生，数据在传输过程中不经过任何中间媒介，因而不会被人拦截和

---

① Sharmila Bhatia A. D. Wright de Hernandez. Blockchain Is Already Here. What Does That Mean for Records Management and Archives？［J］. Journal of Archival Organization，2016：1，75-84.

② Sharmila Bhatia A. D. Wright de Hernandez. Blockchain Is Already Here. What Does That Mean for Records Management and Archives？［J］. Journal of Archival Organization，2016：1，75-84.

攻击，大大减少了隐私侵犯的风险。

目前区块链技术在档案领域处于摸索阶段，档案部门应当趁势而为，鼓励相关探索，如基于区块链平台的电子档案的法律效用、在档案管理中的适用性及档案共享需求等方面的研究，各有关部门要主动开展协同，探索、促进区块链技术档案共享中的应用。

12.3 基于法制的档案资源归属流向调控

12.3.1 建立健全归档制度

档案资源数量庞大、形式多样，目前一些省市尚有不少门类档案未列入归档范围(见第 6 章)，如突发事件、重大活动等各种有保存价值的原始记录材料，大多未被档案馆集中收藏；除了文书档案接收以外，其他类别档案接收力度较小，民生类如户籍、婚姻、学历、房产、公证等凭证性档案，大多均保存在立档单位档案室；照片、声像档案，尤其新媒体档案接收很少。同时，有相当部分档案馆对法规规定属于立档单位进馆范围内的档案尚未收集齐全，表现为：一是部分档案应收未收；二是已满保存期限档案应收未收；三是除文书档案外，其他门类、载体未收进馆。据调研可见西部地区这一现象更为突出。上述档案资源虽不能说是共享性档案资源的全部，但可以说是利用率较高的重要部分。

档案馆承担着集中保管、开发利用本地区"对国家和社会有保存价值"档案资源的法定职能，同时也是档案资源的最终归属与流向所在。近年来，国家连续发布了一系列法规，如国家档案局 8号、9 号、10 号令重新界定了各级各类机关、档案馆和企业的档案收集范围，13 号令则对机关档案管理进行规范，成为各级机关、团体、企事业单位正确界定文件材料归档范围、有序开展档案收集移交进馆的法律依据。

(1)坚持依法归档。应以切实落实国家相关法律法规为切入点，扎实执行法律规定的档案收集范围，坚决杜绝有法不依、放任法律规定归档范围内档案长期留存在立档单位、甚至档案安全不保证的情况。

（2）健全归档制度。应通过进一步修订档案法规，拓展、完善档案收集范围，一是省市档案馆应在国家相关法律法规基础上制定本省市细则，并以党委、政府两办名义通知印发，使之具备法律效力。二是将本地区重大事件、涉及民生档案，转制、撤销单位档案均列入档案馆的收集范围；应重视电子档案、非纸质载体档案及新媒体档案的收集；加大对科技档案、各种专门档案的收集工作力度，使扩大档案收集范围走向法制化、常态化，提高进馆档案的质量，改善馆藏资源的结构。

（3）出台指导政策。据我们参加 2019 年 11 月国家档案馆召开的相关档案工作座谈会等调研发现，鉴于西部一些地区存在"立档单位对接收范围细则不熟悉、不研究，档案整理不规范、人员变换频繁、业务不连续、不熟悉或不懂业务的做业务，没有精力做好其他类型档案"等实际情况，有地方档案馆同志提出"国家出台相关专业档案的管理政策后，基层单位自然就会重视人才队伍的建设，自然会配备相关业务人员。同时，相关职能部门要加大指导、培训力度，对什么是专业档案？有哪些内容？如何整理和移交？许多老同志都不是很熟悉，谈得上什么指导收集呢？""国家出台相关专业档案的管理政策，将专业档案的收集整理和移交列入检查考核、测评评优评先的内容，基层单位自然就会重视起来。"上述意见，实际上基于地方角度，道出了目前针对档案资源建设中出现的新形势、新情况，宏观层面政策滞后、现实倒逼顶层设计的现状。

（4）创新导向机制。基于档案数量繁多、种类多样、载体多元、新型档案不断涌现的趋势，国家主管机关应尽快出台相关政策等顶层设计。在此基础上，各地档案馆也要在针对本地情况，积极创新机制。如，建立法规宣传机制，将相关法律法规大张旗鼓地普及至各基层档案部门；针对性地建立人员聘用、培训、考核机制，提高档案人员的业务水平；又如，建立正确的导向机制，在执法检查和督导评比过程中，改变以往以文书档案为重点的情况。针对档案移交不完整的老大难问题，2019 年 10 月甘肃省档案局馆联合下发通知《关于移交各门类相关档案资料的通知》，"此项工作将列入今后机关档案室检查测评的重要内容之一，目前已取得良好效果。"

12.3.2　构建涵盖室藏档案目录共享体系

建议通过架设"桥梁"构建档案目录共享体系，改变"有档查不出"的被动局面。重点是目录共享的主要范围，不仅要包括各档案馆的馆藏档案目录，还应涵盖立档单位室藏档案目录数据信息。以上海市档案馆目录共享体系为例，构建涵盖室藏档案共享体系可达到以下成效：

（1）打破单位之间的信息壁垒。实现档案馆与各立档单位档案目录信息的整合和共享利用，使立档单位室藏档案转化为易于检索的共享信息资源。目录共享体系可强化档案馆与立档单位之间纵向联系，面向所有的共享范围内用户，达成档案目录信息"馆室联动，全市共享"，并可向全国共享发展。

（2）实现涉密信息的资源共享。以往基于政务外网的档案共享仅限于对非涉密信息共享，上海市档案馆基于政务内网搭建档案目录共享平台，内网用户通过平台向档案馆及立档单位提出档案目录共享查阅申请，从而实现非涉密信息的共享，达到"馆藏"与"室藏"档案数据的互联互通，扩大了档案资源共享范围，并可实现档案目录数据借阅、审批的流程化管理。

（3）掌握立档单位的档案动态。通过档案目录共享，实现对档案目录信息的归集整合，一是可对立档单位尚未进馆的档案情况实时监控，全面了解其档案资源的增长数量、移交进展等基本情况。二是有利于市档案局馆实现对全市档案资源动态的监督管理，为市档案馆决策提供支持，便于有序组织档案移交等工作。

12.3.3　室藏档案归入系统的方案

资源共享体系建设的前提是档案数据收集齐全，针对档案资源的具体问题采用最佳的技术方案，以实现数字档案资源最大限度的归集与共享。针对室藏档案资源收集整合进入服务数据库，以及"馆室联动"实施过程的突出问题，基于调研，我们认为具体可采取以下对策方案：

1. 营造条件

档案部门应拓展接收室藏档案进入档案共享资源库的渠道，确保国家档案资源的可管、可控、可信、可用。为此，必须完善相关管理制度，明确档案部门与各主管部门在各环节的关系与职责，建立依法调控的长效机制，确保各立档单位形成的重要档案能够及时、完整、规范地移交档案馆。

我们认为，应在档案管理部门组织下，按照"谁保管谁负责"的原则，营造室藏档案归入系统的准备，至少应具备下列条件：

一是设施基础条件：依托共享平台建立档案专题数据库；

二是组织协调条件：档案馆与立档单位就共享档案资源数据的采集与共享达成一致意见；

三是数据标准条件：建立档案馆与机关档案室都能接受的统一共享数据标准，以便在数据规范整合的基础上将室藏档案资源收集整合进入服务数据库。

2. 具体步骤

根据调研以上海市为例，在市档案馆和市民政局就婚姻、低保、殡葬、伤残抚恤等档案数据的采集问题达成一致意见的基础上，着手市级层面"馆""室"档案数据整合，具体步骤如下：

①市档案局业务指导处牵头制定婚姻、低保、殡葬、伤残抚恤等档案数据共享标准，市民政局信息中心参与审核；

②市档案馆负责提供数据采集所需设备并承担数据接口的开发费用，由信息技术部负责协调设备安装、系统部署，市民政局信息中心配合；

③市民政局信息中心协调民政业务系统开发商进行数据接口的开发，提供符合标准要求的档案数据；

④市民政局信息中心负责将档案数据交换到市档案馆提供的政务外网设备上；

⑤市档案馆信息技术部负责数据的获取、校验并导入档案信息资源库。

3. 主要方式

在落实档案数据归集标准、设施等基础的前提下，不同类型室藏档案归集进入档案管理系统应采用不同方式，主要如下：

①存量纸质档案的归集。将室藏存量纸质档案原件经数字化扫描加工形成数字化档案副本，电子条目和电子附件挂接进系统的数据库。挂接流程是：先将电子条目的 EXCEL 表格导入系统，然后将数字化副本传进系统，系统内设匹配规则，一般是以档号为匹配规则，其后系统会自动根据档号将各个数字化副本放在对应的条目下面。

②在线数据归档。即进行系统对接，在室藏档案资源与数据库之间实施在线数据归档。国家鼓励机关单位和其他组织推进电子档案管理信息系统建设，并与办公自动化系统、业务系统等相衔接。① 通过档案管理系统与前端 OA 办公系统、业务系统对接，实现在线数据归档的关键是定制系统对接的规则，主要包括确定数据归档范围，将归档范围内档案数据归集进档案管理系统。

③直接在线著录。档案管理系统有专门的新增著录界面，填写全宗、分类号、档号、题名、责任者、页数、密级、归档部门、归档人、保管期限等条目内容，并直接进行文件的上传、浏览、删除、扫描等操作，室藏档案可通过档案管理系统在线著录、上传档案数据进入服务数据库。

④原有数据迁移。在新旧系统更替时，需要将旧系统的原有数据导入新系统。从旧的系统中把原有的档案数据(电子条目及电子

231

---

① 　中华人民共和国档案法(修订草案)[EB/OL]. [2019-10-31]. http://www.npc.gov.cn/flcaw/comment. html?lid =ff8080816e15a9a9016e16 f67d2f0268.

附件)导出，然后按照新档案系统所要求的规范标准整理后上传、迁移进新档案管理系统。

12.3.4　重视民生档案资源归集

民生档案资源整合共享是我国档案工作实现"两个转变"、实现"资源体系"和"利用体系"面向普通百姓根本性转变的必由之路。民生问题涉及面包罗万象决定了民生档案的广泛性，大量民生档案形成、保管于基层涉民部门与基层档案馆。民生档案与改善民生、维护公众权益密切相关。鉴于近年来民生档案的社会利用需求持续上升，已成档案利用的一大趋势，与民生档案资源建设滞后现状反差严重。为此，我们认为，除了国家重点档案资源的建设开发外，应优先着手开发民生档案资源。重点可采取以下路径：

1. 规范重点涉民单位民生档案建设

在档案局馆深入民生档案立档单位调查研究基础上，将涉民职能多、民生档案形成较集中单位，如社会保障局、民政局和卫生局等作为重点关注对象，派专业人员对这类单位的民生档案资源建设进行重点检查、规范，指导分类建档，提出规范性方案、要求，帮助立档单位及时解决工作中产生的具体问题。一些省市实践表明，此举可从源头上保证民生档案资源质量，为优化民生档案资源建设奠定扎实基础。

2. 加强基层单位民生档案工作

民生档案多形成于基层单位，相对而言，农村和城市社区等基层单位档案工作普遍较薄弱。由于针对基层单位民生档案资源收集、管理规范缺位，且基层单位档案工作缺少足够的人员配备，民生档案资源大量流散在外，缺乏系统的规范管理和归集，因此，应通过立法全面加强基层单位档案工作的规范管理，在此基础上把基层民生档案逐步纳入共享数据库建设范围。

3. 健全民生档案收集机制

（1）动态调整接收计划机制。应根据国家规定、公众利用需求及民生档案工作阶段性重点等实际情况，综合考量并动态划定民生档案归档范围，扩大收集深度和广度，使更多资源向档案馆集聚。

（2）建立奖罚机制。针对一些单位存在只注重文书档案，民生档案归档不及时、移交不齐全现象，应建立相应奖罚机制，必要情况下，采取执行力度不低于文书档案的奖励与处罚措施，以规范民生档案的归档移交工作。

（3）实施重点档案提前进馆机制。将婚姻登记、劳动保障、公证等涉及民生且查阅率高的档案提前进馆，优化馆藏资源，方便公众利用。

（4）建立档案馆提前备案机制。为使档案收集与民生工作同步，建立将民生工作相关文件送交档案馆备案机制，以便档案馆及时掌握民生工作动向，"民生工作开展到哪里，民生档案收集工作就延伸到哪里"，实行前端控制、将民生档案"应收尽收"。

12.4　基于现实需求的档案资源整合

档案资源整合对于构建共享至关重要，资源整合是共享的基础，没有资源整合，共享利用主体将没有足够的访问和共享利用对象。当前，应根据现实需求，针对我国档案资源建设现状补齐"短板"，除了调控资源归属流向外，还要从加快档案资源的数字化及数据库建设等基础性工作着手，构建档案共享的资源基础。

我国长春等省市在远程共享实践中，结合本地特点创造了一系列档案数字化建设机制，如采用分析利用需求精选数字化对象、档案鉴定与数字化同步、以用定扫和常用先扫等。① 通过对档案的整

233

---

① 　赵欣. 行政区域内馆藏信息远程共享的实践 2014 年海峡两岸档案暨缩微学术交流会论文集[C]. 台北，2014：12-15.

理，将原始状态的档案材料转化为有序化、可共享的信息资源。我们认为，除了要有基于本地的探索，还应借鉴发达国家的经验，拓宽思路。

12.4.1　国外档案资源整合策略一窥

档案数字化在发达国家同样也是一大难题，为此美国给予重点关注，如 NARA 在《2018—2022 年战略规划》《2016—2018 年开放政府计划》等国家发展战策中，均将数字化置于"旗舰计划"等主要战略目标地位研究、部署对策。

1. NARA 数字化目标及其实现策略①②

NARA 承诺将其全部传统档案数字化、并在网上向公众开放，《规划》提出到 2021 财年，对 82% 的 NARA 馆藏进行著录等维护，2024 财年达到数字化 5 亿页文件，并通过国家档案目录向公众提供在线共享。目前，NARA 传统档案和电子文件的处理率分别为78% 和 89%，每年收到大约 100000 立方英尺的传统格式的新档案文件，数量相当可观，且进馆文件总数每年都在增长，再鉴于原有馆藏规模，NARA 深感有相当数量的文件来不及处理、无法供公众查阅，必须加快著录及数字化进程。目前，已有将近 2.35 亿页的档案数字化，但只有约 15% 的数字化档案通过国家档案目录向公众提供共享利用，国家档案目录中的技术问题限制了 NARA 向系统添加新数字文件的能力，需解决技术限制，以便公众从任何地点都可访问 NARA 文件。鉴于此，NARA 制定解决对策：

①加强内部管理。全面部署标准化的流程和档案管理的内部控

---

①　资料来源：https://www. archives. gov/about/plans-reports/strategic-plan/strategic-plan-2018-2022.

②　资料来源：National Archives and Records Administration. Open Government Plan 2016-2018. https：//usnationalarchives. github. io/opengovplan/researchservices/

制，并进行基准绩效评估；

②开发新应用。在现代化的电子档案馆 2.0 信息系统中开发处理电子档案文件新应用；

③探索尖端技术。以自动化处理大量电子文件；

④开展外部合作。与新的公私机构建立新型数字化合作伙伴关系；

⑤更新设备软件。在所有企业范围内全方位地采购数字化设备和软件；

⑥提升目录技术。促进国家档案目录现代化，以解决可扩展性问题；

⑦实行数字化众包。目标在 2018 财年年底前将 250000 张图像由公众贡献众包完成。

上述对策由 NARA 研究服务部、总统图书馆和博物馆服务部、信息服务部以及创新办公室负责落实。

2. NARA 全电子文件保存策略①

NARA 关于全电子文件保存目标是：到 2020 财年，将制定政策和程序支持联邦机构向全电子文件保存过渡；到 2022 年 12 月 31 日，NARA 将不接受模拟格式的永久或临时文件的传输，只接受电子格式和元数据文件。

NARA 能否成功地实现其战略目标，取决于联邦机构是否有能力改造其系统以支持全电子文件保存。为此，NARA 必须通过有效的政策和新的服务，使联邦机构加强支持，以实现向全电子文件的过渡。从 2023 年 1 月 1 日开始，各机构在向 NARA 归档前必须采用电子格式对所有永久档案进行数字化。为此，NARA 制定策略，并由创新办公室等部门负责落实：

①业务流程重组，以改进电子文件存档的功能。

②为联邦机构提供数字化指导和管理电子文件的"达标标准"。

③制定联邦文件管理要求，并与供应商合作，将要求纳入软件

235

---

① 资料来源：https://www. archives. gov/about/plans-reports/strategic-plan/strategic-plan-2018-2022.

应用程序和云产品开发中。

④构建现代电子文件管理的评估、调度和访问流程。

⑤重新设计档案人员培训，协助各机构建立一支精通电子文件和数据管理人员队伍。

⑥制定明确的永久档案数字化政策。

3. 国外网页档案整合典型项目及其策略

互联网背景下，以网页形式生成的数字信息快速增长，网页档案整合问题成为档案资源建设面临的新课题。目前，我国在网页档案资源整合方面实践探索还未开始，因此，有必要总结国外实践经验，提供对我国的启示和借鉴。

我们梳理美国、澳大利亚及英国的相关典型项目，发现网页档案整合流程分为采集、整理与利用3个部分，各国在典型项目中所采取的策略各不相同。

（1）网页档案采集

首先，采集范围。①完整型采集。以美国互联网档案馆（Internet Archive，以下简称IA）项目为代表，其宗旨是保存互联网的全面记录，对全球公开的网站进行定期、自动采集页面快照并存档，截至2018年该项目已存储2730亿个网页。① ②选择型采集。例如澳大利亚潘多拉项目，只采集与澳大利亚相关且具有文化意义的网站;② 美国国会图书馆LCWA项目，重点采集与国家利益主题相关的网页资源，如美国选举、伊拉克战争和"9·11"事件;③ 苏

---

① Thouvenin F, Hettich P, Burkert H, et al. 4 Web Archives［M］// Remembering and Forgetting in the Digital Age. Cham：Springer International Publishing, 2018：84-101.

② Thouvenin F, Hettich P, Burkert H, et al. 4 Web Archives［M］// Remembering and Forgetting in the Digital Age. Cham：Springer International Publishing, 2018：84-101.

③ Thouvenin F, Hettich P, Burkert H, et al. 4 Web Archives［M］// Remembering and Forgetting in the Digital Age. Cham：Springer International Publishing, 2018：84-101.

格兰 National Records of Scotland(以下简称 NRS)项目，根据事先制定指南采集包括苏格兰政府、议会及法院等资源。① ③混合型采集。如英国的 UK Web Archive(以下简称 UKWA)项目，首先爬网其在英国发布的网站，尤其顶级域名网站 uk、.cymru 和 .scot 等，再定期收集有关特定事件、主题。②

其次，采集频率。频率的高低与采集范围、内容的重要程度及网站本身的更新频率相关。英国的 UKWA 项目每年至少完成一次对英国所有网站的自动收集，但对一些重要网站(通常是新闻网站)会更频繁，甚至一天一采集。

再次，采集工具。大部分网页归档项目都会运用网络爬虫技术，在此基础上设计的 Heritrix 和 HTTrack 也较多使用。③

（2）网页档案整理

①按字顺整理。如苏格兰 NRS 项目即按首字母——采集时间排列网页。④

②按主题整理。为了方便用户利用，大部分网页档案采集后会按网站的主题整理。如英国 UKWA 项目将网站上"topics and themes"板块下汇集的 100 多个网站，按各网站的主题分门别类整理，⑤ 以满足不同类型用户的多样化需求。

③按机构整理。如美国国会图书馆的网页归档项目成果包括了国会、立法机构及国会法院图书馆的网页档案。⑥

（3）网页档案利用

为了更好地发挥网页档案的价值，发达国家由起初关注网页归

① National Records of Scotland Web［EB/OL］.［2020-02-05］. http://webarchive.nrscotland.gov.uk/#! /

② UKWebArchive［EB/OL］.［2020-2-13］.https：//www.webarchive.org.uk/

③ 周祺. 网络信息档案化采集管窥［J］. 档案，2019(7)：48-51.

④ National Records of Scotland Web［EB/OL］.［2020-02-05］. http://webarchive.nrscotland.gov.uk/#! /

⑤ UKWebArchive［EB/OL］.［2020-2-13］.https：//www.webarchive.org.uk/

⑥ 曹玲，颜祥林. 美国国会图书馆网页归档项目的新动向［J］. 档案学研究，2018(2)：125-128.

档转向网页档案利用，绝大多数网页归档项目都提供在线公开共享利用。美国 IA 开始只进行数据存档，支持线下利用，后来打造了"way back machine"更注重用户的多样化需求，提供原始页面在线访问。① 苏格兰 NRS 项目依托网页存档提供 Web 连续性服务，可使用户从其丢失的页面转到 NRS Web 存档中，可在其中搜索丢失页面的最新存档版本，并直接向用户提供利用。②

网页项目提供多种检索途径，如 URL 检索、目录检索及全文检索等。在 NRS 网站，可浏览 A-Z 索引查找或按 URL 搜索。访问者单击任何存档网站标题都进入"索引"页，页面上除按采集日期排列存档快照外，还列有实时网站的链接，以帮助用户获取网站的最新网页信息。

12.4.2 电子档案"单套制"创新模式

"单套制"是将由电子设备生成的源生电子文件仅以电子化形式进行归档保存，通过文档一体化管理系统，电子文件在各立档单位的 OA 办公系统中形成直接通过归档进入档案管理阶段，档案室对实时接收过来的电子文件可通过管理系统向本地区综合档案馆移交，由档案馆对这些电子档案赋予档案属性并入库后即可利用。

1."单套制"是电子档案管理发展趋势

传统工作状态下，主要是围绕电子与纸质"双套制"管理开展工作，其重点是电子档案与纸质档案保持同步，文、档分段管理的运行机制，加上各业务部门、档案部门和信息技术部门多头负责模

---

① Thouvenin F, Hettich P, Burkert H, et al. 4 Web Archives [M]// Remembering and Forgetting in the Digital Age. Cham: Springer International Publishing, 2018: 84-101.

② National Records of Scotland Web [EB/OL]. [2020-02-05]. http://webarchive.nrscotland.gov.uk/#! /

式，加剧了电子档案管理工作的复杂程度，难以确保电子文件完整、准确、系统和高质量归档，并得以长期有效保存。

"单套制"是解决当前档案资源数量多、分布广、整合难的有效途径，保证档案资源即时、高效进馆，并有利于在一定程度上缓解因各地档案数字化程度和信息化水平差距而导致的资源共享不畅等问题，推进档案共享、互联互通，"单套制"是电子档案管理的发展趋势。

随着信息化建设和无纸化办公的迅猛发展，各机关团体和企事业单位普遍实行了办公自动化，电子文件归档和电子档案管理也逐步展开。近年来，各单位、各部门实行"单套制"管理的呼声非常强烈，但囿于制度、技术和观念等原因，除上海自贸区及青岛和珠海等少数单位试点外，"单套制"主要仍限于理论研究阶段。

2. 电子档案"单套制"模式建设路径

（1）构建"单套制"模式基础

①制定制度规范。宏观层面，立法机关及国家档案局要从战略层面确立"单套制"的合法地位、制定全国范围实施"单套制"的方案与标准规范，指导和规范各行业、各地区的落实与推进。微观层面，必须明确部门归档职责，规范电子文件和档案各环节的业务需求，实现文档制度和管理的协同保障。

②构建元数据方案。电子文件归档件是一组记录的集合，根据电子档案的构成要素，元数据管理必不可少，包括基本信息、形成办理过程、电子属性及电子签名等方面元数据，这些数据在文件形成、办理阶段产生，在归档环节补充，有些需叠加记录。

③建设核心系统。"单套制"的核心是需要建设一套电子文件归档和电子档案管理系统，实现归档集约化管理；建立归档质量监控体系；自动进行元数据采集、问题追踪及处理、"四性"检测等，从而推动部门在统一的网络平台和互信、互认的软件系统上开展文档一体化管理。

（2）协同管理是"单套制"的必由之路

我国目前采用"先试点-再推广"是顺应实际的可行策略，实践证明，电子文件的归档与管理比传统模式更强调各主体的参与和配合，决定了"单套制"必须走多元主体协同管理之路。全国范围推广"单套制"还须在以下方面进一步完善：

①主体间的协同关系。首先，形成主体即立档单位业务部门，将业务中形成的大量电子文件在系统内直接向管理主体档案部门移交归档。然后，档案室处理后交由档案馆长期保存。这些环节中，档案室和档案馆一方面要监督、指导业务部门电子文件的形成和移交，另一方面要保障电子文件传输、接收过程中的真实与安全。技术主体即 OA 与档案软件公司则负责保障电子文件生命周期全过程的"四性"及各种技术应用。整个过程无不需要各主体之间的协同合作。

②主体协同的关键。加强电子文件形成主体与管理主体的合作，即文件形成部门与档案管理部门之间的协同是实施"单套制"的关键点。档案部门要了解前者的业务、文件形成及诉求，以针对性地制定标准规范和措施。① 还应对此全过程监督和管控，对归档合格的立档单位可采取一定措施予以表彰和激励。

③技术主体的配合。OA 与档案软件公司在"单套制"中要密切配合，做到两个系统对各项管理技术应用的无缝链接，确保电子档案真实完整、安全可靠、长期可用。

12.4.3 打造全国统一的档案专题数据库

档案数据库是数字档案资源存储、检索和传输的重要载体。由于档案数量庞大、种类繁多，我们认为，档案资源的整合应着力打造全国统一的专题数据库。

1. 宏观层面尽快出台国家统一数据结构标准

为避免各地数据库的不兼容，建议应由国家档案局在调研各地

---

① 聂勇浩、陈俊恬. 部门间协同视角下的电子文件管理 [J]. 中国档案，2013(8)：56-57.

情况的基础上，尽快出台全国范围统一的数据结构标准，以便各地在建设数据库过程中，以国家统一数据结构标准为建设标准，完善著录项，统一各地档案著录信息，从而尽早统一数据结构，为全国范围的跨库检索做好准备。

2. 微观层面及时整改现有不符合标准数据

据近年来我们对上海市、浙江省、山东省及陕西省等多个档案馆的调查发现，许多省市档案馆已经普遍建构了一定数量区域范围的专题数据库，但数据库建设一般基于本地标准，各省之间存在较大差异，互不相容。因此建议在宏观层面出台国家统一数据结构标准后，各地应"尽快止损"，及时对现有数据库数据进行筛选、整理，对不符合标准的数据按照国家标准整改，补充著录逐步达到规范化要求，完善数据库质量。

3. 试点全国性民生档案数据库建设

民生档案远程服务的广泛开展，各地纷纷建立起婚姻、独生子女、公证、兵役、知青档案等区域性民生档案专题数据库，其中尤以婚姻档案成为最常见、利用率最高的专题档案数据库。因此，我们认为将民生档案作为全国性统一数据库建设试点是应有之意。

4. 逐步拓展数据库建设的专题种类

为推进档案共享进程，应在上述建设基础上，根据社会利用的需求情况，逐步拓展共享专题数据库种类。档案部门应会同其他机关共同推进各类型专题档案数据库的建设，如公检法系统、建设规划部门等(具体如图 12-1 所示)。公检法系统档案数据库的建设能够改变公检法部门之间传统的线下调卷方式，省去了烦琐的手续，大大提高办事效率。通过各地区各类型档案数据库建设，并与国家档案共享平台相对接，将为加强国家档案资源的整合共享奠定良好基础。

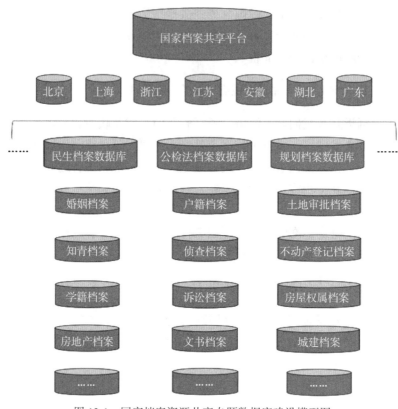

图 12-1　国家档案资源共享专题数据库建设模型图

12.5　基于信息安全的档案开放共享

开放共享与信息安全始终是一对矛盾，安全问题是通畅我国档案共享之路的重要命题。目前，我国档案开放比例较低，馆藏档案大部分处于控制利用状态，与社会对档案共享的需求相距甚远。

12.5.1　国外档案开放与信息安全管窥

信息安全直接涉及国家、机构及个人的利益与安全。世界各国档案馆都不可能无条件、无限制地开放档案资源以共享，故各国档案馆都面临档案开放与信息安全的矛盾。网络环境下信息安全的挑战无所不在，档案馆如何在为公众提供充分的信息服务与保护公民的隐私权间寻求一个最好的平衡点，是许多国家致力于重点解决的问题。

1.《信息自由法》与《隐私法》的相互制衡

对公民知情权与个人隐私权的保护与平衡已形成全球性共识，国外对此十分重视，发达国家大多制定有单独的法律，以专门化立法保护已呈发展趋势。美国制定有一系列相关法律法规（见第10章），其中《信息自由法》不仅是当代美国政治生活中一项至关重要的法律，而且成为国际社会最具代表性和示范性意义的法律。继美国之后，澳大利亚、爱尔兰、加拿大等国纷纷跟上，颁布类似相关法律。与此相对应，美国、澳大利亚和新西兰或专门建有《隐私法》、或在立法中设有针对隐私权保护的章节。英国则以《数据保护法》为个人信息保护的主要法律依据。国外制定的这些法律条文，大多具体完备、操作性较强。

在美国法律体系内，知情权和隐私权分别主要受《信息自由法》和《隐私法》规范。这两个法律既有本质区别，又有密切联系。后者适用于政府记录并寻求最大限度的公开，而前者只适用于个人记录；这两部法律相互补充，相互制衡，共同促进公民知情权与隐私权的保护实现和保护。

电子政务时代，政府对个人活动的控制以及服务范围都达到了前所未有程度。政府部门收集、储存了大量的个人数据保存在政府的数据库中，因而公权力对个人隐私权的威胁已超过以往任何时代。因此美国提出"安全港原则要求"：使用个人数据的单位必须采取合理的安全防范措施，以保护个人信息。①

2. NARA 的依申请开放档案（FOIA request）策略②

在美国，公民对未开放档案的提供利用需根据《信息自由法》（FOIA）的规定提交利用申请，由 NARA 及相关部门依法审批。通常，NARA 在收到 FOIA 申请后，由档案管理员进行审核。在最初处理阶段，管理员决定是否可立即将档案提供给用户，或通过保留档案卷宗中某些页面使卷内其他档案可提供利用。若管理员对档案检查后确定这些内容非常敏感时，需要启动 FOIA 依申请利用程序。由 NARA 负责保管档案的部门进行跟踪和处理，此过程由最熟悉该档案且最适合与该申请者讨论的人处理。

NARA 认为 FOIA 申请是开放政府的重要组成部分，由于必须将对机密档案的 FOIA 申请转交给主管机构进行解密审查，因此NARA 对许多请求得到解决的控制力是有限的。NARA 的主要目标是扩大其及时处理 FOIA 申请的能力，努力减少积压的未决申请，找到可行解决方案。负责处理 FOIA 申请的 NARA 各部门现有技术不同，处理方法也不同。

①研究服务办公室（ORS）。ORS 在向公众提供政府机构的永久性联邦档案方面处于领先地位，负责处理 NARA 馆藏最敏感部分历史档案的 FOIA 申请，并参与制定政府保密档案材料解密的法规。此外，该办公室还解决基于学术研究 FOIA 申请的档案利用受限问题。2015 财年，该办公室收到约 2650 个 FOIA 请求，在法规要求的 20 个工作日内答复了其中 50% 的请求。ORS 使用档案解密、审查和编校系统（ADRRES），该系统使案件跟踪和审查敏感机密材料的过程实现了自动化。

---

① 赵瑞. 安小米. 档案利用中的个人信息保护研究［J］. 档案学通讯，2015（4）：94-99.

② National Archives and Records Administration ［EB/OL］. Open Government Plan 2016-2018. https://usnationalarchives. github. io/opengovplan/researchservices/

②国家人事档案中心(NPRC)。NPRC 保存整个联邦政府的文职和军事人员档案(OMPF)。OMPF 是 NARA 中 FOIA 申请最多的部分。2015 财年 NPRC 收到约 18600 份 FOIA 申请，并完成了大约19700 份申请的处理(含前几年结转)。其中 83%(约 15500 份)在20 个工作日内完成。

③总统图书馆(OPL)。受《总统档案法》约束的 OPL 分别处理各自 FOIA 申请。2015 财年，总统图书馆收到约 400 份新的《总统档案法》/ FOIA 请求，并完成了约 500 份请求(含前期结转)。其中82 份请求在 20 个工作日内完成，按时完成率为 21%。

④国家解密中心(NDC)。NDC 负责对来自联邦机构保密档案馆藏的监督。

⑤信息安全监督办公室(ISOO)。ISOO 负有向总统提交年度报告、监督和报告政府档案中的分类和解密情况以及解密豁免审查等职能。

NARA 通过邮件、电子邮件或传真接收 FOIA 申请，另外还开通了 FOIA online 门户接受 FOIA 申请，并在该网站跟踪 FOIA 申请和申请者，以便轻松地访问并回应申请。NARA 记录它收到的每个申请，并向其绩效衡量和报告系统(PMR)提供关于每个申请的数据提要，PMR 根据年度计划目标监视 FOIA 请求的处理情况。首席信息自由官和 NARA 办公室主管使用 PMR 中的数据来监督处理过程、评估积压的工作、设置优先级并确定整个过程需要改进部分。

12.5.2　档案鉴定"瓶颈"的破解思路

开放鉴定与依申请开放是档案资源从封闭走向开放与共享必不可少的关键程序，也是档案资源共享中的"瓶颈"环节。因此，研究档案鉴定、依申请开放与信息安全的平衡问题，对构建档案共享显得至关重要。我们认为，除了本报告第 10 章提出健全档案鉴定与依申请利用法律法规，以法制力量进行规范外，有必要通过创新机制、方法，探索改变档案鉴定与依申请利用"瓶颈"现状，加大馆藏档案开放共享力度的同时保障信息安全。

各级档案馆通过归档鉴定、进馆鉴定和保存期满的存毁鉴定以确定档案资源的归档、进馆或存、毁，通过划控、开放鉴定、数字化鉴定确定档案共享利用的具体范围，因而，鉴定无疑是档案资源共享的关键环节。创新鉴定方法可试行如下方案：

1. 改革档案鉴定机制

（1）"鉴定委员会审批"机制。强有力的组织机制是规范档案鉴定组织与程序、保障鉴定工作有效推进的基础。据调查，为缓解鉴定工作量巨大与鉴定人才不足之间的矛盾，目前一些省市档案馆采用了各种途径，如外聘社会人员参加鉴定工作等。我们认为，档案鉴定工作具有政治性、原则性、专业性、保密性均非常强的特点，为此须给予高度重视，应把好组织机制关。档案馆应成立鉴定委员会负责本馆鉴定工作，由分管馆长负责挂帅，可从各业务部门抽调资深专家兼任委员，委员会负责鉴定工作的规划、制度规范的制定。委员会下设鉴定工作小组，成员应选用政策水平高、业务能力强的专业人员，具体开展鉴定业务，拟写鉴定报告报委员会主任审批，以确保鉴定结果的专业性与权威性。建议通过推行档案鉴定师资质统一考核认定制度，提高对外聘人员的准入门槛。

（2）"保管单位负责"机制。鉴于共享档案资源来源广泛、数据分散，目前各地一般采用分布式共享模式。因此，我们认为有必要采取"保管单位负责"机制，即在档案局馆组织下，先由各档案所属馆基于原有管理基础，按照统一标准规范，对将归入共享数据库的档案资源进行鉴定。在此基础上，再由上级档案主管机关的鉴定委员会进一步把关，以解决分布式档案共享的鉴定质量管控问题。

（3）"涉民档案提前鉴定"机制。对于社会利用需求高，且不涉及国家、商业机密与第三方权益的婚姻、公证、学籍、职称等涉民档案，可考虑提前鉴定开放。档案馆应审定涉民档案进馆单位归档文件的开放范围，指导监督进馆前的档案解密降密工作，并预先完成档案馆职责范围内的鉴定程序，以确保涉民档案进馆后即能提前开放。

2. 创新鉴定方法

（1）"按件"鉴定法。长期以来我国档案鉴定受以"卷"为单位的局限，以致只要卷内个别文件不宜公开，整个案卷就无法利用。我们认为，在卷内部分档案内容属保密范围、其余内容可以公开的情况下，可采用"文件级鉴定"法，在对档案密级进行合理区分的基础上进行逐"件"鉴定。该鉴定法的可取之处在于不仅有效增加档案公开数量，而且实现了与政府信息公开按"件"提供利用的接轨，有效减少共享利用中的不协调。网络环境下，"文件级鉴定"法的优越性尤为凸显：可将属于公开范围的档案输入数据库，从而确保档案信息的共享利用与安全保密。我国外交部档案馆在对馆藏档案鉴定时运用文件级档案鉴定法，事实证明这一鉴定法值得推广。

（2）"即时"鉴定法。在档案依申请利用过程中，鉴于利用的针对性、时效性强，可视情况采用"即时鉴定"法。即对处于馆藏封闭期内的档案，以及封闭期已满但曾被鉴定为"控制"的档案，可由档案馆报鉴定委员会按"件"鉴定、并将鉴定结果报委员会主任审定。"即时鉴定"法能有效实现档案利用与鉴定的无缝衔接，改变目前"涉密档案解密难"现状。

（3）"案例"鉴定法。对馆藏档案中同类型的涉密档案，可采用"案例鉴定"法。即类似法律中的"判例法"，根据典型案例编写范例指导，以便作为借鉴参照。"案例鉴定"法使原来主观色彩浓重、界线模糊的规定变得易于操作，有利于提高鉴定的标准化、规范化和工作效率。

12.5.3　依申请公开"沉疴"的整治机制

依申请开放是国际通行惯例。如果说"主动开放"是政府"想要公民知情"的信息，那么"依申请开放"就是公民"想要得到"的信息。改善档案依申请利用现状除了须健全相应法律法规外，还应从完善机制着手。

（1）简化程序机制。档案的原始凭证性对利用者获取相应权益至关重要，因此，申请者通常愿望非常迫切，而现行《档案法》体系依申请利用程序规定不够明确，极易引起推诿。① 由于申请程序阻滞常常导致不能及时满足需要，诉诸法律并不鲜见。为此，我们认为，应借鉴政府信息依申请公开做法，可允许当事人凭合法证件直接向档案部门提出利用申请，经档案馆同意、工作人员代查后提供相关证明。目前一些省市推行民生档案远程联动共享出证，其实质正是提供联动代查服务机制，对简化依申请利用程序、加快档案共享具有实际意义。

（2）同步推进机制。为保持档案依申请利用与政府信息公开在政策上的一致性，解决用户在信息公开范畴未达目的，转而寻求档案依申请公开时法律规定的差异性所造成的矛盾，建议将档案依申请利用纳入政府信息公开议事日程机制，实现两者同步部署、协调推进，并将该机制列入法规以保障运行。

（3）申请控制机制。依申请利用扩大档案资源共享，但并非无原则地提供开放利用，而应该在相应法律约束下进行。关键应建立档案申请利用权控制机制。对于档案中的个人信息，申请利用权一般应控制在当事者本人有限利用范围内。与此相对应，任何使用或传播个人信息的机构，必须保证该信息可靠地用于既定目的，以防信息滥用。

（4）健全监督机制。没有监督的档案依申请公开只能流于形式。如果立档单位或档案馆认为列入"免予公开"范围档案在公开后不会损害国家及他人的权益，就应有限制地提供当事者利用。由于现有档案法体系对依申请开放利用档案缺少相应的处罚规定，缺

① 见《中华人民共和国档案法》第20条 机关、团体、企业事业单位和其他组织以及公民根据经济建设、国防建设、教学科研和其他各项工作的需要，可以按照有关规定，利用档案馆未开放的档案以及有关机关、团体、企业事业单位和其他组织保存的档案。利用未开放档案的办法，由国家档案行政管理部门和有关主管部门规定。《档案法》修订草案（送审稿）第五十条公民、法人和其他组织申请利用国家档案馆未公开的档案，应当经国家档案馆同意，必要时还需征得档案形成单位或者有关机关同意。

少有效的监督，公民在利用请求被拒绝情况下，缺乏有效的申诉渠道。因此，应健全档案依申请开放监督机制，对发生矛盾的申诉进行仲裁，对档案开放过程中相关机构不履行义务或有关失误作出明确处置规定。

13 档案资源共享途径的创新策略

13.1 我国利用新媒体技术开展档案共享的实践

对于新媒体的定义，目前学术界还没有统一的界定。新媒体是一个相对的概念，通常人们所说的新媒体都是与"传统媒体"相对应的。本书所指的新媒体，采用狭义概念，即主要指基于互联网的档案网站以及基于移动互联网的微信公众号、① 手机移动客户端APP 等。

13.1.1 实践背景

2019 年 3 月国家档案局发布了《档案移动服务平台建设指南》，为档案移动服务提供了政策方面的保障。移动服务是互联网时代档案资源共享一种新形态，也是目前档案共享服务最为便捷的方式。

信息技术的迅猛发展以及社会对档案服务日益提升的需求，为档案馆共享途径的创新带来机遇与挑战。就档案资源而言，数字化、数据化、网络化程度不断提高；档案的记录、管理、利用方式

---

① 微信公众号是微信推出的提供资讯和服务的平台应用。

随之发生变化；数据挖掘、分析、可视化技术等为档案共享服务提供新的发展思路，也促使档案馆利用新技术为用户提供共享服务。从用户利用而言，随着网络及电脑、智能手机的普及，公众更加倾向于以更便捷的方式获得所需的档案信息，而不是亲自去档案馆查阅档案。档案服务随着大环境的变化而调整，利用新媒体技术开展个性化、智慧化的档案共享是必然趋势。

13.1.2　实践现状

当前我国各级档案馆利用新媒体途径开展共享服务，主要有各级档案网站及政务服务网、档案馆主办的微信公众号及小程序、各级档案馆自主开发或者委托信息公司开发的档案 APP 等。

1. 档案网站

档案网站是档案部门利用新媒体最常见、最基本的途径。截至2020 年 1 月，我们以"省级名称+档案网站"为检索词进行检索，发现我国 23 个省、4 个直辖市及 5 个自治区全部都拥有自己的省级档案网站，省级档案馆中档案网站的利用率达到100%。同时，各省级政务服务网站及一网通办官方网站，如广东政务服务网、上海一网通办网等也是各档案共享的平台。因此，档案网站作为档案馆应用新媒体最普遍的一种类型，在档案共享服务中具有至关重要的地位。

纵观我国绝大部分档案馆网站上都开展了馆藏介绍板块，如特色馆藏展示、专题展览服务等，只有极个别网站提供少量档案种类的查找与预约服务。以近两次测评排名第一的天津档案网为例（见表 13-1），其功能栏中设置了"档案查阅"，提供一定量目录检索和全文查阅，以及部分档案的预约查询。除了留有联系电话和电子邮箱之外，首页还专门设置了"公众参与"栏目，并设有公众留言和常见问题模块，通过浏览部分公众留言，可见大多在一周内可以给予用户答复。相比之下，其他档案网站在信息传播、档案查询和互动交流功能的建设情况较为欠缺，表现为主要功能即向公众告知档

案馆最新动态和工作进展，或发布档案展览等，档案服务功能总体
较弱。

表 13-1　档案网站排名列表①

年份	前十省(市)排名
2007	北京、上海、天津、辽宁、广东、河北、江苏、福建、浙江、四川[1]
2011	天津、北京、辽宁、江苏、江西、安徽、吉林、上海、湖北、浙江[2]
2015	天津、浙江、北京、安徽、福建、江苏、上海、辽宁、湖北、山东[3]

2. 微信公众号及小程序

微信作为近几年主流社交媒体之一，在公众中迅速普及。微信
公众号是开发者在微信公众平台上申请的应用账号，可在微信平台
上实现和特定群体通过文字、图片、语音、视频等多种方式的全方
位沟通、互动。目前这种线上线下微信互动的主流方式受到了社会
欢迎。在媒体融合逐渐深入背景下，越来越多档案馆开始开设账
号，运用微信公众号开展档案远程线上便民服务。

微信公众号的自定义栏目及自动回复经过档案部门的设置可以
很好地满足民众远程利用民生档案室的基本需要，比如绝大部分媒
体的微信公众号支持用户通过关键词进行自定义信息的发送，通过
后台的匹配平台可以将此关键词下蕴含的信息自动回复给用户，免
去了利用者自行查找信息的烦恼。另外，更为简单便捷的微信小程
序也在近几年悄然兴起，开发一个档案主题的微信小程序对档案馆

---

①　根据中国人民大学信息资源管理学院成立的"档案网站调查和测评项
目组"于 2007 年、2011 年和 2015 年以资源服务、业务建设和网站设计三大指
标分别对我国省级档案网站进行的测评排序。

而言可操作性较强，而将公众号与小程序相结合来开展远程服务则可以更加丰富市民的选择，因此目前，利用微信开展宣传工作与远程服务是档案部门最常见也是利用程度最高的一种方式。

2018 年 5 月 21 日，全国首个集成民生服务微信小程序"粤省事"及其同名微信公众号正式上线，微信公众号自定义栏包括"指尖办事""微政发布""咨询服务"三块，在办事栏可以选择个人相关事务的办理，小程序仅需"实名+实人"注册，不需要另外下载，动动指尖就能实现远程服务。登录小程序首页可以看到"我的证照"，点开就可以查看政府部门签发的本人电子证件照，且经过数字签名后拥有与纸质证件相同的效力；设有包括"教育服务专区""公安服务专区""人社服务专区""流动人口服务专区"在内的九个专区服务，比如"教育服务专区"内，省内高校毕业生可以查看自己的就业报到证及毕业生档案去向等内容，还可以提供考试准考证下载、成绩查询、学籍查询等，输入相关信息就可以查找到毕业生需要的档案内容，极为便利。总体来说，"粤省事"的微信公众号与小程序相互补充相互合作，公众号偏重于文字解释、介绍，而小程序则应用于市民解决个人相关业务及档案查询下载等，二者相互配合服务。

3. 档案 APP

APP 即移动应用程序（Application 的简称），是基于各种移动智能终端系统在智能手机、平板电脑等移动设备上运行的第三方应用程序。目前档案馆利用 APP 的主要开发方式包括自主研发、外包给第三方及联合开发等，APP 集平台、资源及社交为一体，应用 APP 开展档案远程服务是一个新尝试，而相比于档案网站、微博、微信公众平台，档案馆利用 APP 开展远程服务的数量相对要少一些。

作为"移动+档案"融合发展的形式，APP 为档案利用服务提供了新的方式和思路，代表性的有"浦东档案""黄山档案馆"等。目前，APP 应用于档案服务仍处于初步探索阶段。"浦东档案"APP 是浦东新区档案馆搭建的档案服务移动平台，档案利用向移动终端拓展，实行"远程收件"，在线申请、受理、获取数字化档案后，可即时下载，实现了线上一体化服务模式。① 我们调查发现，此外，如"黄山档案馆"等少量档案 APP 有线上查档预约功能，而另外一些档案 APP 则显示"无法打开"。故 APP 在应用于档案服务方面仍有很大提升空间。

13.1.3　存在问题

（1）服务主体各自为政。我们问卷调研及相关检索资料显示，我国新媒体利用平台由各地档案馆各自开发、缺乏统一规范，因此区域差异明显、东西部差异较大，未能相互促进、协同共享，也缺乏与"一网通办"等政务服务新媒体的联动，档案创新服务方式的覆盖面与影响力均有限。

（2）服务形式与内容单一。上述调研可见，许多档案馆对应用新媒体方式并没有给予充分重视，不仅微信公众号、APP 服务功能较弱，而且运营多年的档案网站大多停留在简单的咨询、传播，大部分档案馆开展共享服务的活动面窄、层次浅，缺乏公众感兴趣的服务功能，难以吸引公众的关注。

（3）服务对象活跃度不高。缺乏参与平台，不重视与公众交流互动，是导致用户活跃度不高的一个重要原因，大部分档案馆的新媒体方式上未向用户提供方便、醒目的交流渠道，更重要的是对用户的留言反馈不积极回复，甚至"联系我们"板块只是一个"摆设"，并没有发挥实质性作用。

目前许多省市仅仅处于探索的初始阶段，有不少地区甚至还有待起步。我国在应用新技术拓展档案共享方式方面程度还非常低，远远落后于形势的发展、难以满足社会利用需求。无论是服务主体、对象，还是形式、手段等方面都与发达国家档案馆存在较大差距。我们认为，上述问题的解决固然需要规范、管理、资金、技术

254

---

① 资料来源："浦东档案"微信公众号. 足不出户取档案，"互联网+查档"再升级！

等条件的积累与支持，但更离不开理念、意识的转变。总之，我国
应用新技术拓展档案利用之路还很长，非常有必要借鉴"他山之
石"以攻我国之"玉"。

13.2　NARA 战略部署：利用新媒体拓展档案共享概述①②

国外发达国家利用新媒体开展档案远程服务的探索较早，在利
用档案馆网站和社交媒体向公众提供档案服务方面的理念和实践相
对成熟，并拥有较好的经验与不断精进的策略，值得我国认真研究
与借鉴。

13.2.1　NARA 国家档案馆网站策略

国家档案馆网站（Archives. gov）在美国国内和国际上都是
NARA 的主要代表。每个月将近 300 万访客访问 Archives. gov，以
搜索和共享利用国家档案资源。NARA 将该网站作为提高透明度和
访问其馆藏的重要工具。

1. 以用户为中心的设计和数据分析

在未来两年中，NARA 将致力于在 Archives. gov 的重新设计中
践行以用户为中心的理念，并根据用户需求和数据分析迭代地改进
或建立新的数字计划。NARA 将根据用户反馈重新评估现有的网页
和站点，并针对 NARA 现有内容和目标受众的需求进行设计。改
进将纳入现代网页设计原则，完善在线展览功能，在 NARA 数字
计划中链接诸如活动、博客文章、展览和国家档案目录的相关

---

①　资料来源：https://www.archives.gov/ social-media/strategies.

②　资料来源：https://usnationalarchives. github. io/opengovplan/researchser
vices/

内容。

2. 电子政务检索

NARA 近期实施了 Digital Gov Search，这是一种由总务管理局提供的托管站点搜索和共享服务。档案馆网站使用这项功能优化了面向公众的共享内容及基于趋势的数据分析搜索能力。NARA 正在为热门话题的搜索结果进行迭代改进，在搜索结果的顶部策划了一个"推荐"栏目，NARA 根据利用量在这里提供最受欢迎的档案和资料。对搜索结果的改进提高了用户在社交媒体平台上查看 NARA 相关内容的能力和积极性。

3. 云平台和管理系统

为提高网站服务能力和灵活性，NARA 正在努力完成网站向该馆"云"平台的迁移，将站点迁移到 Drupal 网站内容管理系统。Drupal 是一个强大的开源平台，在之后两年中，NARA 将开发 Drupal 模块和代码库，以在整个机构内部使用，也可公开以供其他人共享。

4. 移动设备

鉴于网站访问者基于移动设备的访问量已超 1/3 并持续增长，已经超过了传统设备的访问量，因此 NARA 将移动设备访问的信息放在首要位置，使馆藏内容随时随地可以在任何设备上获得，这比以往任何时候都更为重要。NARA 将通过诸如响应式设计之类的技术来优先考虑移动设备的优化，以使基于 Web 的内容尽可能被更广泛用户和设备访问。NARA 将对 Web 审查，以确保其内容清晰、简洁并且易于在移动设备上阅读。基于原始档案的重要性，NARA 将继续研究如何使这些档案更易于在线访问。

此外，NARA 还将通过修订和更新 Archives. gov 上的参考信息继续更新其在线内容，以提高可用性并更好地为用户服务。NARA 计划每个季度在 Archives. gov 上发布一份新馆藏清单，并将新馆藏的信息添加到在线目录中。

13.2.2 NARA 社交媒体策略

NARA 发布《2017—2020 年社交媒体战略》，用以指导与规划未来几年社交媒体的创新发展。而 NARA《2016—2018 年开放政府计划》中利用网络技术进行档案共享的创新思维随处可见，其"旗舰项目——通过创新实现访问"十大计划几乎都涉及以新技术创新共享途径，其中"计划 3-社交媒体策略"与"计划 6-国家档案馆网站"分别针对"社交媒体"与"国家档案馆网站"进行专门部署。

NARA 认为随着数字媒体的爆炸式增长，公众的需求已发生变化，所关注文化的水准已经成熟，因此只有提供更出色的共享服务内容才能满足公众需求——这意味着必须超越以往并尝试新的方法。

1. NARA 社交媒体策略解构

2009 年 NARA 启动了其第一个博客作为试点，旨在建立社区并提高联邦政府的透明度。不久，NARA 在 Flickr，YouTube 和 Facebook 上建立了业务。2010 年，作为第一个"开放政府计划"中的一项承诺，NARA 制定了第一个社交媒体战略，授权员工使用社交媒体。6 年后，随着数字媒体的发展，NARA 的数字化影响力已涉及数亿人。2015 年观看人次超过 2.5 亿次。

2. NARA 社交媒体策略的目标及其实现

（1）馆藏讲述精彩故事。NARA 发现并选择与观众产生共鸣的故事，建立情感联系，理解历史，感知观众反应。目标实现途径有：①支持员工讲故事；②确定国家档案馆的内容策略；③注重质量和影响而不是数量；④创造使用最新技术，具有较高视觉标准的卓越内容。

（2）加深公众参与。实现访问档案是 NARA 核心使命。不只是发布内容，NARA 希望通过人们看到并体验馆藏后反馈意见并加强联系，并成为国家档案馆工作的忠实、热情的倡导者；NARA 的使命之一就是创造令人激动、低门槛的机会吸引公众参与。实现途径：①协调机构间的活动，争取最大限度参与；②利用合作伙伴，扩大参与；③利用众包，推动参与；④创造新方式，发现和分享最新故事。

（3）力争增加观众群。通过社交平台发布共享内容吸引参与，使受众多样化；并与有影响力的人建立合作关系，以有意义的方式扩大接触面。实现途径：①鼓励人们分享；②针对特定受众和平台的信息传递；③将社交媒体与新闻发展趋势相联系；④从战略上加强与付费媒体的合作。

（4）培育社交媒体社区共同体。NARA 帮助全国员工组成一个团结的社区，使他们有机会发展特殊媒体技能，组合并共同做出最大的影响。实现途径：①建立团队；②提供共同发展和创新机会；③社交媒体进入议事日程；④方便任何人参与。

在计划实施期内，NARA 将努力实施"社交媒体策略"，通过GitHub 及时更新实践案例。致力于进一步开发资源，包括供员工在开展社交媒体活动时使用的数字计划工作表，并通过 NARAtions博客公开分享档案数据中的新知识。

13.3　国外实践探索：档案共享的创新途径

发达国家重视结合网络平台拓展公众档案共享便捷途径的实践，许多国家档案馆积极利用新媒体技术与平台加强电子文件检索和访问能力，提供信息交流与反馈渠道，如搭建与公众实时互动的"共享空间"，通过"livechat"（直播聊天室）在线咨询、沟通互动等。

13.3.1　各国档案馆网站的共享创新途径一览

近年来，随着公众对新媒体平台依赖程度的加深，发达国家不仅迅速制定新媒体策略，而且各国档案部门应用新媒体途径开展档案共享服务的实践也已快速推进。我们检索了美、法、英、澳、日、韩等国档案馆等网站，以了解各国档案馆网站的各种档案共享创新途径。

1. 美国

NARA 对应用新媒体开展档案共享进行了积极探索。浏览 NARA 官网，我们可以感受到其利用新媒体平台搭建与用户间沟通的努力，如网站"公民档案工作者"（Citizen Archivist）一栏，所有浏览的用户都可以对网站中的图片进行注释、转录或者是分享给其他人，还可以上传自己保存的档案资料，这个栏目的设置就是 NARA 利用 Twitter、Youtube 等社交媒体平台为用户创造档案利用与建设的平台，用户足不出户就能对自己感兴趣的档案内容进行编辑与分享使用。①

NARA 通过与社交媒体合作拓展对公民档案共享服务，如通过与 Google 等网站的合作，在"教育资源"（Educator resources）栏目下推出馆藏军事资源编研工具，该栏目除了可将军事档案反映到地图上，使民众对战争历史有更直观的了解外，还与家谱档案相关联，为人口普查提供有效帮助，同时也方便了退伍军人档案的在线申请。②

美国的其他档案部门也在利用新媒体提供档案共享服务，并取得一定成绩，他们还开发了一些特殊项目的档案共享，如 2010 年起旧金山一非营利组织在 generationshiv. org 网站上创建了关于艾滋病患者的视频档案，将人们对艾滋病发表的观点、回答问题录制视频后，直接上传到该网站，访问者则可根据关键词检索相关内容。③ 通过这种将档案与新媒体结合的共享方式体现人文关怀精神。

---

① 美国国家档案馆网站［EB/OL］. http://www.archives.gov/

② Research in Military Records. National Archives［EB/OL］.［2018-05-08］. https://www.archives.gov/research/military.

③ Online archive shows the many faces of AIDS epidemic［EB/OL］. http://www. sfgate. com/bayarea/article/New-online-archive-shows-themany-faces-of-the-6310362.php，2017.

2. 法国

法国国家档案馆官网主页上清晰地列出他们应用新媒体的类型并且可以直接通过链接转接。自法国政府制作数字档案以来，国家档案馆就在努力升级其信息共享平台，调整组织结构，以继续完成自 20 世纪 80 年代初以来一直坚持的称为"坚定计划"的改革项目。该项目与维基百科等新媒体合作，为公众提供创作和发表信息的平台。①

巴黎博物馆通过与社交媒体 Instagramm 合作构建"数字档案馆"。他们从 Ins 上挑选出 10 名资深用户，请他们将自己人生中重要转折点与馆藏艺术作品相结合，将照片共享到同一个标签下，具有相同兴趣的用户可通过搜索特定历史主题来共享这些内容。②

3. 英国

英国国家档案馆利用新媒体开展主题活动，如始于 2013 年的"探索你的档案"（Explore Your Archive-EYA）主题系列活动。该活动采取线上线下相结合、网络媒体与实体相呼应的形式，号召公众积极参与并讲述档案背后的故事。活动突出特点：一是深层次的宣传。除了利用传统媒体和新兴的网络媒体，还通过形象代言人等形式展开活动宣传，吸引公众参与并扩大个人对档案的贡献。二是活动参与类型多样。尤其利用 Twitter 等新媒体平台进行图片等展示，吸引了大量用户。该活动在英国国家档案馆网站上提供给用户相关文件及工具包，方便需上传自己个人档案信息的用户下载利用。③

---

① 法国国家档案馆网［EB/OL］. http://www.archives-nationales.culture. gouv.fr/en/web/guest/home.

② Instagram users reimagine classic works of art to promote new Paris museum archive［EB/OL］. http://www.telegraph.co.uk/travel/destinations/europe/ france/paris/articles/instagram-users-reimagine-classic-works-of-art-to-promote- paris-archive/,2016.

③ The National Archive. Explore Your Archive week 2016［EB/OL］. http://www. nationalarchives. gov. uk/archives-sector/projects-and-programmes/ explore-your-archive/,2016-06.

4. 澳大利亚

澳大利亚国家档案馆官网开展"探索你的家庭历史"（Research Your Family History）主题活动。① 2001 年人口普查之后，数百万澳大利亚人同意将自己个人档案统一保存，因此澳国家档案馆收集了包括在澳移居、服役、原住民等个人档案资源，对家族史研究者而言这是非常丰富的资料宝库。该板块下用户可据自己的线索查询家人信息。

在澳大利亚国家档案局的官网上，点进"导引"（Step-by-step guide）会获得详细的档案查找指导，从信息的收集、查找到结果审查与回访，每一步都给予详尽指导和建议，确保用户档案共享利用过程能畅通无阻。②

5. 日本

2004 年日本出台《促进数字档案项目纲要》，国家档案馆通过于 2001 年成立的日本亚洲历史记录中心项目（jacar）和 2005 年 4 月运行的日本国家档案馆数字档案项目（najda）为公众提供基于网络的档案服务。主要提供目录检索服务和浏览数字图像，该系统具有分层搜索、关键字搜索等多种搜索方法。③

6. 韩国

韩国国家图书馆主持开发的 OASIS（在线存档和搜索互联网资源）项目开发了分布式的互联网开放平台，该项目的共享策略是有选择性地收集网站和 Web 存档的个人数字资源。其对象内容主要

① 澳大利亚国家档案馆官网［EB/OL］. https://www.naa.gov.au/

② Getting Start With Your Research［EB/OL］. https://www.naa.gov.au/help-your-research/getting-started/,2016.

③ Muta S. Introduction to the National Archives of Japan Digital Archive Service［M］// Sugimoto S, Hunter J, Rauber A, Morishima A, eds. Digital Libraries: Achievements, Challenges and Opportunities. ICADL 2006. Lecture Notes in Computer Science, Vol 4312. Springer, Berlin, Heidelberg.

是艺术和文化遗产数字资源，不仅对当代而且更注重为后代展示国家数字文化遗产。①

13.3.2　各国档案共享"一站式"查询概述

在线公共服务意味着改善对公民和企业的服务，随时随地，通过不同媒体都可以获得服务。档案共享促进公众参与，现代网络通信设施为公民、企业和公共管理之间的长期、远程合作提供了基本手段。②

加拿大国家图书档案馆近年对该馆提供利用服务的基本状况进行跟踪调查和统计分析发现，由于网络技术的发展，现场访问量正在缓慢而明显地递减，远程访问量正在迅速而持续地增长；档案馆的现场接待量在每月 2000 人次左右，而通过该馆网站进行利用发生的点击量则在每月 50 万人次左右。该馆从 2012 年 2 月开始对服务方式进行了重大调整，将档案利用服务的着力点由现场向自助途径转移，加强对以虚拟方式利用馆藏的服务。

美国超过 1/3 的 NARA 网站访问者通过移动设备访问 NARA 的档案资源，这个数字每年都在增加。鉴于此，NARA 开发 OPA 数据库，以建设网站检索的"一站式"入口。此外，审查 Web 内容，以确保其内容清晰、简洁并且易于在移动设备上阅读，将移动设备访问馆藏放在首要位置。国家档案目录针对移动设备进行优化，以增强公众从各种设备访问的能力。③

---

① Choi K. H., Jeon D. J. A Web Archiving System of the National Library of Korea：OASIS［M］// Sugimoto S, Hunter J, Rauber A, Morishima A, eds. Digital Libraries：Achievements, Challenges and Opportunities. ICADL 2006. Lecture Notes in Computer Science, Vol. 4312. Springer, Berlin, Heidelberg.

② Maria A. Wimmer. A European perspective towards online one-stop government：the eGOV project［J］. Electronic Commerce Research & Applications, 1(1)：92-103.

③ National Archives and Records Administration ［EB/OL］. Open Government Plan 2016-2018. https://usnationalarchives. github. io/opengovplan/researchservices/

意大利的维尼托地区启动 Sistema Informativo Archiviso Regionale(SIAR)项目，对整个地区分散的档案数据进行整合，建立"区域档案信息系统"，该系统有效解决了该地区源自不同机构、管理系统、数据库的档案数据的共享问题，既保留档案原有的组织和管理方式，尊重各机构的自主权，又实现了合作与共享。该系统已纳入意大利国家公共行政远程信息处理基础设施。①

欧盟委员会提供了大量资金资助 eGOV 项目的推进，该项目旨在建立一个综合平台，针对民生和企业情况实现网上"一站式"政府服务，提高政府公共服务水平。eGOV 项目主要由来自奥地利、芬兰、德国、希腊和瑞士的 10 个合作伙伴组成。②

此外，澳大利亚国家档案馆 2001 年起就开始尝试在网上提供档案的数字拷贝，公众通过该馆的在线数据库 Record Search 可免费查阅纸质档案的扫描图像；英国国家档案馆网站 2014 年整合网站上的其他数据库，实现全面"一站式"共享查询。

13.3.3　应用新技术共享家谱档案的典型案例

发达移民国家的民众相当重视家族树的建立，对家谱利用的社会需求和学术研究的需求较为强烈。因此，家谱档案是利用者查阅频率最高的档案类型之一。国外对家谱档案的开发利用方式较为多样化，档案馆网站大多会设置有"家族史"或者"家谱"等栏目，向广大用户群提供便捷的查阅服务。国外档案馆利用新媒体对家谱档案的利用探索可以对我国应用新媒体开展档案共享服务提供一定的思路与启发。

———————————

①　Maristella Agosti, Nicola Ferro, Gianmaria Silvello. An Architecture for Sharing Metadata Among Geographically Distributed Archives[C]. Digital Libraries: Research and Development, 2007: 56-65.

②　Maria A. Wimmer. A European perspective towards online one-stop government: the eGOV project[J]. Electronic Commerce Research & Applications, 1(1): 92-103.

1. 美国家谱档案的共享服务

(1)NARA 网站的家谱档案共享服务案例①

美国是一个很典型的移民国家，近年来，作为系统记录宗亲血缘关系和世系人物情况的家谱档案在美国受到青睐。NARA 网站的家谱档案服务具有典型性，网站上设有"Research for Genealogists"栏目，其中有指导家谱查询和研究的提示、指南，向用户提供各种研究报告和参考工具，此外还链接了一些免费的家谱研究数据库网站(见图 13-1)。NARA 网站本身拥有丰富的家谱研究在线数据资源，通过在线提供人口普查、军事、出入境、入籍、土地档案等，全方位地为用户提供家谱档案资源，用户可以根据自己特定主题的需要有针对性的查找利用。

图 13-1　NARA 网站的家谱学者研究栏主要内容表②

在档案共享利用方式上，NARA 网站除了为用户展示家谱档案

---

① 资料来源：美国国家档案馆网，http://www.archives.gov/
② 图片来源：美国国家档案馆网，http://www.archives.gov/

的文字记录之外，还可以提供可视化的虚拟族谱视频，让用户更直观地找到自己的根源，满足了更多用户的需求。① 网站上可直接查到的家谱档案，NARA 网站进行了详细的列举；对网站上没有直接涉及的档案资源，NARA 也提供了在线档案资源检索利用的教程。②

（2）美国犹他家谱学会共享服务案例

美国犹他家谱学会是全球最大的家谱组织，目前已经建立了当今全球最大、最完整的华人族谱数据库。该学会将家谱档案数字化并开发网站，供全球利用者共享。为提升用户寻根体验，2017 年 6 月建成家谱发现中心，从全球范围收集家谱档案。为此，在全世界构建庞大网络负责收集世界各地的家谱、地方志及珍贵史料。用户可以在家谱中心寻根，发现家族历史，也可留下个人的口述资料和音像档案，以丰富家族历史档案。发现中心充分利用现代信息技术，可查阅、补充家族历史和精彩的故事、图片、音像，并可与世界大事相关联，使查阅利用过程充满历史性和趣味性，加深人们探索家谱的兴趣。

2. 澳大利亚档案馆的家谱档案共享服务③

澳大利亚国家档案馆（NAA）利用其官方网站建立了较完善的线上家谱档案共享服务体系，秉承"Your story，our history"服务宗旨，将该网站打造得更加亲民。在网站"The Collection"栏目下设有"Family History"专题板块，其中收集大量家谱档案资源供共享。"Researching your family"栏目主要介绍查找家族历史及相关资源的方法。

（1）检索方式。①姓名检索：根据姓名进行快速检索，操作简

---

① 韦加佳. 美、英、澳、加四国谱档案信息资源开发利用途径及启示[J]. 北京档案，2014(10)：32-35.

② 资料来源：美国国家档案馆网[EB/OL]. http://www.archives.gov/

③ 澳大利亚国家档案馆官网[EB/OL]. https://www.naa.gov.au/explore-collection/search-people/researching-your-family.

便、效率很高；②经历检索：依据家庭成员经历，如在政府任职、申请护照、领取养老金或其他福利、行使过选举权等进行检索。

（2）利用途径。①在线阅览：通过档案馆在线数据库"Record Search"线上利用；②实体利用：事先网上注册，通过预约所在城市的阅览室利用实体档案。

NAA 网站面向全球开放，任何人都可进入网站并进行家族史研究，还能从中了解澳洲土著情况。

13.4　公众参与：档案共享的创新方式

13.4.1　我国档案领域的公众参与实践

目前我国档案领域的公众参与实践尚处于初步发展阶段，主要集中在档案信息资源建设领域，涉及档案志愿者服务、档案众包等方面。总体而言，国内档案领域公众参与实践存在不足，主要在于：

第一，参与活动无序。表现为有关实践数量少，且领域分散，难以形成固定模式和流程，成果有限，无法被档案机构采纳和运用。

第二，参与层次较浅。主要表现在参与主体范围存在局限性，大多为大学生、研究人员，并且涉及领域单一，如档案志愿者更多参与档案的采集、手工整理等初级工作，少有机会参加档案开发利用的深度加工。

第三，缺乏参与平台。天津档案网作为全国第一名其"公众参与"栏仅有网上咨询、网上调查、公众留言、常见问题、结果反馈和纪检举报窗口几项。许多档案网站未设"公众参与"板块，公众无法及时、有效地获取档案馆参与活动的信息，存在参与流程混乱、沟通不畅、信息反馈不及时的问题。

因此我们将着眼点放在 NARA 的公众参与档案共享策略上，

意在以借鉴其创新、有效的公众参与方式与途径，为我国档案参与实践与理论研究提供思路。

13.4.2 NARA 的公众参与档案共享策略

1. 总体部署

NARA《国家档案馆社交媒体策略 2017—2020》（以下简称《策略》）、《2018—2022 年战略规划》及《2016—2018 年开放政府计划》等国家战略均言明 NARA 的使命是推动开放、培养公众参与，将公众参与作为加强开放政府和国家民主的重要途径和主要着力点。

综观这些国家战略可以发现，其主要目标均指向加强档案馆与公众的互动，即公众参与。《策略》有四个目标：讲述精彩故事、加深参与、增加观众群、培育实践共同体；《计划》将"公众参与"（Public Engagement）作为专题，由"活动、教育和展览""社交媒体和公民参与""公民档案管理员""对外事务联络"四部分组成。在《规划》的四个战略目标中，第一个使访问发生（Make Access Happen）和第二个联系用户（Connect with Customers）都是有关公众参与的目标。

NARA 通过向公众提供更多的电子文件、灵活的访问工具和可共享的资源促进公众参与，并且对未来 4 年目标的实现设定了量化指标及具体策略，如：到 2020 财年，NARA 将在博物馆、外展、教育和公共规划活动的参与者中获得 90% 的满意度；到 2025 财年，NARA 将有 100 万条文件因公民对国家档案目录的贡献而得到增强等。

2. 针对参与人员的部署

（1）给予公众更多选择空间，吸引主动参与。如《计划》中备受瞩目的公民档案管理员（Citizen Archivist）颇为典型：第一，公民档案管理员可自由安排时间，随时随地进行档案工作；第二，可以在档案馆提供的网站界面中选择自己感兴趣的主题对档案进行标注和转录。这样的安排从参与者的角度出发，充分考虑到公众的参与心理，有利于提高公众参与的积极性。

（2）活动形式丰富多样，参与主体广泛。NARA 策划包括宪法、樱花和档案等主题的家庭活动，儿童和成人可以从中了解历史；还为学龄前儿童举办"故事时间"讲座；安排在国家档案馆圆形大厅过夜的亲子活动；召开研讨会以广泛地与公众建立联系。丰富多样的活动形式使公众的参与更具趣味性，吸引不同年龄层次的人员，激发了公众参与热情。

3. 针对参与环节的部署

NARA 通过创新途径，为公众参与档案工作创造了多种机会。

（1）数字化加工环节。"公民档案管理员"项目由来已久，公民档案管理员可以给档案添加标签、进行转录和扫描，对档案内容添加个人评论以便于后来的访问者对该档案初步认识；将在 NARA 的创新中心（Innovation Hub）建立扫描实验室，配备国家档案馆扫描档案的设备，公众可将扫描完成的档案上传到国家档案目录，并在网上公开，然后可得到该档案的副本，以此承认其对国家档案目录的贡献。未来，NARA 将继续扩大公民扫描活动的外展范围，①让高中生、大学生以及退休人员一起开展扫描和转录工作。②

（2）资源开发环节。对公众参与的部署体现以用户为中心的理念。其一，开发用户生成的检索工具。在开发过程中，档案馆工作人员和公众一起合作，建立符合公众需要的检索工具。这种以用户为中心的开发方法在使公众更容易获取档案的同时，也促进了公众积极参与档案资源开发的众包活动。其二，在国家档案目录中增加公众投票的新功能，公众可以将认为需要数字化的档案通过投票选出。此策略充分考虑到公众档案利用的意愿和需求，有利于提升档

---

① 外展即外展服务，即在服务机构以外的场所提供的社区服务等。

② Initiative 1-Innovation Hub of Open Government Plan 2016-2018 ［EB/OL］. ［2020-02-27］. https://usnationalarchives. github. io/opengovplan/flagship initiatives/

案资源面向公众的利用价值。

（3）资源利用环节。NARA 制订了全国性教育计划，向教师推荐馆藏历史档案资源，教师可以通过网络研讨会学习如何利用档案展开教学活动，更为重要的是，教师们可以利用这些档案来构建个人课程方案和共享线上课程资源。这一举措，使国家档案馆的馆藏在公众的共建下，围绕公众需求得到充分的开发，对优化馆藏资源的共享利用极为有利。

（4）档案决策环节。NARA 正在努力寻求围绕其核心流程的公众参与途径，如举办网络研讨会，公众如果对研讨会主题感兴趣即可参加。两次研讨会主题分别是制定 NARA《2014—2018 年战略规划》与《2016—2018 年政府开放计划》，在活动中，公众都有机会与 NARA 执行团队直接互动，提出问题和建议。未来，NARA 的外部事务联络部（External Affairs Liaison）将与领导层一起，与公众进行互动，以优化互动，找寻解决问题和改善服务的途径。

4. 针对参与平台的部署

NARA 实行开放政府计划以来，已经创建多个公众交流平台，在最新《计划》中，将创建新的平台并优化以往平台。

（1）网络教育平台（Docs Teach）。由 NARA 的教育部门搭建，目的是利用馆藏档案为教师提供网上教学资源，用户可在平台上浏览某一事件的主要档案，包括信件、照片、演讲稿、地图和视频等，并利用这些资源在平台制订教育计划，创建有益于学生了解历史的活动。①

（2）历史中心（History Hub）。2016 年作为试点推出的在线平台，布置有讨论区、博客和特色社区板块。在该平台上，各个社区聚集在一起，公众能够有效地获取历史档案和政府文件，也可以就自身未解决的问题向专家进行咨询。未来，将扩大试验范围，将历史中心纳入 NARA 的参考工作流程，向更多的受众推广。

269

---

① 经课题组对该网站最新调查，发现 Docs Teach 目前已有 24300 多名注册用户，已提供了 10900 件以上的档案。

（3）社交媒体平台。"档案馆利用社交媒体平台不只是发布内容，而是希望通过反馈和对话听取公众的意见并加强与他们的沟通"。NARA重视与公众的互动，以社交媒体平台为途径，吸引公众参与互动，鼓励公众参与档案工作。

13.5 创新我国档案共享途径的策略建议

13.5.1 立足我国实际，强化公众意识

目前，国内对利用新媒体开展档案共享的实践非常有限，公众参与缺乏平台、数量微乎其微，这固然与我国档案共享服务起步较晚有一定关系，我们认为国内档案界缺乏对新技术、新媒体途径的深入研究，公众参与档案共享关系的主观认识不足、开发力度有限直接相关。

"实现档案访问是核心使命"，国外将加深公众参与、拓展公众档案访问作为档案工作的使命和目标。围绕公众需求制定社交媒体战略与顶层设计、与大量社交媒体平台开展合作，利用新媒体开展各种面向公众、形式多元的在线共享服务，体现了以用户为中心的极大热忱及对应用新技术拓展档案服务途径的高度热情。在公众意识驱动下，国外重视针对移动设备访问馆藏信息，优化国家档案目录等一系列检索工具，提供馆藏档案在线数据库免费查阅及其拷贝，等等，都为我国提供了参考经验。虽然各国的国情不同，不能照搬国外实践，但以公众为中心积极利用新技术、新平台，开发新工具，为公众档案共享提供新途径，发达国家实践经验与特色对我国具有较大借鉴意义。

近年来我国的一些地区开展的远程共享服务"一站式"查询与国外的理念、做法有较多吻合之处，但目前规模、深度还不如发达国家。档案馆工作人员首先应该及时转变工作理念，从档案管理者转化为共享服务的主动提供者，充分意识到利用新媒体开展档案服

务的重要性，与时俱进，积极掌握新媒体工具与服务方法，针对新媒体平台特点与要求整合档案资源并完善共享服务。

13.5.2 拓展沟通渠道，提高服务质量

应用新媒体开展档案共享摒弃了面对面交流，是利用途径的一种新尝试，因此，档案馆与用户之间应有良好的沟通平台，保持畅通的交流与反馈是必备条件。为此，提供多种沟通渠道将是解决沟通问题的一个良策。这不仅可避免用户利用中遇到问题却沟通受阻的现象，及时向档案馆反映需求，而且有利于馆方主动收集用户的反馈意见，掌握动态，改进工作，为用户提供更加完善的服务。

NARA 网站的交流渠道，除了电话、电子邮箱等之外，还提供Facebook、MSN、Blog 等大量新媒体平台互动方式，用户可以随时选择自己喜欢的联系方式与档案工作人员取得联系，由此拓宽了交流渠道、提高了与用户的互动程度。反观我国档案网站，目前用户只能通过传统的电话、电子邮箱、在线提问等方式向档案馆传达自身需求(课题组对此实证调研得到的结果是回复率50%，稍有深度的问题往往得不到回复)，沟通途径有限、交流十分不便。

为了畅通交流，及时收集反馈，我国档案馆应拓展沟通渠道，而利用新媒体开展共享服务，因其平台本身拥有强大交互性，故在与用户者沟通方面拥有得天独厚的优势。档案馆应利用这一特性，把握各类新媒体平台的互动优势，比如在开发档案 App 时，增设智能服务端口，将常见问题匹配进问题库，用户可第一时间自助解决；对更为个性化的问题，则可通过远程指导解决，因此，档案馆新媒体团队应配备专人及时回复，确保不影响用户远程共享利用。

13.5.3 营造互动环境，扩大公众参与

(1)构建以公众为导向的参与模式。目前各地公众参与活动主要出于档案馆的管理需求，较少考虑参与人员的主观意愿、个人兴趣，公众与档案馆之间信息不相称、参与时间不自由，导致公众参

与意愿不强是必然的结果。发达国家公民参与强调"参与者的满意度",致力于"改善公众的参与",如美国"公民档案管理员项目"允许公众随时随地参与档案数字化建设活动,公众可以挑选感兴趣的档案进行扫描。我们认为,在我国档案领域公众参与的初步阶段,激发公众兴趣能拉近距离、扩大参与,为今后更高质量地开展公众参与活动奠定广泛基础。因此,档案馆首先应在搜集用户需求、了解潜在兴趣基础上制定方案;其次应基于管理需求发布适合公众的多类型、多主题活动,以供选择;再次可考虑面向不同群体开展不同的参与活动,如,对馆内社会历史材料有兴趣的高知阶层,可为其安排此类馆藏的参与活动;对所居住地区文化、历史感兴趣的社区居民,可以鼓励其参与相关文献的扫描等。

(2)拓展公众参与项目。与国内档案公众参与大多集中在档案的基础加工环节不同,NARA 的公众参与领域非常广泛,不仅有档案资源开发与利用环节的工作延伸,更有各种名目繁多、公众喜闻乐见的活动,"NARA 的使命之一就是创造令人激动、低门槛的机会吸引公众参与",① 甚至档案工作决策环节均都融入了公众参与。

我国档案实践要在档案工作环节中寻求、创造公众档案参与的可行性。一是档案馆应广开思路,如提供设备用以扫描、在网络平台建立讨论组、发布一些公众感兴趣的话题展开讨论、就档案部门"疑难杂症"请公众群策群力贡献集体智慧等。二是针对一些参与人员有意愿,但因专业能力不足而导致的公众参与受限制现象,档案馆为公众提供相应理论培训和实践指导,使公众能有效参与到开发与利用的环节中。三是我国档案馆的决策事项应更多地听取公众的意见,使档案资源开发、利用更贴近公众需求。

(3)开发公众参与互动平台。目前我国公众参与中缺乏互动平台、信息不对称,公众沟通不畅、难以及时准确地获取档案馆参与活动的信息已成参与一大阻碍。"从现状调查看,一个最主要原因

---

① National Archives and Records Administration [EB/OL]. Open Government Plan 2016-2018. https://usnationalarchives. github. io/opengovplan/ researchservices/

是志愿项目信息难以获取"。① 鉴于此，我们认为有必要基于档案馆网站建立统一的公众参与平台，可借鉴美国"公民档案保管员"网站、网络教育平台(DocsTeach)与历史中心(History Hub)，设置在线问答，设计统一的公众参与流程和标准，规定参与任务、规范及政策，并链接有关资源网站。② 构建平台一是能使公众获得档案馆发布的明确信息；二是可成为公众参与交流的"场所"，便于公众与档案馆以及公众之间的互动，将有效地集聚、发挥公众参与的力量；三是可利用馆藏档案为一定社会群体如史学研究者提供在线档案资源；四是采用用户注册的方式可以加强网站用户的黏性，使公众参与常态化、规范化。

13.5.4　发挥平台特点，形成联动优势

档案馆网站作为档案馆利用新媒体的最初尝试，其普及程度在我国已达100%。但由于未合理规划、科学管理，在许多省市这一平台已几成"摆设"，未发挥其应有作用，更遑论远程共享的档案利用功能。

美国等发达国家，"网站(Archives.gov)在国内外都是国家档案馆的主要代表"。随着到馆利用量递减、远程访问量的持续增长，国家档案馆网站的作用日渐凸显，成为提高透明度和访问国家档案馆馆藏的重要工具。③ 对国家档案馆网站的部署成为NARA"旗舰项目"计划的重要策略，链接活动、博客文章、展览和国家档案目录中的馆藏内容等一系列在线功能的完善，无疑将进一步提升NARA网站的访问量。

273

①　李宗富. 共建共享理念下公众参与档案馆志愿服务活动现状调查研究[J]. 档案学研究，2019：88-98.

②　Citizen Archivist Dashboard [EB/OL]. [2020-02-27]. https://www.archives.gov/citizen-archivist.

③　National Archives and Records Administration [EB/OL]. Open Government Plan 2016-2018. https://usnationalarchives.github.io/opengovplan/researchservices/

我们认为，同为新媒体家族成员，档案馆网站与"后起之秀"微信公众号、档案 App 在档案利用功能方面各具特点、各有优势。一方面，档案网站可以为用户提供更加人性化的服务。以 NARA 网站为例，在家谱研究栏目下，网页上详尽地给出了各类型的研究和使用指南、在线工具，从不同角度为研究者利用档案保驾护航并扩大视野；网站类目可以为用户提供更加方便快捷的检索方式。尤其网站以检索位置清晰明确、检索步骤简洁见长，可有效避免微信、公众号这方面的短板。另一方面，微信公众号、档案 App"随时随地可以在任何设备上获得"共享利用的独特"魅力"不容忽视，且有很强的灵活性，应加大开发移动端的档案共享利用的力度，创造适合本馆的功能设置。未来应将移动端访问作为一个重要方向，以移动设备阅读标准审查 Web，使之达到移动阅读内容清晰、简洁的要求。

　　NARA 应用社交媒体时重视不同平台的推介与链接，以便档案馆根据平台特点有针对性地发布各类信息。NARA"网站访问者基于移动设备的访问量已超 1/3 并持续增长"。① 鉴于此，我们得出启示：我国在档案共享途径的建设中，应重视把握并发挥各种新媒体平台的特点，在大力开发微信、App 等新兴媒体的同时，应根据用户反馈，重新评估现有网站，针对用户需求完善网站功能。除在网页中除发布官方文件、活动外，未来我们还应以发达国家经验为前瞻，链接各省市档案共享平台、即将建成的国家档案共享平台；链接未来的各省市档案目录、国家档案目录；定期在网站上发布最新可共享馆藏清单；大力增加检索工具；开辟公众参与活动、资料、展览等板块；开发"云"平台。对我国而言，档案网站、微信、App 等各种新媒体平台，通过合理规划形成互补优势，成为公众档案共享的重要途径，平台联动应当是未来的趋势。

---

　　① National Archives and Records Administration ［EB/OL］. Open Government Plan 2016-2018. https://usnationalarchives. github. io/opengovplan/researchservices/

14　总结与展望

14.1　研究创新

1. 建立基于远程服务的共享理论分析体系

本研究引入系统论、协同论与信息资源共享理论以及社会学的理想类型方法论等相关学科理论，作为研究基础与方法论。

基于系统论、协同论，不仅强调共享整体，更注重各个部分的构建及其与整体目标的关系。档案共享涉及档案系统内外一系列主体及诸多要素，系统论将共享系统解构为一个个子系统；从宏观、中观和微观层次分层建构共享层次框架；从基础、运行、保障维度，分各个子系统建构运作框架。根据系统论、协同论，使共享各个子系统之间相互关联、协同，档案资源共享成为有机整体，在一定区域空间从无序向有序、分散向融合、外力向内力转化，并协同联动、协调推进。

信息资源共享"5A 理论"与档案资源共享具有目标的共通性（除部分档案不能开放利用外），共享目标指引下，档案资源共享与信息资源共享在规划、组织、平台、资源管理和利用等方面趋同，信息资源共享为档案共享提供理论依据。

理想类型是社会学中的一种重要分析方法论。共享目标的实现不可能一蹴而就，须由点及面、逐步推进。本研究借助理想类型概念工具，通过运用客观可能性范畴对共享各要素相互间关系展开分析，基于区域性远程服务实践，构建档案共享模型，对上述关系做出理想类型的系统阐述。

本研究以上述理论为支撑，从远程服务与档案共享发展现状出发，实证揭示目前我国档案共享毫无起色而各地远程服务实践迅速发展的事实，全面分析远程服务实践，构建基于远程服务的档案共享模型框架，设计共享整体方案与建构策略，从而建立起基于远程服务的档案共享理论分析体系。

2. 确立远程服务在我国共享理论与实践中基础地位

本研究首创性基于各地远程服务实践构建我国档案资源共享。全面解构远程服务系统结构，对主客体要素、组织、平台、成就、阻碍等进行全面系统研究，深入剖析了远程服务联动模式，基于典型省市，实证分析联动架构与运行机理。远程服务是我国档案工作者多年努力探索的结果，顺应国家政策方向、符合我国国情、适应社会需求，近年来以区域性远程服务为代表的档案共享模式已经率先在一些地区取得了重大突破性进展，全国越来越多省市开展远程服务，相应分头开发、重复建设现象严重。本研究提出尽快开启"全国性民生档案共享试点"的观点，并设计配套的法规标准、平台、数据库建设策略。本研究关于远程服务的理论剖析及全国性共享试点策略构想，将引起学界业界对远程服务的重视，有助于确立远程服务在我国档案共享理论研究、实践探索中的基础地位，促进远程服务深入发展，为推进档案共享做出贡献。

3. 构建基于远程服务的共享框架模型

根据系统理论，我们认为档案共享运行过程可以视为一个系统性过程。在对区域性远程服务实践各要素深入剖析和把握的基础上，汲取其合理内核和可复制、可推广经验，从过程管理的角度，为档案共享框架构建所用，促进共享目标的实现。

围绕共享目标，从"层次框架"与"运作框架"两个方面构建档案共享框架模型。依据我国目前已形成的组织层次和职能体系基础，将共享的"层次框架"划分为横向的微观、中观与宏观"三个层面"，以及纵向基层、中层、上层与顶层"四个层级"，从而建构起覆盖全国的档案共享框架。在此基础上，首创性地提出共享模式"层次框架"建设匹配、对应远程服务已成熟运行的"馆际""馆室""馆社"联动及其子模式，并通过针对性地选用相应联动模式，具体构建远程服务模式应用于"层次框架"共享模式的路径。另外，从基础、运行与保障三个维度构建共享的"运作框架"，其中，基础维度承载组织体系、共享平台；运行维度包含运行流程、共享途径；保障维度则包括政策、法规、标准、机制等要素，形成档案共享安全控制、完善管理环境。上述共享目标与"层次框架""运作框架"共同构建起基于远程服务的共享框架模型。

4. 基于实证提出我国档案利用发展趋势

根据我们对各地档案利用情况的实证调研，发现我国档案利用主体、利用目的和利用内容已在逐渐发生转变。同时，随着档案信息化建设的快速推进，尤其档案远程服务的实施，档案利用的途径、方式发生了巨大变化。基于远程服务，公民个人查档利用比例持续上升，基层档案馆民生档案在利用中占据主体地位，在线查档占比上升、档案馆窗口利用下降，社区查档"一网通办""一门式"利用的共享途径受到广大民众的极大欢迎。基于实证调研，认为我国档案利用的发展走向呈现出利用主体个体化、利用内容民生化、利用模式远程化、利用途径社区化几大趋势。

5. 提出拓展共享资源系列方案

长期以来我国各级档案馆档案资源对外开放比例过低，普遍存在档案保密范围过宽，开放利用从紧情况。经过实证调研，本研究根据我国可共享档案资源过窄现状的若干"瓶颈"，提出一系列拓展共享资源的创新策略。指出基层档案馆是公众档案共享的资源"富矿"，应加强核心部门民生档案资源建设，发挥基层档案馆共享独特优势；认为档案开放鉴定与依申请开放利用在档案共享中具有关键作用，应从健全档案鉴定与依申请开放法规、改革创新相关机制角度改变现状，实现档案开放与信息安全的平衡；提出如档案提前鉴定、简化申请程序、健全监督机制等档案鉴定与依申请开放机制的改革路径，介绍 NARA 在电子文件档案馆 ERA 中搜索查找和审查敏感信息的措施，建立档案信息安全的保障机制的具体方案，希望通过上述策略改变我国档案鉴定与依申请利用"瓶颈"现状，推进档案共享的资源建设。

6. 基于远程服务实践的档案共享整体策略设计

根据框架模型，纵向层面的理想状态是基于现有远程共享实践基础，构建全国性档案共享平台的顶层设计，"自顶向下"统一部署，同时档案共享实现由基层→中层→上层→全国"自下而上"推进。经由"自顶向下"与"自下而上"相结合，逐步接近共享目标，最终达成全国范围全面协同、联动共享目标。横向层面，共享范围由市域、省域内微观层面过渡、推进到省际中观层面，最终达成覆盖全国范围宏观层面共享的理想状态。在上述框架建构基础上，分析远程服务的运行模式等要素应用于档案共享框架的意义及其面临的阻力，从五个方面设计基于远程服务实践推进档案共享的整体策略：

（1）法规标准。提出我国标准规范的顶层设计的策略，建议开启全国性民生档案共享试点的法规建设，尤其应注重从国家层面统一共享标准规范、针对共享法律"盲点"构建规范。

（2）组织体系。宏观层面，强化顶层领导，确立"合作"在共享组织建设中的重要地位。中观层面，区域协同打造长三角"一网通办"示范区。微观层面，发挥基层档案馆共享优势；健全共享组织机制，建立档案共享组织保障。

（3）平台建设。宏观层面提出变"数据烟囱"为"数据长河"、构建全国共享平台构想，规划近期措施与远期拓展方案；探寻"数据长河"上架设"桥梁"、构建我国国家档案目录的路径，认为应借鉴我国政务信息资源目录与 NARA 国家档案目录建设策略。中观层面提出搭建长三角区域共享平台、对接"一网通办"政务平台的设想。微观层面应整合各地档案系统纳入全国共享平台，提出弥合东、西部地区发展差距的思路。

（4）资源整合。基于前端控制进行电子文件全程管理、创建"单套制"路径；涵盖室藏档案的目录共享体系构建；我国网页归档利用的思考；建立档案信息安全的保障机制，拓展档案开放共享的方案。

（5）创新途径。实证调研我国利用新技术开展档案共享实践现状，认为我国应借鉴国外档案共享对新媒体深度应用的策略及其理念，创新我国新媒体应用途径。

14.2 研究回顾

"十多年来，我国有关电子文件管理的舆论、研究、倡导都不可谓少，不可谓不前沿，但实践推进却一直方向不清、步伐缓慢、成效不佳。"①我国有关档案共享研究的文献持续增长，但共享实践发展步履迟滞不前。因此，当远程服务这一档案共享的新兴模式刚刚萌芽时，即引起了我们的极大关注，多年来，我国档案共享的每一个变化始终锁定我们的视线。随着远程服务幼芽不断茁壮成长，目前，已在全国许多省市迅速生根、开花、结果，对传统利用模式形成巨大颠覆，显示出自己的鲜明特征和与时俱进的时代特色。尽管远程服务目前尚处于局限于省、市或区、县区域范围内开展服务的阶段，并面临着诸多阻碍，但这种共享服务模式的发展已经势不可挡并呈现出"燎原"全国的活力与态势。

我们认为，远程服务这一我国"本土"成长起来的档案共享模式，符合社会发展、国家政策、公众利益，是档案资源共享探索的先行实践，对我国档案公共服务乃至档案事业的发展具有重要的创新性和开拓性意义。因此，我们应对远程服务给予高度的重视，有

① 冯惠玲，刘越男等著. 电子文件管理国家战略[M]. 北京：中国人民大学出版社，2011：1.

必要梳理远程服务的发展与现状，解构其各要素的机理；尤其应致力于总结远程服务的发展成果、剖析阻碍及其原因，并汲取国外发达国家成功经验，应用至我国更广泛范围的档案共享建设中，在此基础上，深入研究我国档案共享规范、组织、平台、模式、资源建设的策略与路径。

档案资源共享是我国档案服务发展的必然方向，以这一选题为课题研究方向，源于我们长期以来对我国档案馆公共服务尤其档案共享发展的关注。围绕这一专题，我们已完成了一系列科研课题研究，目前，除专著外，我们已撰写、发表系列论文20余篇。

几年来，鉴于远程服务与档案共享研究工作量浩大，尤其我国各省市实践发展情况不一、各地均一直处于动态变化中，给课题的研究增加很大复杂性和不确定性。课题研究中，听取档案学理论研究专家的意见，使我们拓宽了思路；得到了国家档案局、多个省市档案局馆及一批基层档案馆工作人员的大力支持，正是他们将实践一线的统计数据和深刻感悟无私传达给我们，才使我们有机会获得许多一手资料。

由于受自身水平、能力和条件等种种因素限制，研究仍存在许多不足之处。①人力限制：课题研究过程中深感田野调查极其耗费精力，如难以对我国中部等更多地区进行全面调查，难以获得更多有价值的一手资料用于课题研究。②时间限制：无论国内调研、检索国外资料，还是撰写报告内容，均深感时间不足，无法做到仔细打磨；东、西部地区远程服务的调研范围涉及工作量太大，加上受疫情期影响，本来已经联系好的调研亦被耽搁，如"东、西部地区远程服务情况调查表"等部分数据只能沿用截至2017年年底的初次报告时的调研结果，来不及全面更新。③水平限制：深感由于学识水平和研究能力有限，在理论运用、分析归纳、观点总结、文字表达等方面存在不足和缺憾。④历史问题限制：调研中虽得到不少地区档案部门工作人员的支持，如为了解国家档案共享平台在春节期间对相关人员进行调研。但也屡屡受挫，如一些档案馆前些年利用统计工作不完善，公务利用与个人查证利用不区分，导致问卷调查受影响。甚至有档案馆人员在受访时表示"我们工作上的事情不能告诉外人"，对本课题的研究形成一定影响。

📚 14.3 研究展望

目前，我国档案共享研究已有多年，在档案资源建设、数字档案馆建设等理论方面已有较丰富成果，但从远程服务角度展开研究的成果还较少。由于档案共享所涉及的层面、内容的复杂性，以及上述限制，尚有一些问题有待进一步研究。我们认为，研究报告的提交并不是本专题研究的终结，在今后的研究中，还应重点关注并深入探讨以下问题，拓展并深化档案共享的研究。

(1)融入政务服务的共享研究。近年来许多省市"互联网+政务服务"进入新阶段，"一网通办""一网统管"成为各省市、部门优化政务服务的重要平台。档案共享是促进我国全行业信息互联互通的环节之一，也是完善国家数据服务的重要组成部分，因此应研究档案共享与政务服务信息资源以及政务共享开放平台的融合机制，进一步提高档案共享水平。

(2)拓展档案共享范围的研究。目前档案远程服务门类窄、范围有限，大部分省市的共享集中于婚姻档案等少数种类，局限于区域范围内共享。鉴于此，在研究拓展共享地区范围的同时，还要进一步研究共享门类、范围的拓展，重点应增加社会需求高的档案内容，形成广义的档案资源体系，切实发挥档案共享的作用。

(3)国外经验本土化研究。发达国家在共享理念、策略以及举措等等方面已形成一系列先进经验，值得我国认真借鉴学习。如何与国际先进水平接轨，把国外档案共享适用于我国的先进成分为我所用，是我国今后档案共享建设中需长期研究的课题。

(4)基于现代信息技术的共享研究。信息技术的进一步发展和逐渐成熟，"大数据""云技术"将成为档案共享发展的重要途径，搭建档案云服务平台，通过存储量大、处理速度快、稳定性强等特点解决共享平台建设面临的存储量有限等问题，丰富档案资源、提高共享水平。同时应在保障个人信息安全的基础上进一步开发移动端如社交网络 App 档案共享，通过移动互联网和手机端给公众提供更多、更便捷的共享利用途径，可以预见移动服务将为共享带来更为广阔的发展前景。

鉴于我国档案共享正处于发展初期，因此，无论理论研究还是实践工作都还有更长的路在前头。现阶段，虽然我国档案共享距整体化、全局化目标还有很长的路程，但应看到，随着远程服务以及数字档案馆建设在我国城乡的迅速拓展、推进，我们有理由期待档案共享理论和实践将会有持续、深入的发展。

参 考 文 献

一、著作类

[1]约翰·洛克.政府论[M].叶菊芳,译.北京:商务印书馆,1998.

[2]冯惠玲.政府信息资源管理[M].北京:中国人民大学出版社,
2005.

[3]让·雅克·卢梭.社会契约论[M].何兆武,译.北京:商务印书
馆,1980.

[4]鲁道夫·冯·耶林.为权利而斗争[M].胡宝海,译.北京:中国法
制出版社,2004.

[5]风笑天.现代社会调查方法[M].武汉:华中科技大学出版社,
2001.

[6]马克斯·韦伯.经济与社会[M].林荣远,译.北京:商务印书馆,
1997.

[7]徐显明.公民权利义务通论[M].北京:群众出版社,1991.

[8]张斌.档案价值论[M].北京:中央文献出版社,2000.

[9]埃米尔·涂尔干.社会学方法的准则[M].狄玉明,译.北京:商务
印书馆,2003.

[10]周汉华.外国政府信息公开制度比较[M].北京:中国法制出版
社,2003.

[11]张世林.档案信息利用法律研究[M].北京:中国法制出版社,

2004.

[12]乔纳森·特纳.社会学理论的结构(上、下)[M].吴曲辉等,译.北京:华夏出版社,2001.

[13]乔治·瑞泽尔.后现代社会理论[M].谢立中等,译.北京:华夏出版社,2003.

[14]于海.西方社会思想史[M].上海:复旦大学出版社,2004.

[15]颜海.档案信息资源开发利用[M].武汉:武汉大学出版社,2004.

[16]谭净培.中国档案学热点评析[M].成都:电子科技大学出版社,2003.

[17]夏勇.走向权利的时代[M].北京:社会科学文献出版社,2007.

[18]刘杰.知情权与信息公开法[M].北京:清华大学出版社,2005.

[19]赵屹.档案信息网络化建设[M].北京:图书馆出版社,2003.

[20]马长林等.档案信息公开理论与方法[M].上海:上海社会科学院出版社,2007.

[21]李步云.信息公开制度研究[M].长沙:湖南大学出版社,2002.

[22]周毅等.政府信息公开进程中的现行文件开放研究[M].北京:群言出版社,2007.

[23]胡仙芝.政务公开与政治发展研究[M].北京 中国经济出版社,2005.

[24]刘飞宇,王从虎.多维视角下的政府信息公开研究[M].北京:中国人民大学出版社,2005.

[25]冯惠玲,张辑哲.档案学概论[M].北京:中国人民大学出版社,2001.

[26]李扬新.档案公共服务政策研究[M].上海:世界图书出版公司,2011.

[27]谢伯格.现代档案——原则与技术[M].黄坤坊,译.北京:中国档案出版社,1996.

[28]刘强,甘仞初.政府信息资源共享机制的研究[M].北京:北京理工大学出版社,2005.

[29]戴志强.国家档案资源整合的含义及其运作机制研讨——档案学理论探索与创新[M].北京:中国档案出版社,2009.

[30]刘国能,王湘中,孙钢.档案利用学[M].北京:中国档案出版社,1996.

[31]薛四新.彭荣.陈永生.档案信息化应用系统建设.[M].北京:机械工业出版社,2006.

[32]金波等.数字档案馆生态系统[M].北京:学习出版社,2014.

[33]丁华东.档案与社会记忆研究[M].北京:人民出版社,2016.

[34]冯惠玲.刘越男等.电子文件管理国家战略[M].北京:中国人民大学出版社,2011.

[35]吕元智.政府信息资源管理绩效评估研究[M].上海:世界图书出版公司,2012.

[36]邹瑜.法学大辞典[M].北京:中国政法大学出版社.1991.

[37]于英香."区域-国家"电子文件管理整合研究[M].上海:世界图书出版公司,2018.

[38]肖希明.文献资源共享理论与实践研究[M].南宁:广西教育出版社,1997.

[39]简春安.赵善如.社会工作理论[M].台北:巨流图书股份有限公司,2010.

[40]何雪松.社会工作理论[M].上海:上海人民出版社,2007.

[41]萧浩辉.决策科学辞典[M].北京:人民出版社,1995.

[42][德]赫尔曼·哈肯.协同学——大自然构成的奥秘[M].上海:上海译文出版社,2005.

[43]裴桐主编.当代中国的档案事业[M].北京:中国社会科学出版社,1988.

[44]陈威如.平台战略:正在席卷全球的商业模式革命[M].北京:中信出版社,2013.

[45]周林兴.面向社会的档案信息资源规划研究[M].北京:人民出版社,2019.

[46]杨永和.回眸与展望 档案馆发展的经验、方向与对策[M].上海:世界图书出版公司,2011.

[47]Thouvenin F,Hettich P,Burkert H,et al.4 Web Archives[M]//Remembering and Forgetting in the Digital Age.Cham:Springer

International Publishing,2018.

[48]Hearn.G.Theory Building in Social Work[M].Toronto：University of Toronto Press,1958.

[49]Clark,R.L.Archive-Library Relations［M］.New York：R.R.Bowker Company,1976.

二、论文类(期刊、报纸与学位论文)

[1]冯惠玲.拥有新记忆——电子文件管理研究[J].档案学通讯. 2003(1).

[2]陈永生等.基于互联网政务服务平台的文件归档与管理整体观[J].档案学研究,2018(6).

[3]陈永生.档案已供利用情况的数据分析——档案充分利用问题研究之三[J].档案学研究,2007(5).

[4]慈波.小平台 大舞台——嘉兴市档案局"掌上档案"建设纪实[J].浙江档案,2014(11).

[5]程结晶.云技术中数字档案资源共享与管理体系的构建[J].档案学研究,2013(1).

[6]崔穗旭.民生档案信息如何实现社区查询——由上海市"民生档案远程协同服务机制"说开去[J].中国档案,2012(10).

[7]戴志强.国家档案资源整合的含义及其运作机制探讨[J].档案学通讯,2003(2).

[8]邓敏.政府行政机构与档案馆关系本质探索[J].档案学通讯, 2005(3).

[9]冯惠玲.论档案馆的"亲民"战略[J].档案学研究,2005(1).

[10]冯惠玲.开放:公共档案馆的发展之路[J].档案学通讯,2004 (4).

[11]傅华.国家档案资源建设研究[J].档案学通讯,2005(5).

[12]何振,姚志勇.我国电子政务信息资源共建共享的必要性和可行性[J].情报杂志,2004(11).

[13]何振,蒋冠.试论电子政务环境下档案资源整合与共享的实现形

式[J].档案学研究,2004(4).

[14]胡元潮.加快公共档案馆建设 促进综合档案馆转型——由落实惠民政策迎来"查档潮"引发的思考[J].浙江档案,2012(6).

[15]胡家文,蒋伟强,田翠萍.区县档案馆档案分级管理的概念、特点及其可行性分析[J].北京档案,2015(1).

[16]黄传毅.基于县域的档案信息资源共享工程推进机制分析[J].浙江档案,2014(6).

[17]蒋卫荣.政府信息公开立法与公民档案利用权的充分实现——以"张岩案"为中心[J].档案学通讯,2004(2).

[18]金波.社区档案与社区发展[J].社会,2003(11).

[19]金波,丁华东.数字档案信息资源的协调与竞争[J].浙江档案,2013(9).

[20]李持真,黄永红.异地查档 跨馆出证——浙江嘉兴实现区域内民生档案远程利用[J].中国档案,2013(12).

[21]傅荣校,夏红平,王茂法.基于县域的档案信息资源共享工程推进机制研究——以浙江省海盐县为例[J].中国档案,2015(11).

[22]李财富,郑思聪.论档案馆信息的普惠性服务[J].浙江档案,2016(4).

[23]李广都.基于民生档案远程服务的乡镇档案馆室建设谈[J].档案时空,2014(10).

[24]李广都.基于民生服务的专业档案数字化刍议[J].档案,2015(11).

[25]李学广,何焱,刘德文.长春市档案馆远程服务探索与分析[J].中国档案,2011(12).

[26]李阳生.未来档案开发利用趋势的预测分析[J].档案学通讯,2002(2).

[27]梁孟华.档案信息服务评估模式的多视角研究[J].档案学研究,2010(5).

[28]刘振义,秦媛媛,安勇.民生档案资源数据库建设思考[J].中国档案,2014(2).

[29]罗夏钻.我国民生档案协同服务机制构建探讨[J].云南档案,

2014(2).

[30]吕元智.国家档案信息资源"云"共享服务模式研究[J].档案学研究,2011(4).

[31]谭必勇,王新才.国家档案资源整合与共享的控制机制探讨[J].档案学研究,2006(4).

[32]赵锋.线上互动 协同办公[J].中国档案,2014(3).

[33]费悦.家门口的"一站式"查档服务——嘉善县民生档案远程利用服务工作综述[J].浙江档案,2014(4).

[34]张晶晶.民有所呼,我有所应——上海民生档案工作远程服务创新纪实[J].上海档案,2015(1).

[35]石峻峰.基于民生档案远程服务的馆际合作机制研究[J].中国档案,2013(3).

[36]何振,易臣何,杨文.档案公共服务的理念创新与功能拓展[J].档案学研究,2015(3).

[37]周耀林,赵跃.档案资源建设与服务联动模式探析[J].档案学通讯,2015(5).

[38]宋懿,安小米.信息惠民视角下的民生档案整合与服务研究[J].档案学研究,2016(1).

[39]谭必勇,王新才.国家档案资源整合与共享的控制机制探讨[J].档案学研究,2006(4).

[40]陶水龙,田雷.电子档案双套制管理问题研究[J].档案学研究,2014(4).

[41]肖芃,周济,谢静,卜鉴民.搭建"百姓身边的档案馆"——城乡一体化建设中档案服务模式研究[J].中国档案,2015(10).

[42]王良城.档案信息资源共享机制的战略构建[J].中国档案,2013(1).

[43]王萍,王志才,张卫东.档案馆社会化服务的若干问题研究[J].档案学研究,2006(6).

[44]温娟莉,吕江燕.创建民生档案信息区域共享服务平台——济南市开通民生档案远程共享服务[J].中国档案,2013(2).

[45]吴加琪.构建区域档案信息资源共建共享平台的思考[J].北京

档案,2014(8).

[46]吴加琪.区域档案信息资源共建共享实现机制研究——以浙江省档案信息资源共建共享工作为例[J].档案与建设,2016(6).

[47]明欣,安小米,余维健,李雪梅,韦忻伶.民生档案信息资源跨馆服务协议研究[J].北京档案,2017(7).

[48]郭银珠.民生档案联动共享发展的现状、问题与对策[J].山西档案,2017(4)

[49]徐汇区档案局.徐汇区民生档案远程利用服务机制创新实践思考[J].上海档案,2010(12).

[50]徐卫红,王健.试论馆际档案数字资源共享的实现方式[J].中国档案,2013(11).

[51]薛四新,张晓.论数字档案馆的共建与共享[J].档案学研究,2010(2).

[52]薛匡勇.论档案馆的职能拓展及其实现[J].档案学研究,2010(1).

[53]严永官.民生语境下的档案利用模式创新[J].上海档案,2012(2).

[54]严青云.区域数字档案信息资源共享实践与思考[J].浙江档案,2013(9).

[55]颜海,曹莉皎.基于公众需求的档案服务机制创新[J].湖北档案,2012(9).

[56]杨建伟.关于民生档案工作的调查与思考[J].四川档案,2016(4).

[57]刘宇鹏,田野,安小米,赵立芳.档案信息资源跨部门共享模式研究——以北京市朝阳区档案馆婚姻登记档案共享为例[J].办公自动化,2016,21(19).

[58]杨智勇,周枫.面向智慧城市的档案信息服务模式探究[J].档案学通讯,2016(4).

[59]张林华.档案开放利用中的若干法律问题的思考[J].档案学研究,2011(1).

[60]张林华,曹琳琳."以公众为中心"的档案信息服务研究——以

上海市民生档案远程服务机制的探索为例[J].档案与建设,
2014(4).

[61]张林华,潘玉琪.我国民生档案远程服务的实践发展研究[J].档案学通讯,2016(6).

[62]张晶晶.上海市民生档案远程协同服务机制全面启动[J].上海档案,2012(7).

[63]张晶晶.创新服务无止境——上海市民生档案远程服务工作新突破[J].中国档案,2016(6).

[64]张连星.对民生档案信息资源共享与远程利用工作的思考[J].北京档案,2015(8).

[65]周书生.打造民生档案工作新格局——四川省民生档案工作实践及探索[J].中国档案,2016(6).

[66]张林华,张小娟.政府信息公开环境下的档案信息资源共享——基于"开放存取"理念的思考[J].档案学研究.2009(4).

[67]安小米,加小双,宋懿.信息惠民视角下的地方民生档案资源整合与服务现状调查[J].档案学通讯,2016,(1).

[68]安小米,孙舒扬,白文琳,钟文睿.21世纪的数字档案资源整合与服务:国外研究及借鉴[J].档案学通讯,2014(2).

[69]安小米.档案文件管理国际标准新动向[N].中国档案报,2016-7-18(03).

[70]吕元智.档案信息资源区域共享服务研究[J].档案学研究,2012(5).

[71]李广都.浅析民生档案远程利用服务的协调机制[J].兰台世界,2014(6).

[72]崔穗旭.民生档案信息如何实现社区查询——由"民生档案远程协同服务机制"说开去[J].中国档案,2012(10).

[73]张林华,潘玉琪,朱思霖.我国民生档案远程服务理论研究述评[J].档案学研究,2017(2).

[74]钟毅.建立档案史料目标中心实现信息资源共享[J].湖南档案,1993(1).

[75]罗备针.试论档案信息资源共享与目录中心的建设[J].浙江档

案,1998(10).

[76]薛匡勇.论档案资源的社会共享 中国档案学会第六次全国档案学术讨论会论文集[C].北京.2002.

[77]戴志强.关于国家档案资源整合的若干思考[J].中国档案,2002(8).

[78]戴志强.国家档案资源整合的含义及其运作机制探讨[J].档案学通讯,2003(2).

[79]倪红.信息化在档案资源整合中的作用[J].北京档案,2004(5).

[80]郑清华.档案信息资源开发与共享[J].科技资讯,2006(5).

[81]闫杰.档案信息化建设应以信息共享为核心[J].兰台世界,2008(3).

[82]李宗富.共建共享理念下公众参与档案馆志愿服务活动现状调查研究[J].档案学研究,2019(2).

[83]何振,蒋冠.电子政务环境下档案资源整合与共享的调研报告——以湖南省档案信息化建设为例[J].中国档案,2005(5).

[84]蒋冠.何振.电子政务环境下档案资源整合与共享之瓶颈分析[J].北京档案,2005(3).

[85]黄东霞.民生档案信息资源的整合[J].档案与建设,2008(11).

[86]张卫东.档案服务民生:理念与模式[J].档案学通讯,2009(5).

[87]吕秋培.数字档案馆信息资源的共享[J].兵船机电档案,2003(4).

[88]裘彦雯.档案信息资源共享机制的三维构建[J].档案,2011(2).

[89]邢华洁.档案信息资源共享机制研究[D].昆明:云南大学,2011(6).

[90]郭晴.网络平台条件下档案信息服务现状调研[D].黑龙江大学,2019.

[91]吴加琪.多主体参与的区域档案信息资源共建共享机制研究[J].浙江档案,2016(7).

[92]刘娜.省级档案馆档案网络信息资源共享动力机制研究[J].黑龙江档案,2013(4).

[93]马仁杰,沙洲.合作·协同·融合——大数据环境下档案信息资

源共建机制的三重境界[J].山西档案,2018(2).

[94]陆俊,邓瑞芬,胥伟岚.我国 LAM 资源共享推进机制研究[J].图书馆工作与研究,2016(11).

[95]赵红颖.图书档案资源数字化融合服务实现研究[D].长春:吉林大学,2015.

[96]刘瑞华.档案信息资源共享组织模式研究[J].湖北档案,2007(9).

[97]姜海."互联网+"时代档案信息资源共享组织结构及其模式研究[J].山西档案,2016(5).

[98]李萍,王桂芝.关于档案信息资源共享模式的思考[J].黑龙江档案,2008(2).

[99]吴加琪,陈晓玲.智慧城市背景下区域档案信息资源共建共享模式研究[J].档案管理,2015(1).

[100]周耀林,赵跃.档案资源建设与服务联动模式探析[J].档案学通讯,2015(5).

[101]曲晶瑶.基于档案馆联盟的档案信息资源共享模式研究[J].兰台世界,2011(6).

[102]薛四新.云计算环境下电子文件管理的实现机理[J].档案学通讯,2013(3):65-66.

[103]牛力,韩小汀.云计算环境下的档案信息资源整合与服务模式研究[J].档案学研究,2013(5).

[104]李立军.北京市档案信息资源整合共享的实践与展望[J].北京档案,2011(2).

[105]张照余.利用 VPN 技术构建全国档案信息共享网络的研究[J].档案学通讯,2006(4).

[106]陈霄.詹锐.民生档案区域共享技术路径实践分析[J].浙江档案,2015(1):61-62.

[107]岳喜勇.利用网络技术实现档案管理的智能化和资源共享[J].信息化建设.2007(7).

[108]谭必勇.基于 STOF 框架的手机档案馆服务模式研究[J].档案学通讯,2012(6).

[109]王珂,童路.论移动档案服务的可行性和必要性[J].湖北档案,2013(2).

[110]刘婧,周耀林.移动数字档案馆服务体系建设研究[J].档案学通讯,2015(1).

[111]刘婧,周耀林.SoLoMo 理念在档案馆移动服务中的应用[J].档案学研究,2016(5).

[112]吕元智.基于场景的个性化档案移动服务模式探究[J].档案学通讯,2019(5).

[113]贺军.移动社交背景下的档案信息服务推进策略研究[J].档案学研究,2018(2).

[114]邹富联.杜永红民生档案信息资源共享管理机制的构建——以广东珠江三角洲地区为例[J].北京档案,2009(11).

[115]张林华,潘玉琪,朱思霖.我国民生档案远程服务理论研究述评[J].档案学研究,2017(2).

[116]张林华,李赛.我国东西部区域民生档案远程服务现状及特点分析[J].档案与建设,2018(8).

[117]胡清让.档案信息网络远程服务的基本要求[J].档案管理,2010(5).

[118]崔伟.北京数字档案馆电子文件中心建设综述[J].北京档案,2018(2):6-8.

[119]张林华,张文倩.当前我国民生档案远程服务馆际协作模式研究[J].档案学研究,2018(5).

[120]傅荣校,夏红平.王茂法.基于县域的档案信息资源共享工程推进机制研究——以浙江省海盐县为例[J].中国档案.2015(11).

[121]顾新华,顾朝林,陈岩.简述"新三论"与"老三论"的关系[J].经济理论与经济管理,1987(2).

[122]吴宝康.中国人民大学档案学院吴宝康教授谈档案学未来发展的十大趋势[J].山西档案,1987(1).

[123]张瑞瑞.档案管理多元主体的协同治理研究[D].郑州:郑州大学,2018:6.

[124]陆雪梅.高校图书馆数字资源立体多元协同服务机制研究[J].
图书馆工作与研究,2016(12).

[125]毕建新,郑建明.区域性档案信息资源的有效利用[J].中国档案,2014(5).

[126]马振犊.中国第二历史档案馆馆藏档案数字化及其开放利用[J].档案学研究,2016(5).

[127]赵山山.浅谈我国档案网站网上检索功能现状与未来建设[J].档案管理,2009(3).

[128]吴琎.我国副省级城市档案网站调查[J].档案管理,2010(3).

[129]陈忠海.陈飞.河南省市级档案网站建设情况调查分析[J].档案管理,2011(2).

[130]张莹.浙江省市级档案网站调查报告[J].浙江档案,2011(10).

[131]赵屹.我国档案网站检索系统的不足与发展策略[J].档案学研究,2014(2).

[132]雷贺羽.供给视阈下的高校档案馆服务能力研究[D].济南:山东大学,2014.

[133]安小米.郭明军.魏玮.政务信息系统整合共享工程中的协同创新共同体能力构建研究[J].情报理论与实践,2019(4).

[134]安小米等.我国国家数字档案资源整合与服务研究现状及未来研究建议[J].档案学研究,2014(2).

[135]安小米,宋懿,马广惠,陈慧.大数据时代数字档案资源整合与服务的机遇与挑战[J].档案学通讯,2017(6).

[136]安小米,赵瑞.档案利用中的个人信息保护研究[J].档案学通讯,2015(4).

[137]李旭光.整合婚姻档案资源拓宽服务民生领域——绍兴市召开全市"婚姻档案利用工作"研讨会[J].浙江档案,2008(6).

[138]向立文.档案资源整合与共享的实现条件研究[J].情报杂志,2006(12).

[139]张林华.冯厚娟.对档案信息资源共享现状的思考[J].秘书,2014(9).

[140]李明华.在全国档案局长馆长会议上的工作报告[J].中国档

案,2019(4).

[141]张林华.桂美锐.民生档案远程服务"馆社联动"模式探析[J].档案学通讯,2019(1).

[142]章杨.张林华.长三角"三省一市"合作开展民生档案远程服务的思考[J].浙江档案,2018(12).

[143]张林华.蔡莉霞.一网通办:民生档案远程服务的新格局[J].浙江档案,2020(2).

[144]丁德胜.李孟秋.机关档案的利用与开发——《机关档案管理规定》解读之十一[J].中国档案,2019(10).

[145]刘宇鹏.安小米.档案信息资源跨部门共享模式研究——以北京市朝阳区档案馆婚姻登记档案共享为例[J].办公自动化杂志,2016(10).

[146]马广惠.安小米.宋懿.电子政务背景下数字档案资源整合政策内容分析[J].档案学研究,2018(4).

[147]陈永生.档案信息资源城乡分布状况分析——我国档案信息资源分布状况及均衡配置研究之二[J].浙江档案 2008,(9).

[148]刘宇鹏.田野.安小米.赵立芳.档案信息资源跨部门共享模式研究——以北京市朝阳区档案馆婚姻登记档案共享为例[J].办公自动化杂志,2016(10).

[149]聂勇浩,郭煜晗.在信息时代构建民生档案远程协同服务——以上海市为例[J].档案学通讯,2016(2).

[150]丁志隆.福建:档案信息资源共享实践[J].中国档案,2017(4).

[151]刘越男.融合之路:中国电子文件管理的体制和机制[J].档案学通讯,2009(5).

[152]徐拥军,王露露.档案部门参与大数据战略的必备条件和关键问题——以浙江省为例[J].浙江档案,2018(11).

[153]浙江省政府成立省数据管理中心[J].互联网天地,2015(12).

[154]胡雯雯.平台战略、资产经营与企业绩效[D].杭州:浙江工商大学,2015.

[155]徐未晚.互联互通加快促进长三角民生档案区域共享[N].中国档案报,2019.5.23.

[156]赵勇."一网通办"为何引入好差评制度[N].解放日报,2019-08-27(10).

[157]任冬莉.华宏.电子档案移交与接收工作之思考——以南京市审计局电子档案移交与接收为例[J].档案与建设,2019(7).

[158]杨茜茜.数字时代的文档一体化管理:理念、手段与目标[J].档案学通讯,2014(2).

[159]周祺.网络信息档案化采集管窥[J].档案,2019(7).

[160]曹玲,颜祥林.美国国会图书馆网页归档项目的新动向[J].档案学研究,2018(2).

[161]聂勇浩.陈俊恬.部门间协同视角下的电子文件管理.[J].中国档案,2013(8).

[162]韦加佳.美、英、澳、加四国家谱档案信息资源开发利用途径及启示[J].北京档案,2014(10).

[163]中国人民大学信息资源管理学院档案网站调查和测评项目组.我国省级档案网站测评项目综述[J].档案学通讯,2007(4).

[164]张宁.2011年我国省级档案网站综合测评与分析[J].档案学研究,2011(5).

[165]张宁,夏天,王皓,黄蕊,陈杨,柳增寿,王烨.2015年我国省级档案网站建设测评项目综述[J].中国档案,2016(1).

[166] Jennifer Novia. Library, Archival and Museum(LAM) Collaboration:Driving Forces and Recent Trends[J].The Journal of the New Members Round Table,2012(1).

[167] Lehane R.Building an integrated digital archives(Part II)[J]. Archives & Manuscripts,2014,42(2).

[168] Horton,S:Social capital,government policy and public value: implications for archive service delivery[J].ASLIB PROCEE-DINGS,2006.

[169] Cook,Terry. Evidence, memory, identity, and community:four shifting archival paradigms[J].Archival Science,2013,13(2-3).

[170] Prasad N.Synergizing the collections of libraries archives and museums for better user services[J].IFLA Journal,2011,37(3).

[171] Sanjica Faletar Tanackoviae, Boris Badurina. Collaboration as a wave of future: exploring experiences from Croatian archives[J]. Library Hi Tech,2008,26(4).

[172] Jennifer Novia. Library, Archival and Museum (LAM) Collaboration: Driving Forces and Recent Trends[J].The Journal of the New Members Round Table,2012(1).

[173] Maristella Agosti, Nicola Ferro, Gianmaria Silvello.An Architecture for Sharing Metadata Among Geographically Distributed Archives[C].Digital Libraries: Research and Development,2007.

[174] Maria A.Wimmer.A European perspective towards online one-stop government: the eGOV project[J].Electronic Commerce Research & Applications,1(1).

[175] Jennifer Novia. Library, Archival and Museum (LAM) Collaboration: Driving Forces and Recent Trends[J].The Journal of the New Members Round Table,2012(1).

[176] Whitson T L,Davis Lynn.Best practices in electronic government: Comprehensive electronic information dissemination for science and technology [J].Government Information Quarterly,2001,18(2).

[177] Maristella Agosti,Nicola Ferro,Gianmaria Silvello.An Architecture for Sharing Metadata Among Geographically Distributed Archives[C] Digital Libraries: Research and Development,2007.

[178] Ricardo Eito-Brun. Remote access to EAC-CPF context and authority records for metadata indexing: a solution based on open information retrieval standards[J]. Archival Science,2016(16).

[179] Corbett S.The retention of personal information online: A call for international regulation of privacy law [J]. Computer LAW& Security Review,2013(29).

[180] Sillitoe P.Privacy in a Public Place: managing public access to personal information controlled by archives services [J].Journal of the Society of Archivists,1998,19(1).

297

［181］Iacovino L. Rethinking archival, ethical and legal frameworks for records of Indigenous Australian communities: a participant relationship model of rights and responsibilities ［J］. Arch Sci, 2010(10).

三、网络资源

［1］国家档案局印发《全国档案事业发展"十三五"规划纲要》［EB/OL］.［2016-04-07］. http://www.saac.gov.cn/news/2016-04/07/content 136280.htm.

［2］"上海市民生档案公共服务平台"项目荣获 2016 上海市智慧城市建设项目入围奖［EB/OL］.［2017-01-01］. http://www.archives.sh.cn/zxsd/201612/t20161219_43057.html.

［3］中国互联网络信息中心第 37 次《中国互联网络发展状况统计报告》［EB/OL］.［2016-01-22］. http://www.cac.gov.cn/2016-01/22/c_1117860830.htm.

［4］中国互联网络信息中心第 39 次《中国互联网络发展状况统计报告》［EB/OL］.［2017-01-23］. http://www.cnnic.net.cn/hlwfzyj/hlwxzbg/hlwtjbg/201701/t20170122_66437.htm.

［5］国家档案局政策法规研究司.2016 年度全国档案行政管理部门和档案馆基本情况摘要（一）（2017-10-17）［EB/OL］.［201712-25］. http://dangan.kaiping.gov.cn/Article.asp? id=687.

［6］天津市 20 家国家综合档案馆开通民生档案信息馆际"一站式"服务（2011-11-11）［EB/OL］. http://www.dajs.gov.cn/art/2011/11/11/art_1230_33467.html.

［7］"互联网+"助力浦东新区民生档案远程服务新拓展,市民享受档案查阅"足不出户"［EB/OL］.［2017-03-01］. http://pdda.pudong.gov.cn/pddaxxw_pddt/2016-09-12/Detail_760612.htm.

［8］浦东新区档案局认真贯彻执行"窗口无否决权"机制［EB/OL］.［2017-02-02］. http://pdda.pudong.gov.cn/pddaxxw_pddt/2016-11-17/Detail_774838.htm.

[9]杨冬权在全国档案馆工作会议上的讲话:以丰富馆藏、提高安全保障能力和公共服务能力为重点,实现档案馆事业新跨越.[EB/OL].[2017-02-02].http://www.saac.gov.cn/

[10]奚悦辉.郑州市上街区档案局启动档案数字化扫描工作[EB/OL].[2017-08-25].http://www.hada.gov.cn/html/News/23_72837.html.

[11]周静.西安市档案局大力推进馆藏民生档案数字化[EB/OL].[2017-08-25].http://www.xadaj.gov.cn/dazw/dadt/1488.htm.

[12]公共服务能力百度百科[EB/OL].[2012-11-22]http://baike.baidu.com/view/2136854.htm

[13]吕艳滨:透明政府还有多远 评论频道 凤凰网[EB/OL].[2013-2-1].http://news.ifeng.com/opinion/sixiangpinglun/detail_2011_05/06/6211614_1.shtml.

[14]中国人民银行征信中心.全国集中统一的企业和个人征信系统简介(2015-06-08)[EB/OL].http://www.pbccrc.org.cn/zxzx/zxzs/201506/d708068ce66c4cd6bbd5c37884b93c05.shtml.

[15]国家档案局政策法规研究司.2016年度全国档案行政管理部门和档案馆基本情况摘要(一)(2017-10-17)[EB/OL].[2017-12-25].http://dangan.kaiping.gov.cn/Article.asp?id=687.

[16]国家档案局政策法规研究司.2016年度全国档案行政管理部门和档案馆基本情况摘要(二)(2017-10-17)[EB/OL].[201712-25].http://dangan.kaiping.gov.cn/Article.asp?id=688.

[17]戴志强.论档案公共服务的涵义、理念与信息资源整合[EB/OL].[2008-02-25].http://www.archives.sh.cn/dalt/daggz/201203/t20120313_9524.html.

[18]戴志强.我国政务公开环境下档案利用工作探讨[EB/OL].[2008-02-22].http://www.archives.sh.cn/dalt/daggz/201203/t20120313_9296.html.

[19]戴志强.公共档案馆聚焦馆藏资源建设的思考[EB/OL].[2014-01-02].http://www.archives.sh.cn/dalt/daggz/201401/

t20140102_40087.html.

[20]《中华人民共和国档案法(修订草案)》[EB/OL].[2019-10-31].http://www.npc.gov.cn/flcaw/comment.html? lid = ff8080816e15a9a9016e16f67d2f0268.

[21]赵欣.行政区域内馆藏信息远程共享的实践[EB/OL].[2015-11-25].http://www.doc88.com/p-1156693396438.html.

[22]中央政府门户网站.国家发展改革委高技术产业司有关负责同志就《政务信息资源共享管理暂行办法》答记者问(2016-09-23)[EB/OL].http://www.gov.cn/xinwen/2016-09/23/content_5111198.htm.

[23]北京档案馆档案全文检索阅览系统介绍[EB/OL].[2013-01-19].http://210.73.80.51/main.asp? searchtyp-e = 8&winwidth = 770&winheight = 600.

[24]国家档案局.国家档案局关于印发《全国档案事业发展"十三五"规划纲要》的通知[EB/OL].[2016-04-11].http://www.saac.gov.cn/news/2016-04/07/content_136280.htm.

[25]国脉电子政务网.周德铭:政务信息资源目录编制与共享开放[EB/OL].[2017-07-26].https://www.govmade.com/outpoint/5150.htm.

[26]中国政府网.李克强主持召开国务院常务会议部署推进政务服务一网通办等(2018-05-16).[EB/OL].[2018-12-24].https://mp.weixin.qq.com/s/0kbYoS2gFHyc8PRzesYAcQ.

[27]中国互联网协会.中国互联网发展报告(2019)[EB/OL].http://www.cbdio.com/BigData/2019-07/12/content_6149434.htm.

[28]国家档案局.档案政策法规库.规范性文件(2019-12)[EB/OL].http://www.saac.gov.cn/daj/gfxwj/dazc_list.shtml.

[29]中国人民政治协商会议成都市委员会.关于建立民生档案专题目录数据库提升民生档案查档服务质量的建议[EB/OL].[2018-06-14].http://www.zx.chengdu.gov.cn/show-1038-110025381-1.html.

［30］上海市政府.上海市贯彻《长江三角洲区域一体化发展规划纲要》实施方案.（2020-01-10）［EB/OL］.www.shanghai.gov.cn/nw2/nw2314/nw2319/nw44142/u26aw63344.html.

［31］中华人民共和国中央人民政府网.国务院关于加快推进全国一体化在线政务服务平台建设的指导意见（2018-07-31）［EB/OL］.http://www.gov.cn/home/2018-07/31/content_5310823.htm.

［32］国家档案局政策法规研究司 2018 年度全国档案行政管理部门和档案馆基本情况摘要（一）（2019-09-26）［EB/OL］.http://www.dawindow.com/news/201910/2557.html.

［33］国家信息中心信息化研究部.《政务信息系统整合共享实施方案》大数据分析报告（2017-08-01）［EB/OL］.www.sic.gov.cn/

［34］周德铭.构建政务数据共享开放大平台（2017-09-07）［EB/OL］.国脉电子政务网.https://www.govmade.com/outpoint/5148.htm

［35］澎湃新闻.重磅！浙江省机构改革全面实施！（2018-10-23）［EB/OL］.https://www.Thepaper.cn/newsDetail_forward_2555096.

［36］费庆波.回看 2016 年浦东新区"民生档案进社区"（2017-01-18）［EB/OL］.浦东档案微信公众号.

［37］天水市档案局.天水市加快档案信息化建设步伐提升档案工作服务社会的水平（2017-02-15）［EB/OL］.［2018-03-05］.http://www.cngsda.net/art/2017/2/15/art_56_36633.html.

［38］宁夏回族自治区人民政府网.自治区人民政府办公厅关于印发2017 年全区信息化重点工作实施方案的通知（2017-04-05）［EB/OL］.［2018-03-05］.http://www.nxdofcom.gov.cn/zcfgqnzc/3421.jhtml.

［39］金昌市档案局.金昌市档案局完成 2017 年度馆藏档案信息化扫描任务（2017-10-17）［EB/OL］.［2018-03-05］.http://www.cngsda.net/art/2017/10/17/art_56_38920.html.

［40］中国档案报.宁夏数字档案馆建设列入全区信息化重点工作（2017-05-19）［EB/OL］.［2018-03-05］.http://www.zgdazxw.

com.cn/news/2017-05/19/content_186613.htm.

[41] 人民网.31 省区市 2017 年 GDP 出炉 高质量发展将成未来主线（2018-01-28）［EB/OL］.［2018-03-16］.http：//www. xinhuanet. com/2018-01/28/c_1122327136.htm.

[42] 每日经济新闻网.长三角一体化升级,意味着什么［EB/OL］.［2018-11-05］.http：//www. nbd. com. cn/articles/2018-11-05/1269589.html.

[43] 李明华.在全国档案工作暨表彰先进会议上讲话（2020-01-13）［EB/OL］.http：//www. saac. gov. cn/daj/yaow/202001/afbf92881b5c4f36a311316d1e3690da.shtml.

[44] 浦东新区档案馆加大存量档案全文数字化推进力度（2016-02-29）［EB/OL］.［2018-01-03］.http：//pdda. pudong. gov. cn/pddaxxw_pddt/2016-02-29/Detail_704373.htm.

[45] 科研技术处.西安市档案局启动数字档案馆建设工作（2017-06-22）［EB/OL］.［2018-01-25］.http：//www. xadaj. gov. cn/dazw/dadt/1935.htm.

[46] 浦东新区档案局.数据透视:浦东新区档案馆 2017 年度档案利用报告! 你能发现什么小秘密?（2018-02-07）［EB/OL］. https：//mp.weixin.qq.com/s/ia0ye3uCepGixG-3XU3QCQ?

[47] 数据透视.档案馆 2019 年度档案利用报告出炉,有哪些重点要划?（2020-04-23）［EB/OL］.浦东档案微信公众号.

[48] 浦东新区民生档案查阅实现长三角城市群主要城市全覆盖（2018-10-24）［EB/OL］.浦东档案微信公众号.

[49] 韩琦.嘉定区档案馆 2018 年档案利用分析报告［EB/OL］.上海档案信息网,http://www.archives.sh.cn/bbdt/201903/t20190320_44057.html.

[50] 安小米.数字连续性:国家治理过程中的一个战略性问题(2017-06-02)［EB/OL］.电子政务智库, http://www. cntheory.com/zydx/2017-05/ccps170531Q6SJ.html

[51] 光明网.南京玄武启用民生档案远程查询系统（2019-01-28）［EB/OL］.［2019-05-22］.http://difang.gmw.cn/roll2/2019-

01/28/content_122042342.htm.

[52]福州市档案馆局.福州市档案局创建2015-2017年度省级文明单位工作总结(2017-09-21)[EB/OL].[2017-09-24].http://daj. fuzhou. gov. cn/zz/zwgk/ghjh/201709/t20170921 _ 1692184. htm.

[53]上海浦东新区档案局(馆).让信息多跑路、让群众少跑腿——浦东新区档案馆与人口办建立信息共享机制,开辟便民服务通道[EB/OL].[2016-11-11].http://old. pudong. gov. cn/website/html/pddaxxw/ pddaxxw_pd dt/2016-11-11/Detail_773656.htm.

[54]上海市民政局.设立街镇社区事务受理服务中心探索社区服务一门式机制(2012-12-13)[EB/OL].http://mzzt. mca. gov. cn/article/qgsq/jyjl/201212/20121200392726.shtml.

[55]"档案春秋"微信号.长三角三省一市签署备忘录 将协同推进民生档案异地查询(2019-09-05)[EB/OL]. http://news. cqnews. net/html/2019-09-05/content_50661100.html.

[56]中国档案资讯网.上海市浦东新区启动民生档案"查档不出村"全覆盖工作(2014-08-05)[EB/OL].http://www. zgdazxw. com. cn/news/2014-08/05/content_60606.htm.

[57]上海档案信息网.长宁区深化民生档案进社区便民服务工作(2013-06-25)[EB/OL].http://www. archives. sh. cn/zxsd/201306/t20130625_38904.html.

[58]2018年全国档案工作者年会在合肥召开[EB/OL].[2020-01-30].http://www. zgdazxw. com. cn/news/2018-10/26/content _252343.htm.

[59]国家信息中心.2018年上半年国家电子政务外网总体概况.[EB/OL].[2018-09-03].http:/ /www.sic. gov. cn /News/462 /9486.htm.

[60]中华人民共和国工业和信息化部.公共信息资源开放共享的国外经验及启示[EB/OL].http://www. miit. gov. cn/n1146312/n1146909/n1146991/n1648534/c3489266/content.html.

[61]新浪上海.长三角异地查档可在线办理345家档案馆实现互查

互寻(2019-09-05)[EB/OL].http://www.gov.cn/xinwen/2018-06/30/content_5302403.htm.

[62]新华网.上海推进"一网通办":全市一张网 要通更要办(2018-05-14)[EB/OL].[2019-11-28].http://www.xinhuanet.com/politics/2018/05/14/c_1122830941.htm.

[63]联华在知识管理方面的实践评(2019-03-26)[EB/OL].[2019-11-30].https://wenku.baidu.com/view/6bc12a8f4b7302768e9951e79b89680203d86be9.html.

[64]浦东档案.数字防伪技术在档案利用中的应用研究报告[EB/OL].[2018-04-11].https://mp.weixin.qq.com/s/XEUUgJz9rfppl1r5xbvUrQ.

[65]现代快报.电子档案如何保护和防伪?可嵌入数字水印识别原始信息[EB/OL].[2019-12-03].http://news.jsdushi.cn/2019/1203/173756.shtml.

[66]National Archives and Records Administration.Open Government Plan 2016-2018[EB/OL].https://usnationalarchives.github.io/opengovplan/researchservices/

[67]A new Vision for The National Archives:2006-2011[EB/OL].[2010-05-12].http://www.nationalarchives.gov.uk/documents/vision.pdf.

[68]Robert A.Seal.The Information Commons:New Pathways to Digital Resources and Knowledge Management.Preprint for the 3rd China/U.S. Conference on Libraries,Shanghai,March 2005(2016-06-13)[EB/OL].[2018-10-15].http://www.doc88.com/p-4922347346413.html

[69]Us DoD 5015.2-STD electronic records management software applications design criteria standard[EB/OL].[2014-04-15].http://www.dtic.mil/whs/directives/corres/pdf/501502std.pdf.

[70]OMB Memorandum M-19-21 Transition to Electronic Records,(2019)[EB/OL].https://www.whitehouse.gov/wp-content/uploads/2019/06/M-19-21.pdf.

[71] NARA《2018-2022 战略规划》[EB/OL]. https://www. archives. gov/about/plans-reports/strategic-plan/strategic-plan-2018-2022.

[72] NARA《2016-2018 开放政府计划》[EB/OL]. https:// usnationalarchives.github.io/opengovplan/researchservices/

[73] Federal Enterprise Architecture. From Wikipedia, the free encyclopedia[EB/OL]. [2012-12-22] http://en. wikipedia. org/ wiki/Federal_enterprise_architecture

[74] National Archives of Australia Connect[EB/OL]. [2017-11-05]. http://www.naa.gov.au/visit-us/ connect/.

[75] Historypin [EB/OL]. [2017-11-05]. https:// www.historypin.org/ en/. [76] Social

[76] Media Strategy [EB/OL]. [2017-1105]. https://www. archives. gov/social-media/strategies.

[77] Social Media and Digital Engagement[EB/OL]. [2017-11-05]. https://www.archives.gov/social-media.

[78] National Archives of Australia. Digital Continuity 2020 Policy[EB/ OL]. https://www.naa.gov.au/information-management/information-management-policies/about-digital-continuity-2020-policy.

[79] Kate Theimer. What is the meaning of Archives[EB/OL]. https:// americanarchivist.org/doi/10.17723/aarc.74.1.h7tn4m4027407666

[80] Public Record Office UK. e-Government Policy Framework for Electronic Records Management, London, 2001[EB/OL]. http:// www. Nationalarchives. gov. uk/documents/e-gov-framework. pdf. accessed on March 02, 2010.

[81] http: //www. National archives. gov. uk/information-management/ policies/[EB/OL]. accessed on January 20, 2011.

[82] Antony Mayfield. What is Social Media[EB/OL]. [2014-03-20]. http://max.book118.com/html/2012/ 1226/3298358.shtm.

[83] Library and Archives Canada. About Us[EB/OL]. [2019-12-21] . http://www.bac-lac.gc.ca/eng/about-us/Pages/about-us.aspx.

[84] Institute of museum and library services. About. Mission [EB/

OL]. [2019-12-21]. https://www.imls.gov/about/mission.

[85] Collaboration through the Colorado Digitization Project [EB/OL]. [2019-12-21]. http://firstmonday. org/issues/issue5 _ 6/allen/index.html.

[86] Online Archive of California (OAC) [EB/OL]. [2019-12-21]. http://www.oac.cdlib.org/about/

[87] IFLA. Public Libraries, Archives and Museums: Trends in Collaboration and Cooperation [EB/OL]. [2019-12-21]. https://www.ifla.org/publications/ifla-professional-reports-108.pdf

[88] Knowledge Quarter. About Us [EB/OL]. [2019-12-21]. https://www.Knowledge-quarter.london/

[89] Lone Rangers No More: Archival Cooperation in Transition [EB/OL]. [2019-12-22]. https://www.ica.org/en/2-cooperation.

[90] About ARCHANGEL. ARCHANGEL [EB/OL]. [2020-02-20] https://archangel-dlt.github.io/about/

[91] Citizen Archivist Dashboard [EB/OL]. [2020-02-27]. https://www.archives.gov/citizen-archivist.

附录一　档案资源建设、共享及利用
情况调查问卷

_____:

您好！

我们是国家社会科学基金项目"基于区域性远程服务实践的档案资源共享研究（15BTQ073）"课题组，正在开展一项关于档案馆档案资源整合共享的调查研究。调查资料仅作研究之用，请放心填写。感谢您的参与与支持！

本表中"档案协同共享"是指为使档案利用更为便捷，档案馆之间开展多方面的协调和配合，实现档案资源的远程共享利用，包括民生档案远程服务。档案资源包括文书档案及民生档案等各类专业档案。

一、单位基本情况

1. 单位名称_____。

2. 联系人_____。

3. 联系电话_____。

二、馆藏档案基本情况

4. 贵单位馆藏档案总量与成分：

（1）纸质档案_____卷（件）；电子档案_____GB。

（2）文书档案_____卷（件）；_____GB；占馆藏总量_____%。

（3）民生档案_____卷（件）；_____GB；占馆藏总量_____%。

（4）馆藏档案中其他主要种类有_____（填数量）个大类，分别是：_____

_____

_____。

（5）馆藏中包含_____（填数量）个全宗。

5. 您认为近年来贵单位档案馆藏结构单一局面是否有所改变？

A. 是_____（请答第5（1）题）；B. 否_____（请答第5（2）题）。

（1）贵单位档案馆藏结构单一局面有所改变，您认为改变的表现是：_____

_____。

（2）贵单位档案馆藏结构单一局面未有改变，您认为未改变的表现是：_____

_____。

6. 您认为目前贵单位数字档案资源结构是否合理？

A. 是_____（请答第6（1）题）；B. 否_____（请答第6（2）题）。

（1）您认为贵单位数字档案资源结构合理的理由是：_____

_____。

（2）您认为贵单位数字档案资源结构合理的原因是：_____

_____。

（3）您认为贵单位数字档案资源结构不合理的理由是：

——

_____

_____。

（4）您认为贵单位数字档案资源结构不合理的原因是：

_____

_____。

三、档案数字化建设情况

7. 贵单位开展档案数字化建设的起始年月为：_____年_____月。

8. 贵单位开展档案数字化建设主要依据的标准是：

_____；

_____。

9. 贵单位目前档案数字化总体比例达到：_____%；
   已数字化的档案类型主要为（可据实情多选及填写）_____。
   A. 文书档案　　B. 民生档案　　C. AB 兼而有之
   D. 其他档案，如：_____

_____。

10. 贵单位档案数字化采用途径为（可据实情多选及填写）

_____。

　　A. 本馆自主转化　　B. 外包　　C. AB 兼而有之
　　D. 其他途径，如：_____

_____。

11. 贵单位近 10 年（2010—2019 年）档案数字化投入的经费分别为

_____、_____、_____、_____、

_____、_____、_____、_____、

_____、_____万元。

12. 贵单位近 10 年（2010—2019 年）档案数字化的数量分别为：

_____、_____、_____、_____、

_____、_____、_____、_____、

_____、_____卷（件）。

13. 您认为目前贵单位档案数字化建设的主要问题是什么？应怎么
   解决？

   _____

   _____

   _____。

四、档案协同共享情况

14. 贵单位目前档案协同共享的范围是(可据实情多选)_____。
   A. 本市范围内　　　　　B. 本省范围内
   C. 跨地区(跨省)　　　　D. 城市群(城市圈)

15. 贵单位在本省、本市范围内开展档案协同共享的形式是(可据
   实情多选及填写)_____。
   A. "馆际"联动　　　　　B. "馆社(社区)"联动
   C. "馆室档案室"联动
   D. 其他形式，如：_____。

16. 贵单位是否已具备网络共享系统？
   A. 是_____；　　　　B. 否_____。
   该系统是：_____。
   A. 专设"跨馆档案查阅利用系统"
   B. 数字档案馆系统
   C. 智慧档案馆系统
   D. 其他：(请说明)

   _____。

17. 该系统的起始年月为_____年_____月。
   该系统的投资建设单位是(可据实情多选及填写)_____。
   A. 省档案馆　　　　　　B. 市档案馆
   C. 省(市)档案馆牵头本馆参与
   D. 其他单位：(请说明)_____。

18. 贵单位目前档案协同共享中档案传输途径是否采用网络共享系
   统？

  A. 是＿＿＿＿＿（请填 16 题）；

  B. 否＿＿＿＿＿（请填 17、18 题）。

19. 贵单位目前在网络共享系统上可供共享的档案种类共有（请填数据）＿＿＿＿＿种，包括：（可据实情多选及填写）＿＿＿＿＿。

  A. 婚姻档案　　　　　　B. 独生子女档案

  C. 土地承包档案　　　　D. 山林承包登记档案

  E. 知青档案　　　　　　F. 学籍档案

  G. 农民建房档案　　　　H. 其他（含非民生档案）如：

  ＿＿＿＿＿＿＿＿＿＿＿＿＿＿＿＿＿＿＿＿＿＿＿＿＿＿。

20. 贵单位目前档案协同共享中档案传输途径是（可据实情多选及填写）＿＿＿＿＿。

  A. 传真　　　　　　　　B. 电话

  C. QQ 或微信群　　　　D. 其他途径，如：

  ＿＿＿＿＿＿＿＿＿＿＿＿＿＿＿＿＿＿＿＿＿＿＿＿＿＿。

21. 未采用网络共享系统的主要原因是：

  ＿＿＿＿＿＿＿＿＿＿＿＿＿＿＿＿＿＿＿＿＿＿＿＿＿＿。

22. 贵单位在跨地区（即跨省）的档案协同共享中是否与对方档案馆已建立协同关系？

  A. 是＿＿＿＿＿（请填 20～22 题）；

  B. 否＿＿＿＿＿（请转至 23 题）。

23. 贵单位与哪些档案馆已建立协同关系？

  ＿＿＿＿＿＿＿＿＿＿＿＿＿＿＿＿＿＿＿＿＿＿＿＿＿＿。

24. 贵单位与上述馆之间通过什么途径建立协同？（据实情多选及填写）＿＿＿＿＿。

  A. 书面协议　　　　　　B. 口头协议

  C. 无协议　　　　　　　D. 其他形式，如：

  ＿＿＿＿＿＿＿＿＿＿＿＿＿＿＿＿＿＿＿＿＿＿＿＿＿＿。

25. 贵单位目前跨地区（即跨省）档案传输途径为（据实多选及填写）＿＿＿＿＿。

311

A. 传真　　　　　　　　　B. 电话
C. 网盘　　　　　　　　　D. 其他形式，如：

_____。

五、档案利用情况

26. 贵单位近 10 年（2010—2019 年）因公务查档需求的利用率（包括工作查考、编史修志等公务档案的查阅在查案总人次中所占比例）分别为（请填百分比）：

_____、_____、_____、_____、
_____、_____、_____、_____、
_____、_____。

27. 贵单位近 10 年因个人查档需求的利用率分别为（请填百分比）：

_____、_____、_____、_____、
_____、_____、_____、_____、
_____、_____。

28. 贵单位近 10 年民生档案的利用率分别为（请填百分比）：

_____、_____、_____、_____、
_____、_____、_____、_____、
_____、_____。

29. 贵单位近 10 年档案跨馆共享的利用率分别为（请填百分比）：

_____、_____、_____、_____、
_____、_____、_____、_____、
_____、_____。

30. 贵单位 2010 年利用量占前三位的档案内容类型是：
_____档案、_____档案和_____档案。

31. 贵单位 2018 年利用量占前三位的档案内容是：
_____档案、_____档案和_____档案。

32. 贵单位目前公众查档的方式有（可据实情多选及填写）_____

_____。

六、档案人才建设情况

33. 贵单位目前从事数字档案管理的人员数量为＿＿＿＿＿＿人；

年龄情况分别为＿＿＿＿＿＿＿＿＿＿＿＿＿＿＿＿＿＿＿＿＿；

学历情况分别为＿＿＿＿＿＿＿＿＿＿＿＿＿＿＿＿＿＿＿＿＿；

所学专业分别为＿＿＿＿＿＿＿＿＿＿＿＿＿＿＿＿＿＿＿＿＿

＿＿＿＿＿＿＿＿＿＿＿＿＿＿＿＿＿＿＿＿＿＿＿＿＿＿＿＿＿。

七、档案资源建设、共享及利用中的问题与建议

34. 您认为目前档案资源数字化建设及共享、利用中的问题主要是什么？

＿＿＿＿＿＿＿＿＿＿＿＿＿＿＿＿＿＿＿＿＿＿＿＿＿＿＿＿＿

＿＿＿＿＿＿＿＿＿＿＿＿＿＿＿＿＿＿＿＿＿＿＿＿＿＿＿＿＿

＿＿＿＿＿＿＿＿＿＿＿＿＿＿＿＿＿＿＿＿＿＿＿＿＿＿＿＿＿

＿＿＿＿＿＿＿＿＿＿＿＿＿＿＿＿＿＿＿＿＿＿＿＿＿＿＿＿＿

＿＿＿＿＿＿＿＿＿＿＿＿＿＿＿＿＿＿＿＿＿＿＿＿＿＿＿＿＿。

35. 您认为上述问题主要应从什么路径着手解决？

＿＿＿＿＿＿＿＿＿＿＿＿＿＿＿＿＿＿＿＿＿＿＿＿＿＿＿＿＿

＿＿＿＿＿＿＿＿＿＿＿＿＿＿＿＿＿＿＿＿＿＿＿＿＿＿＿＿＿

＿＿＿＿＿＿＿＿＿＿＿＿＿＿＿＿＿＿＿＿＿＿＿＿＿＿＿＿＿

＿＿＿＿＿＿＿＿＿＿＿＿＿＿＿＿＿＿＿＿＿＿＿＿＿＿＿＿＿

＿＿＿＿＿＿＿＿＿＿＿＿＿＿＿＿＿＿＿＿＿＿＿＿＿＿＿＿＿。

问卷到此结束，谢谢您的大力支持！

附录二　2005 年以来国家与行业
相关标准与规范

类别	标准号	标准名称
国家与行业标准	GB/T 9667. 1-2-2005	基于 XML 的电子公文交换格式
	DA/T31-2005	纸质档案数字化规范
	DA/T32-2005	公务电子邮件归档与管理规范
	GB/T20163-2006	中国档案机读目录格式
	GB/T 20916-2007	中文办公软件文档格式规范
	GB/T 9705-2008	文书档案案卷格式
	GB/T 11822-2008	科学技术档案案卷构成的一般要求
	GB/T 13967-2008	全宗单
	DA/T38-2008	电子文件归档光盘技术要求和应用规范
	GB/T 15418-2009	档案分类标引规则
	GB/Z 23283-2009	基于文件的电子信息的长期保存
	GB/T 23286. 1-2009	文献管理—长期保存的电子文档文件格式—第 1 部分：PDF1. 4(PDF/A-1) 的使用
	DA/T46-2009	文书类电子文件元数据方案
	DA/T47-2009	版式电子文件长期保存格式需求
	DA/T48-2009	基于 XML 的电子文件封装规范

续表

类别	标准号	标准名称
国家与行业标准	GB/T 26162. 1-2010	信息与文献—文件管理 第 1 部分：通则
	GB/T 26163. 1-2010	信息与文献—文件管理—文件元数据 第 1 部分：原则
	GB/T 2919494-2012	电子文件管理系统通用功能要求
	DA/T12-2012	全宗卷规范
	DA/T50-2014	数码照片归档与管理规范
	DA/T54-2014	照片类电子档案元数据方案
	DA/T56-2014	档案信息系统运行维护规范
	DA/T57-2014	档案关系型数据库转换为 XML 文件的技术规范
	DA/T58-2014	电子档案管理基本术语
	GB/T 31914-2015	电子文件管理系统建设指南
	DA/T22-2015	归档文件整理规则
	GB/T 18894-2016	电子文件归档与管理规范
	GB/T 33190—2016	电子文件存储与交换格式 版式文档
	DA/T 62-2017	录音录像档案数字化规范
	DA/T 63-2017	录音录像类电子档案元数据方案
	DA/T 70-2018	文书类电子档案检测一般要求
	DA/T 73—2019	档案移动服务平台建设指南
	DA/T 74—2019	电子档案存储用可录类蓝光光盘（BD-R）技术要求和应用规范
	DA/T 75—2019	档案数据硬磁盘离线存储管理规范
	DA/T 77—2019	纸质档案数字复制件光学字符识别（OCR）工作规范
	DA/T 78—2019	录音录像档案管理规范
	DA/T 79—2019	证券业务档案管理规范

续表

类别	标准号	标准名称
国家与行业标准	DA/T 80—2019	政府网站网页归档指南
	DA/T 82—2019	基于文档型非关系型数据库的档案数据存储规范
	DA/T83—2019	档案数据存储用 LTO 磁带应用规范
	DA/T 85—2019	政务服务事项电子文件归档规范
规范性文件	档发〔2007〕12 号	关于加强民生档案工作的意见
	档办〔2010〕116 号	数字档案馆建设指南
	中办发〔2012〕14 号	党政机关公文处理工作条例
	档发〔2012〕7 号	电子档案移交与接收办法
	档办发〔2013〕5 号	档案信息系统安全等级保护定级工作指南
	档发〔2014〕4 号	数字档案室建设指南
	档办发〔2014〕6 号	数字档案馆系统测试办法
	档办发〔2015〕4 号	企业电子文件归档和电子档案管理指南
	档办发〔2016〕3 号	数字档案室建设评价办法
	档办发〔2016〕1 号	档案信息系统安全保护基本要求
	档发〔2016〕6 号	关于进一步加强档案安全工作的意见
	档办发〔2017〕4 号	档案行业网络与信息安全信息通报工作规范
	档办发〔2017〕2 号	电子档案管理系统基本功能规定
	档办发〔2017〕3 号	电子公文归档管理暂行办法
	国家档案局第 14 号令	企业数字档案馆(室)建设指南
		电子签名法
		中华人民共和国计算机信息系统安全保护条例
		电子政务保密管理指南
		信息安全等级保护管理办法
		国家信息化领导小组关于我国电子政务建设指导意见
		国家电子政务标准化指南总则